TREINAMENTO EM LINGUAGEM

2ª EDIÇÃO

VICTORINE VIVIANE MIZRAHI

TREINAMENTO em LINGUAGEM

2ª EDIÇÃO

© 2008 by Victorine Viviane Mizrahi

Todos os direitos reservados. Nenhuma parte desta publicação poderá ser reproduzida ou transmitida de qualquer modo ou por qualquer outro meio, eletrônico ou mecânico, incluindo fotocópia, gravação ou qualquer outro tipo de sistema de armazenamento e transmissão de informação, sem prévia autorização, por escrito, da Pearson Education do Brasil.

Diretor editorial: Roger Trimer
Gerente editorial: Sabrina Cairo
Supervisor de produção editorial: Marcelo Françozo
Editor: Henrique Zanardi de Sá
Revisão: Sandra Scapin e Marina Nogueira
Capa: Celso Blanes (sobre projeto original de Marcelo Françozo)
Editoração eletrônica e diagramação: Composição Editorial e Artes Gráficas Ltda.

Dados Internacionais de Catalogação na Publicação (CIP)
(Câmara Brasileira do Livro, SP, Brasil)

Mizrahi, Victorine Viviane
   Treinamento em linguagem C / Victorine Viviane Mizrahi. –
São Paulo : Pearson Prentice Hall, 2008.

   ISBN 978-85-7605-191-6

   1. C (Linguagem de programação para computadores) I. Título.

08-04064   CDD-005.133

Índices para catálogo sistemático:
1. C : Linguagem de programação : Computadores :
Processamento de dados   005.133

7ª reimpressão – março 2014
Direitos exclusivos para a língua portuguesa cedidos à
Pearson Education do Brasil Ltda.,
uma empresa do grupo Pearson Education
Rua Nelson Francisco, 26
CEP 02712-100 – São Paulo – SP – Brasil
Fone: 11 2178-8686 – Fax: 11 2178-8688
e-mail: vendas@pearson.com

Ao Bruno, meu eterno grande amor,
um botão abrindo em flor.
O sol de seu sorriso encantador é uma festa,
seus beijos têm o sabor da pura inocência.
Que grande é o amor de uma avó!

"É difícil dizer o que é impossível,
pois a fantasia de ontem é a esperança de hoje
e a realidade do amanhã."

Sumário

Capítulo 1
Conceitos básicos 1

Compiladores 2
    Como criar um programa executável 3
A estrutura básica de um programa em C 3
    O primeiro programa 3
A função main() 3
    O tipo **int** 4
    A função **main()** resumida 4
O nome das funções 4
    Os parênteses 4
    As chaves 4
    Os espaços em branco 4
Instruções de programa 5
A função print() 6
A função system() 7
O pré-processador e a diretiva #include 7
    Diretivas do pré-processador 7
    A diretiva **#include** 7
    Executando o primeiro programa 8
    Códigos especiais 8
    Os modificadores **l, h** e **L** 9
Comentários de programa 9
Constantes numéricas 10
    Mais sobre a função **print()** 11
    Imprimindo outros tipos de dados com **print()** 12

Variáveis **13**
    Declaração de variáveis 14
    Por que declarar variáveis 14
    Tipos de variáveis 15
    Modificadores de tipo 15
    Inicializando variáveis 16
    Variáveis em ponto flutuante — **float**, **double** e **long double** 16
    O modificador **unsigned** (sem sinal) 17
    Definindo o tipo de constantes 17
    Nomes de variáveis 18
Palavras-chave de C **18**
Explorando a função printf() **19**
    Tamanho de campos na impressão 19
    Imprimindo uma tabela 20
    Tamanho de campo com cadeias de caracteres 22
    Complementando com zeros à esquerda 23
    Escolhendo a base numérica 23
Imprimindo caracteres gráficos **24**

Capítulo 2
Operadores 33

Operador de atribuição **34**
Operadores aritméticos: + − * / % **34**
    O operador menos unário: − 36
O operador de endereços (&) **36**
A função scanf() **36**
    Códigos de formatação da função **scanf()** 37
    Múltiplas entradas com **scanf()** 38
    O programa que adivinha a soma de cinco números 39
    O programa que converte temperaturas 40
    Impressão formatada com **printf()** (decimal, hexadecimal, octal) 41
    Entrada formatada usando * com **scanf()** 41
O qualificador const **42**
Conversões de tipos e o operador de molde ou cast **42**
    Conversão automática 42
    Conversão explícita 43
    Sintaxe do operador de molde (conversor de tipo) 43

As funções de biblioteca getche() **e** getch()..43
As funções de biblioteca-padrão getchar() **e** putchar()..................................44
Operadores de incremento ++ − − **e de decremento**...............................45
    Precedência 46
printf() **enganando você** 47
Operadores aritméticos de atribuição: + = − = *= /= %=..........................49
Operadores relacionais: > >= < <= == != 50
    Precedência 51
Operadores lógicos: && ¦¦ ! 51
Operador condicional ternário: ?:...52
    Tabela de precedência dos operadores básicos 53
Operadores: avaliação lógica ou numérica..54

Capítulo 3
Laços 61

O laço for..62
    Sintaxe do laço **for**..62
    Flexibilidade do laço **for** 65
    O operador vírgula 65
    Usando caracteres...65
    Usando chamadas a funções 66
    Omitindo expressões do laço **for** 67
    Laço infinito 67
    Omitindo o corpo do laço **for**..67
    Múltiplas instruções no corpo de um laço **for** 68
Visibilidade de variáveis de bloco..68
    Criando blocos dentro de blocos...69
    Laços **for** aninhados..69
    O programa que imprime um cartão de Natal...71
O laço while...72
    Sintaxe do laço **while**..73
    Laços **while** aninhados 74
A função rand() 75
O laço do-while..75
    Sintaxe do laço **do-while**..75
    Quando usar **do-while** 76

Capítulo 4
Comando de decisão 83

O comando if 84
    Sintaxe do comando **if** 84
    O programa que conta zeros 85
    O programa que conta caracteres e palavras 85
    Comandos **if** aninhados 86
Implementando um algoritmo 87
O comando if-else 88
    Sintaxe do comando **if-else** 88
    O programa que conta zeros modificados 89
    Um tabuleiro de xadrez... 89
    O jogo de cara ou coroa 90
    Desenhando linhas... 91
    Comandos **if-else** aninhados 93
    Usando operadores lógicos 94
Construções else-if... 95
Os comandos break e continue 97
O comando continue... 98
O comando goto... 99
O comando switch 100
    Sintaxe do comando **switch** 100
    O programa **diasemana.c** 101
    O programa **calculadora.c** modificado 102
    Casos sem **break** em comandos **switch**... 103

Capítulo 5
Funções 109

Chamando uma função 110
Funções simples 111
O protótipo de uma função 112
    Protótipo externo e local 112
O tipo de uma função 113
O comando return 113
    Funções com mais de um comando **return** 114
    Limitações do comando **return** 114

A definição de uma função 114
Parâmetros de uma função 115
Passagem de argumentos por valor... 115
    Funções que não retornam nada: tipo **void** 116
    Funções que não recebem nada e não retornam nada 117
    Eliminando o protótipo de funções.. 117
    Eliminando o protótipo de funções do tipo **int**, **char** ou **void**........... 118
    Calculando a área de uma esfera 119
    Passando vários argumentos 120
    Horas e minutos — um novo uso de **scanf()**... 122
    Escrevendo várias funções no mesmo programa.. 122
    Chamadas a funções usadas como argumento de outras funções.................... 123
Funções recursivas.. 124
    Como trabalha uma função recursiva? 125
    Jogo da torre de Hanói.. 127
Classes de armazenamento 128
    A classe **auto** 128
    A classe **extern** 129
    Variáveis do bloco têm prioridade... 130
    A palavra-chave **extern** 130
    A classe **static** 131
Uma função que gera números aleatórios 131
    A classe **static extern** 133
    Classe de armazenamento de funções... 134
    A classe **register** 134
    Observações técnicas... 135
Considerações sobre conflito de nomes de variáveis 135
O pré-processador C... 138
A diretiva #define 138
Macros.. 140
    O uso de parênteses em macros 141
    Definindo macros usando outras macros 142
    Macros em várias linhas... 142
    Problemas com o uso de macros 143
    Vantagens e desvantagens do uso de macros *versus* funções 145
A diretiva #undef 145
A diretiva #include 145
Arquivos de inclusão... 146
Compilação condicional... 147
    As diretivas **#if**, **#ifdef**, **#ifndef**, **#elif**, **#else** e **#endif** 147
    O operador **defined** 148
    A diretiva **#error** 149

Capítulo 6
O teclado, o driver **ansi.sys** e o redirecionamento 157

O teclado **158**
As teclas de código ASCII **158**
As teclas de código estendido **158**
    Explorando o código estendido 159
    Interpretando o código estendido do teclado 161
O driver ansi.sys **162**
    Instalando o driver **ansi.sys** 162
Controlando o vídeo e o cursor **163**
    Usando **#define** para definir seqüência escape 164
    Controle do cursor por meio do teclado 165
    Movendo o cursor para uma posição específica 166
Os atributos de caracteres **168**
O arquivo ansi.h **e o programa** *Tiro ao alvo* **169**
    O arquivo **ansi.h** 169
    O programa **tiroalvo.c** 169
Redefinição de teclas usando ansi.sys **172**
O redirecionamento **174**
    Leitura redirecionada 174
    Impressão redirecionada 175
    Indicando o fim do arquivo 176
    Codificando arquivos 176
    Decodificando arquivos 176

Capítulo 7
Matrizes 181

Declaração da matriz **183**
Referenciação dos elementos da matriz **183**
Matrizes de outros tipos de elementos **184**
    Um número desconhecido de elementos 185
Verificação de limites **186**
Inicialização de matrizes **187**
Matrizes de mais de uma dimensão **188**
    Inicialização de matrizes de duas dimensões 191
    Inicialização de matrizes de três dimensões 193

Matrizes como argumentos de funções 194
Matrizes são passadas para funções por referência 196
    Ordenação dos valores de uma matriz.. 196
A ordenação bolha 197
    Matrizes de duas dimensões como argumento de funções 198
Strings 200
    Strings constantes 200
    Strings variáveis... 201
As funções para manipulação de strings 201
    A função **scanf()**... 201
    A função **gets()** 202
    Impressão de strings com **puts()** 202
    Inicialização de strings.. 203
Aritmética com endereços 204
Outras funções de manipulação de strings 205
    A função **strlen()** 205
    A função **strcat()** 206
    A função **strcmp()** 206
    A função **strcpy()** 208
    As funções **strncat()**, **strncmp()** e **strncpy()** 209
Matrizes de strings 209
Um programa que imprime um cartão de Natal 210

Capítulo 8
Novos tipos de dados com **struct, typedef, union** e **enum** 221

Criando novos tipos de dados com struct.. 223
    Definindo a estrutura 224
    Declarando uma variável do tipo definido 225
Novos nomes para os tipos existentes: typedef.. 225
Usando typedef **com** struct 226
    Acessando os membros da estrutura 227
    Combinando declarações 227
Inicializando estruturas 228
    Definindo e inicializando na mesma instrução 228
Atribuições entre estruturas 229
Operações entre estruturas 229
Estruturas aninhadas 229
    Inicializando estruturas aninhadas 230

Passando estruturas para funções **231**
Funções que retornam uma estrutura **231**
Matrizes de estruturas **232**
    Declarando a matriz de estruturas 235
    Acessando membros da matriz de estruturas... 236
Estruturas com campos bit.. **236**
As funções atoi() **e** atof() **236**
A função exit() **237**
Usando typedef **para tipo de funções** **237**
Tipos de dados enumerados: enum **237**
Usando typedef **com** enum.. **238**
Uniões.. **239**
Usando typedef **com** union **241**
    Combinando declarações 241
Inicializando union **242**
Uniões de estruturas... **242**
O operador sizeof **244**
O operador de endereços (&) com union **245**
Uniões anônimas... **246**

Capítulo 9
Ponteiros 255

O que são ponteiros?... **257**
Por que os ponteiros são usados? **257**
Ponteiros variáveis **257**
    Endereços de memória 258
Ponteiros constantes e o operador de endereços & **258**
Passando argumentos por referência com ponteiros................................... **259**
Variáveis que armazenam endereços **260**
O operador indireto * **260**
Passando endereços para a função.. **261**
Permutação do valor de duas variáveis.. **262**
Ponteiros sem funções **262**
Ponteiros e variáveis apontadas **264**

Operações com ponteiros 265
    Atribuição 266
    Operação indireta 266
    Trazendo o endereço do ponteiro 266
    Incrementando um ponteiro 266
    Diferença 267
    Comparações entre ponteiros 267
A unidade adotada em operações com ponteiros 267
Ponteiros no lugar de matrizes 267
Ponteiros constantes e ponteiros variáveis 269
Passando matrizes como argumento para funções 270
Ponteiros e strings 271
Funções de biblioteca para manipulação de strings 272
Ponteiros para uma cadeia de caracteres constante 273
Matrizes de ponteiros 274
Matriz de strings e a memória alocada 275
Matriz de ponteiros e a memória alocada 275
Ponteiros para ponteiros 276
Ordenando ponteiros 277
Notação ponteiro para matrizes de ponteiros 278
O programa do foguete 278
Ponteiros para funções 281
Declarando o ponteiro para função 281
Endereços de funções 282
Executando a função por meio do ponteiro 282
Operações ilegais com ponteiros para funções 282
Ponteiros para funções como argumentos 282
Matrizes de ponteiros para funções 283
Inicializando uma matriz de ponteiros para funções 285
Usando typedef **para declarar um ponteiro para função** 286
Ponteiros void 287
A função qsort() 288
Ordenando números inteiros 289
O algoritmo de procura binária 289
Procura binária com números inteiros 290
Procura binária com c-string 291

Ponteiros para estruturas 293
Declarando um ponteiro para estrutura 295
Acessando membros por meio de ponteiros 295
Área de alocação dinâmica: heap 296
Alocando e desalocando memória do heap 296
A função malloc() 296
A função calloc() 297
A função free() 297
Alocação de tipos básicos usando memória dinâmica 297
Dimensionando matrizes em tempo de execução 298
Criando uma lista ligada 298
    Esquema de uma lista ligada 299
    O programa **lista.c** 299
Adicionando um livro à lista 302
    Imprimindo os dados da lista 303
    Implementações adicionais 303
Argumentos da linha de comando 303
Atribuindo múltiplos argumentos a teclas de função 305

Capítulo 10
Ponteiros avançados e operadores bit-a-bit 315

Sistemas numéricos 317
Conversão de binário para decimal 318
Conversão de decimal para binário 318
Conversão de fração binária para decimal 318
Conversão de fração decimal para binária 319
Sistema numérico hexadecimal 319
Conversão de hexadecimal para decimal 320
Conversão de binário para hexadecimal 320
Sistema numérico octal 321
Conversão de octal para decimal 321
A memória de vídeo da console (16 bits) 321
O byte de atributos 322
Acesso à memória e uso de ponteiros em 16 bits 322
Segmento e deslocamento 322

Modificadores para ponteiros: near e far..323
Verificando a versão da Bios 324
Os operadores bit-a-bit..324
O operador and: & e &=..325
O operador or: | e |=..327
O operador xor: ^ e ^=...328
O operador unário de complemento: ~ e ~=..329
O operador shift esquerdo: << e <<=...329
O operador shift direito: >> e >>=...330
A calculadora bit-a-bit...331

Capítulo 11
Operações com arquivos 339

Arquivos 341
Leitura e gravação em *alto-nível* 341
   Um fragmento de **stdio.h**.. 341
Abrindo arquivos com fopen()..342
Grupo 1: Gravar e ler um caractere por vez — As funções fputc() e fgetc() 342
   Abrindo o arquivo com **fopen()** 343
   Gravando no arquivo com **fputc()** 343
   Fechando o arquivo com **fclose()**... 343
   Lendo o arquivo 344
A função feof()..344
   Abrindo o arquivo para leitura 345
   Lendo do arquivo com **fgetc()**.. 345
Fim de arquivo e a constante EOF..345
Cuidados ao abrir o arquivo..346
Grupo 2: Ler e gravar linha a linha — As funções fputs() e fgets()..............346
   Gravando no arquivo com **fputs()** 347
   Lendo do arquivo... 347
   Lendo do arquivo com **fgets()** 348
Grupo 3: Ler e gravar dados formatados — As funções fprintf() e fscanf() 348
   Lendo do arquivo... 349
Modos de abertura de arquivos 350
Modo texto e modo binário..351
Grupo 4: Ler e gravar blocos de bytes — As funções fwrite() e fread() 353

Os ponteiros de arquivos stdin, stdout **e** stderr **354**
Gravando estruturas em disco **355**
A função rewind() **357**
    Lendo estruturas do disco 357
Gravando e lendo de um mesmo arquivo **358**
A função fflush() **361**
A função fseek() **361**
A função ftell() **362**
    Calculando o número de registros do arquivo 362
Imprimindo na impressora **364**
Condições de erro **365**
Leitura e gravação em *baixo-nível* **366**
    Imprimindo no vídeo e lendo do teclado em baixo-nível 366
A função write() **367**
A função read() **367**
    Lendo em *baixo-nível* de arquivos em disco 368
Fixando o tamanho do *buffer* **368**
A função open() **369**
O descritor de arquivo **370**
    Lendo com **read()** 370
A função close() **370**
Mensagens de erros **370**
A função lseek() **371**
A função tell() **371**
Operando com *buffers* **371**
Funções para manipulação de *buffers*: memchr() **e** memcmp() **373**
Gravando arquivos em *baixo-nível* **373**
Quando usar o quê? **375**

Apêndice A
Iniciando o Visual Studio .Net 2003 379

Apêndice B
Tabela ASCII 385

Índice remissivo 397

Prefácio

Este livro foi planejado para ser um curso completo de programação em linguagem C. Para melhor compreendê-lo, o estudante deve ter conhecimentos básicos do sistema operacional Windows, Linux ou Unix.

O objetivo principal da obra é a apresentação da linguagem C de maneira simples e clara, além de mostrar como ela pode ser usada para a criação de programas sérios.

Os exemplos deste livro, que não estão relacionados a nenhum assunto específico e que, por isso, podem ser adaptados a qualquer área de aplicação, foram processados utilizando o compilador Visual C++, da Microsoft, ou o compilador Dev-C++, da Bloodshed, para microcomputadores da linha IBM-PC e sistema operacional Windows XP ou Vista; mas podem ser processados em qualquer compilador compatível com os sistemas operacionais Linux, Unix ou OS. Os códigos-fonte para esses exemplos estão disponíveis no Companion Website do livro (**www.pearson.com.br/viviane**).

Esta segunda edição de *Treinamento em linguagem C* está estruturada da seguinte forma: no Capítulo 1, apresentamos um rápido histórico sobre a linguagem, compiladores, linkeditores e pré-processadores. Em seguida, mostramos as definições e conceitos sobre constantes, variáveis, palavras-chave e como escrever o primeiro programa em C.

O Capítulo 2 mostra os operadores e como usá-los. Já nos capítulos 3 e 4, descrevemos os conceitos de laços e comandos de decisão, completando, assim, a apresentação da estrutura básica da linguagem.

O Capítulo 5 trata da escrita de funções, passagem de argumentos, recursividade, classes de armazenamento e diretivas do pré-processador.

O sexto capítulo explora algumas características do IBM-PC, como o acesso ao driver **ansi.sys**, controle do cursor, código estendido do teclado, atributos de caracteres e redirecionamento.

A partir do sétimo capítulo analisamos os aspectos avançados da linguagem e começamos mostrando o uso de vetores e matrizes, o algoritmo de ordenação bolha e a manipulação de strings.

O propósito do Capítulo 8 é apresentar a criação de novos tipos de dados por meio das palavras **struct** e **union**, campos bits, operações entre estruturas, uniões anônimas, tipos enumerados, o operador **sizeof** e o de endereços e o uso da palavra-chave **typedef**.

O nono capítulo aborda detalhadamente o uso de ponteiros, matrizes de ponteiros, alocação de memória dinâmica, operações com ponteiros, ponteiros para funções, ponteiros **void** e a função **qsort()**. Examinamos os algoritmos de ordenação **shell**, procura binária e listas ligadas. São apresentados os argumentos da linha de comandos e como usá-los.

No décimo capítulo, explanamos sobre os sistemas numéricos decimal, hexadecimal, octal e binário e suas conversões. Acessamos diretamente a memória de vídeo e mostramos os modificadores de ponteiros **near** e **far**. Em seguida, apresentamos os operadores bit-a-bit e exemplos de acesso a endereços em baixo nível.

No Capítulo 12, mostramos os conceitos de leitura e gravação em arquivos, quais são as funções de acesso a arquivos em alto e baixo nível, os modos texto e binário. Abordamos as operações com *buffers* e as condições de erros.

É possível aprender C como primeira linguagem de programação. Entretanto, seus conceitos e sua sintaxe não são tão fáceis como os de uma linguagem como Java ou Visual Basic, e os programadores iniciantes podem sentir alguma dificuldade. Ao aluno, é dada a oportunidade de criar novos programas e desenvolver novas idéias.

Agradecimentos

Ao Centro Estadual de Educação Tecnológica "Paula Souza" (CEETPS) e, em especial, ao Centro de Informática (CEI) pelo total apoio, necessário à elaboração deste projeto.

Agradeço sinceramente a Silvio do Lago Pereira pela ajuda fundamental no desenvolvimento deste trabalho. A Moisés de Araújo, pelas valiosas sugestões durante o estágio inicial do livro. Aos professores do departamento de processamento de dados da FATEC (Faculdade de Tecnologia) e das ETES (Escolas Técnicas Estaduais do CEETPS), pelo constante incentivo.

1

Conceitos básicos

- Compiladores
- A estrutura básica de um programa em C
- A função **main()**
- O nome das funções
- Instruções de programa
- A função **printf()**
- A função **system()**
- O pré-processador e a diretiva **#include**
- Comentários de programa
- Constantes numéricas
- Variáveis
- Palavras-chave de C
- Explorando a função **printf()**
- Imprimindo caracteres gráficos

A linguagem C foi criada inicialmente por Dennis M. Ritchie e Ken Thompson no laboratório Bell em 1972, baseada na linguagem B, de Thompson, evolução da antiga linguagem BCPL. A linguagem B foi nomeada com a primeira letra de BCPL e a C com a segunda. Provavelmente, a próxima linguagem progressiva da idéia de C se chamará P.

A definição de C está contida no livro *The C programming language*, escrito por Brian W. Kernighan e Dennis M. Ritchie.

C é uma linguagem vitoriosa como ferramenta na programação de qualquer tipo de sistema (sistemas operacionais, planilhas eletrônicas, processadores de textos, gerenciadores de bancos de dados, processadores gráficos, sistemas de transmissão de dados e telefonia, aparelhos de medicina, aparelhos de segurança para solução de problemas de engenharia ou física etc.). Como exemplo, o sistema operacional UNIX é desenvolvido em C.

A linguagem de programação C tornou-se rapidamente uma das mais importantes e populares, principalmente por ser muito poderosa, portátil, flexível e pela padronização dos compiladores existentes.

C foi desenhada para que o usuário possa planejar programas estruturados e modulares. O resultado é mais legibilidade e documentação. Os programas em C tendem a ser bastante compactos e de execução rápida.

A linguagem C é amiga do programador, suficientemente estruturada para encorajar bons hábitos de programação. Programas em C podem ser desenvolvidos em partes separadas por pessoas distintas e depois unidos num produto final, o que significa que bibliotecas de funções podem ser criadas e distribuídas para serem usadas sem que realmente se conheça o código fonte de cada uma delas.

Existem muitas outras virtudes de C que você conhecerá durante o seu aprendizado.

 ## COMPILADORES

A maneira de se comunicar com um computador chama-se programa e a única linguagem que o computador entende é a linguagem de máquina. Portanto, todos os programas que se comunicam com a máquina devem estar em linguagem de máquina.

Os programas que fazem traduções para linguagem de máquinas são chamados compiladores. Um compilador lê a primeira instrução do programa, faz uma consistência de sua sintaxe e, se não houver erro, converte-a para linguagem de máquina; segue para a próxima instrução, repetindo o processo até que a última instrução seja atingida ou a consistência aponte algum erro.

Se não houver erros, o compilador cria um programa em disco com o sufixo .OBJ, contendo as instruções já traduzidas. Este programa não pode ser executado até que sejam agregadas a ele as funções em linguagem de máquina que foram utilizadas no programa e estão em arquivos de bibliotecas. Este trabalho é feito por um programa chamado linkeditor, que, além de juntar as funções necessárias ao programa .OBJ, cria um produto final em disco com o sufixo .EXE, o qual pode ser executado diretamente do sistema operacional. Um compilador não criará um programa em linguagem de máquina antes que este esteja absolutamente livre de erros.

Como criar um programa executável

- Digitar seu programa com o auxílio de um processador de textos no modo não documento e gravá-lo em disco, dando a ele um nome com o sufixo .C — o programa criado é chamado de fonte.
- Compilar o código fonte seguindo as instruções do seu compilador, o que criará um programa com o sufixo .OBJ em disco — o programa gerado é chamado de objeto.
- Linkeditar o objeto seguindo as instruções do seu linkeditor, o que resultará em um programa com o sufixo .EXE em disco — o programa resultante é chamado de executável.

Para editar, compilar e linkeditar os programas em C, você poderá utilizar o compilador Dev C++ gratuito. Ele foi desenvolvido pela empresa Bloodshed e poderá ser baixado do site (http://www.bloodshed.net).

Se preferir, você poderá utilizar o compilador Microsoft Visual C++ ou outro no modo console. Você encontrará um roteiro para o uso do Microsoft Visual C++.NET no Apêndice A deste livro.

A estrutura básica de um programa em C

Um programa em C consiste em uma ou várias funções, cuja forma geral é a seguinte:

```
tipo nomeFunc(declaração dos parâmetros)
{
   declaração de variáveis;
   instrução_2;
   ..............
   instrução_n;
   return var_tipo;
}
```

O primeiro programa

Vamos começar pelo menor programa possível em C.

```
int main()
{
   return 0;
}
```

A função main()

Esse programa compõe-se de uma única função chamada **main()**. O nome de uma função pode ser qualquer um, com exceção de **main()**, reservado para a função que inicia a execução do programa.

Em todo programa C deve existir uma única função chamada **main()**. Ela marca o ponto de partida do programa, que termina quando for encerrada a execução da função **main()**. Se um programa for constituído de uma única função, esta será **main()**.

O TIPO **int**

A função **main()** particular do nosso primeiro programa é do tipo **int**. Isso significa que a função deverá retornar um número inteiro. A nossa instrução de retorno é a seguinte:

```
return 0;
```

Não se preocupe com esse retorno no momento. Abordaremos os tipos de retorno no capítulo sobre funções.

A FUNÇÃO **main()** RESUMIDA

A linguagem C aceita a escrita da função **main()** resumida. Assim, nosso exemplo poderia ser escrito da seguinte forma:

```
main()
{

}
```

A forma resumida é convertida automaticamente pelo compilador para a forma normal anterior.

O NOME DAS FUNÇÕES

OS PARÊNTESES

Os parênteses após o nome **main()** são a característica que permite que o compilador saiba que se trata de uma função. Sem eles, o compilador poderia pensar que o nome se refere a uma variável. No nosso programa, os parênteses estão vazios, mas nem sempre isso ocorre.

AS CHAVES

Toda função em C deve começar com uma chave de abertura de bloco ({) e terminar com uma chave de fechamento de bloco (}). As chaves delimitam o corpo da função.

OS ESPAÇOS EM BRANCO

Você pode inserir espaços em branco, tabulações e pular linhas à vontade em seus programas. O compilador ignora esses caracteres. Você pode escrever várias instruções em uma única linha, separadas por qualquer número de espaços ou tabulações, ou pode escrever uma instrução em várias linhas. Não há um estilo obrigatório para a escrita de programas em C.

> **Cuidado:** Você não pode inserir espaços em branco no meio de uma palavra ou de um símbolo da linguagem.

Nosso primeiro programa poderia ser escrito das seguintes formas:

```
    int    main
(
    )
{
    return
0
;
    }
int
main
(
)
{
return
0
;
}
int main(){return 0;}
```

> **Exceções:** Algumas exceções no uso de espaços em branco devem ser consideradas. Não podemos inserir linhas em branco ou espaços em textos escritos entre aspas, em nomes de funções, operadores, comandos da linguagem e diretivas do pré-processador.

INSTRUÇÕES DE PROGRAMA

Vamos adicionar duas instruções em nosso programa.

```
#include <stdio.h>
#include <stdlib.h>
int main()
{
    printf("Primeiro programa.");
    system("PAUSE");
    return 0;
}
```

Agora o programa contém três instruções. A primeira instrução,

```
printf("Primeiro programa.");
```

imprime a frase entre aspas duplas na tela do computador. A segunda instrução,

```
system("PAUSE");
```

solicita ao computador uma pausa até que alguma tecla seja pressionada no teclado. A terceira instrução,

```
return 0;
```

solicita à função **main()** que retorne o valor 0 a quem a chamou. No nosso caso, o sistema operacional.

Toda instrução em C deve terminar com um ponto-e-vírgula, parte crucial da sintaxe da linguagem que pode ser facilmente esquecido por programadores distraídos, acarretando a apresentação de erro de compilação.

Uma função pode ter qualquer número de instruções. Elas devem ser escritas entre as chaves que delimitam o corpo da função e são executadas na ordem em que as escrevemos.

A função print()

A instrução

```
printf("Primeiro programa.");
```

é uma chamada à função **printf()**. Os parênteses nos certificam disso e o ponto-e-vírgula indica que esta é uma instrução.

A função **printf()** não faz parte da definição da linguagem C, é uma das funções de I/O (entrada e saída) presente na biblioteca padrão, fornecida com os compiladores C.

As bibliotecas são arquivos em linguagem de máquina que contêm funções desenvolvidas por outros programadores e podem ser usadas em C.

A biblioteca padrão, fornecida pelos compiladores C, contém funções que executam as operações básicas de I/O. A função **printf()** está associada à saída padrão do sistema operacional (geralmente o vídeo).

Os parênteses indicam que estamos, realmente, procedendo com uma função. No interior dos parênteses estão as informações passadas pela função **main()** à função **printf()**, isto é, "Primeiro programa.". Esta informação é chamada de argumento de **printf()**.

Quando o programa encontra esta linha, desvia o controle para a função **printf()** que executa a tarefa de imprimir na tela do seu computador e, quando encerra a sua execução, o controle é devolvido para a próxima instrução do programa principal.

A função system()

A função **system()** executa um comando interno do sistema operacional ou um programa (.EXE, .COM ou .BAT). Em nosso programa estamos executando o comando PAUSE.

```
system("PAUSE");
```

O pré-processador e a diretiva #include

Diretivas do pré-processador

As duas primeiras linhas do nosso programa não são instruções da linguagem C (observe que não há ponto-e-vírgula ao seu final), mas sim diretivas do pré-processador.

O pré-processador é um programa que examina o programa fonte em C e executa certas modificações com base em instruções chamadas diretivas. Toda diretiva é iniciada pelo símbolo # e o seu texto deve ser escrito em uma única linha. Se o texto for muito grande, pode-se terminar a linha com a barra invertida (\ ) e continuar em outra linha.

As diretivas do pré-processador não fazem parte da linguagem C; elas servem para auxiliar no desenvolvimento do programa fonte.

A diretiva #include

A diretiva **#include** provoca a inclusão de outro arquivo em nosso programa fonte. Na verdade, o compilador substitui a linha contendo essa diretiva pelo conteúdo do arquivo indicado. Essa substituição é executada antes de o programa ser compilado. Assim, o efeito obtido é a apresentação de um texto, como se tivéssemos digitado todo o conteúdo do arquivo **stdio.h** e do arquivo **stdlib.h** na posição em que escrevemos as linhas:

```
#include <stdio.h>
#include <stdlib.h>
```

É similar ao comando de um processador de textos que inclui um texto gravado em disco no texto que estamos editando.

A primeira linha do nosso programa solicita ao compilador que inclua o arquivo **stdio.h** em nosso programa fonte antes de compilá-lo.

O arquivo **stdio.h** contém as definições e declarações necessárias para o uso da função **printf()**, já o **stdlib.h** contém as da função **system()**.

A diretiva **#include** aceita uma segunda sintaxe:

```
#include "meuArq.h"
```

Quando usamos os sinais < e >, o arquivo é procurado somente na pasta **include**, criada na instalação do seu compilador. Quando usamos aspas duplas, o arquivo é procurado primeiramente na pasta atual e depois, se não for encontrado, na pasta **include**.

Em nosso programa incluímos dois arquivos com a extensão. Esses arquivos são chamados de arquivos de inclusão ou arquivos de cabeçalho (header).

EXECUTANDO O PRIMEIRO PROGRAMA

Digite o programa no editor de textos e salve-o em disco, dando-lhe um nome com sufixo .C. Por exemplo, "**progr1.c**". Siga as instruções de seu compilador para criar o programa executável. Execute o nosso primeiro programa e notará que a função **printf()** não imprime numa nova linha automaticamente. A impressão é colocada na posição atual do cursor. Se desejar, você poderá inserir um caractere de nova linha explicitamente.

```
printf("Primeiro programa\n");
```

O **\n** é um código especial que informa à **printf()** que o restante da impressão deve ser feito em nova linha. A combinação de caracteres **\n** representa, na verdade, um único caractere em C, chamado de nova-linha. Em outras palavras, este caractere desempenha a mesma função que a executada quando pressionamos a tecla [ENTER] no teclado. Por que, então, não usar a tecla [ENTER]? Porque, quando a pressionamos, o editor de textos que estamos usando deixa a linha atual em que estamos trabalhando e passa para outra linha, deixando a linha anterior inacabada, fazendo com que a função **printf()** não a imprima.

CÓDIGOS ESPECIAIS

Além do caractere [ENTER], vários outros caracteres não podem ser digitados diretamente do teclado para dentro do nosso programa. Esses caracteres são codificados em C por meio da combinação do sinal \ (barra invertida) com outros caracteres.

A tabela seguinte mostra esses códigos.

Códigos especiais	Significado
\n	Nova linha.
\t	Tabulação.
\b	Retrocesso (usado para impressora).
\f	Salto de página de formulário.
\a	Beep – Toque do auto-falante.
\r	CR – Retorno do cursor para o início da linha.
\\	\ – Barra invertida.
\0	Zero.
\'	Aspas simples (apóstrofo).
\"	Aspas dupla.
\xdd	Representação hexadecimal.
\ddd	Representação octal.

A próxima tabela mostra os códigos para impressão formatada com **printf()**.

Códigos de formatação para printf()	Significado
%c	Caractere simples.
%d	Inteiro decimal com sinal.
%i	Inteiro decimal com sinal.
%e	Notação científica (e minúsculo).
%E	Notação científica (E maiúsculo).
%f	Ponto flutuante em decimal.
%g	Usa %e ou %f, o que for menor.
%G	Usa %E ou %f, o que for menor.
%o	Inteiro octal sem sinal.
%s	String de caracteres.
%u	Inteiro decimal sem sinal.
%x	Inteiro hexadecimal sem sinal (letras minúsculas).
%X	Inteiro hexadecimal sem sinal (letras maiúsculas).
%p	Ponteiro (endereço).
%n	Ponteiro inteiro.
%%	Imprime um caractere %.

Os modificadores l, h e L

Usamos %ld, %li, %lo, %lu e %lx para informar a **printf()** que o tipo associado será long.

Usamos %hd, %hi, %ho, %hu e %hx para informar a **printf()** que o tipo associado será short.

Usamos %Le, %Lf e %Lg para informar a **printf()** que o tipo associado será long double.

Comentários de programa

Comentários de programa podem ser colocados em qualquer lugar e são tratados pelo compilador como espaços em branco. Eles ajudam quem desenvolve o programa e qualquer pessoa que lê o programa fonte. São utilizados para documentar o código.

```
/*Esse programa mostra o uso de comentários em várias linhas  *
 * e mostra também o uso de comentários em uma única linha    *
 *                                                            *
 *                                                            *
 *                    Primeiro programa                       *
 **************************************************************
 */
/* Prog1.C */
#include <stdio.h> /* Para printf() */
#include <stdlib.h>/* Para system() */
int main()         /* Função main */
{ /* início do corpo da função main */
   printf("Primeiro programa."); /* Chamada a função printf */
   system("PAUSE"); /* Chamada a função system */
   return 0;
}/* Fim do corpo da função main */
```

Comentários se iniciam por **/*** e terminam por ***/**, podem ser escritos em várias linhas ou numa única linha, ou ainda na mesma linha de uma instrução C. Asteriscos podem ser colocados livremente dentro de comentários.

Não é permitido o uso de símbolos de comentários no interior de um comentário:

```
/* Esse é um /*comentário*/ ilegal */

/* Estou escrevendo outro /* comentário ilegal */
```

Constantes numéricas

Uma constante tem valor fixo e inalterável. Números constantes em C podem ser escritos nas seguintes bases:

Decimal

Escrevemos um número em decimal de forma pura e simples, como a que estamos acostumados. Exemplos: 2345, 50, 88. Observe que números em decimal não podem estar entre aspas.

Hexadecimal

Os números escritos na base 16 devem ser precedidos de 0x. Exemplos: 0x41, 0x1afb, 0x54CA.

Octal

Os números escritos na base 8 devem ser precedidos por um zero. Exemplos: 041, 010, 0754.

> **Observação:** Note que um zero antes de um número é avaliado como representação octal. Ou seja, escrever 10 não é a mesma coisa que escrever 010. O número 010 é o número 8 em decimal.

CARACTERE

A numeração caractere só está definida para números entre 0 e 255. Isso significa que a forma caractere é definida para números que caibam em um único byte. Caracteres constantes são escritos entre aspas simples (apóstrofos). Exemplos: o número 65 pode ser escrito como 'A'. Outros exemplos: '5', 'a', '\n', '\t'.

CADEIA DE CARACTERES CONSTANTE

A expressão "\nPrimeiro programa" é um exemplo de cadeia de caracteres constante. A linguagem C reconhece uma cadeia de caracteres constante quando delimitada por aspas duplas.

ASPAS SIMPLES OU ASPAS DUPLAS

Algumas linguagens de programação permitem o uso de aspas simples ou duplas indistintamente. Em C, as aspas simples servem para representar um único caractere ASCII, com um valor numérico entre 0 e 255 e as aspas duplas representam o endereço de memória do primeiro byte onde a cadeia de caracteres é armazenada. Veremos endereços com detalhes no capítulo de ponteiros.

 MAIS SOBRE A FUNÇÃO print()

```
/* Prog2.C */
#include <stdio.h> /* Para printf() */
#include <stdlib.h>/* Para system() */
int main()
{
    printf("Este é o número %d.\n", 5 );
    system("PAUSE");
    return 0;
}
```

Este programa imprimirá na tela do seu computador:

```
Este é o número 5.
```

A função **printf()** pode ter um ou vários argumentos. No primeiro exemplo nós colocamos um único argumento: "Primeiro programa". Agora, entretanto, colocamos dois: "Este é o número %d.\n" que está à esquerda e o valor 5 à direita. Estes dois argumentos são separados por uma vírgula.

O primeiro argumento é chamado de expressão de controle e pode conter caracteres que serão exibidos na tela e códigos de formatação que indicam o formato em que os argumentos seguintes devem ser impressos. Em nosso exemplo, o código de formatação %d solicita à **printf()** imprimir o segundo argumento em formato decimal.

A função **printf()** pode receber um número variável de argumentos: a cadeia de caracteres, chamada de expressão de controle, e mais tantos argumentos quantas especificações de formato essa expressão contiver. Cada argumento deve ser separado por uma vírgula.

Certamente, o programa anterior não utiliza a maneira mais simples de obter o mesmo resultado, observe a nova versão.

```
/* Prog2.C */
#include <stdio.h> /* Para printf() */
#include <stdlib.h>/* Para system() */
int main()
{
   printf("Este é o número 5.\n" );
   system("PAUSE");
   return 0;
}
```

IMPRIMINDO OUTROS TIPOS DE DADOS COM print()

Os próximos exemplos mostram como imprimir diferentes tipos de dados utilizando **printf()**.

```
#include <stdio.h> /* Para printf() */
#include <stdlib.h>/* Para system() */
int main()
{
   printf("%s está a %d milhões de milhas\ndo sol.\n", "Venus", 67 );
   system("PAUSE");
   return 0;
}
```

O programa imprimirá na tela:

```
Venus está a 67 milhões de milhas do sol.
```

Vamos agora escrever um programa com mais de uma instrução:

```
#include <stdio.h> /* Para printf() */
#include <stdlib.h>/* Para system() */
int main()
{
   printf("A letra %c", 'J');
   printf("pronuncia-se %s%c%c", "Jota",'.', '\n');

   system("PAUSE");
   return 0;
}
```

O programa imprimirá na tela:

```
A letra J pronuncia-se Jota.
```

Observe que 'J' é delimitado por aspas simples, enquanto que "Jota" é delimitado por aspas duplas. Isso indica ao compilador como diferenciar um caractere de uma cadeia de caracteres. Para imprimir no formato caractere usamos %c.

Note que usamos duas chamadas a **printf()**, duas instruções, o que não constitui duas linhas impressas de texto. Quando queremos imprimir um caractere de nova linha, devemos inseri-lo explicitamente.

VARIÁVEIS

As variáveis são o aspecto fundamental de qualquer linguagem de computador. Uma variável em C é um espaço de memória reservado para armazenar um certo tipo de dado e tendo um nome para referenciar o seu conteúdo.

O espaço de memória ocupado por uma variável pode ser compartilhado por diferentes valores segundo certas circunstâncias. Em outras palavras, uma variável é um espaço de memória que pode conter, a cada tempo, valores diferentes.

O exemplo seguinte cria duas variáveis do tipo **int**.

```
/*****************************************************
 * Esse programa mostra a declaração de variáveis    *
 * Prog3.C
 */
#include <stdio.h> /* Para printf() */
#include <stdlib.h>/* Para system() */
int main()
{
   /* Variáveis devem ser declaradas no início do bloco */
   int num1; /* É obrigatório declarar variáveis em C */
   int num2;

   num1 = 44;
   num2 = num1 + 20;

   printf("\nO primeiro número é %d",num1);
   printf("\nO segundo número é \"num1 + 20 \" = %d",num2);

   system("PAUSE");
   return 0;
}
```

Se você executar esse programa, obterá a seguinte saída:

```
O primeiro número é 44
O segundo número é "num1 + 20" = 64
```

Declaração de variáveis

As instruções

```
int num1;
int num2;
```

são exemplos de declarações de variáveis. Uma declaração de variável é uma instrução que, no mínimo, deve especificar um tipo (int) e um nome (num1) com o qual podemos acessar o conteúdo da variável.

A instrução de declaração da variável reserva uma quantidade de memória suficiente para armazenar o tipo especificado.

> Toda variável em C deve ser declarada no início do bloco de uma função, logo após a abertura da chave e antes de qualquer outra instrução.

Podemos declarar várias variáveis de um mesmo tipo numa única instrução. Elas deverão ser separadas por vírgulas.

```
int num1, num2;
int aviao, foguete, helicoptero;
```

> Toda variável em C deve ser declarada antes de ser usada.

Por que declarar variáveis

- Reunir variáveis em um mesmo lugar, dando a elas nomes significativos, facilita ao leitor entender o que o programa faz.
- Uma seção de declarações de variáveis encoraja o planejamento do programa antes de começar a escrevê-lo. Isto é, planejar as informações que devem ser dadas ao programa e quais as que o programa deverá nos fornecer.
- Declarar variáveis ajuda a prevenir erros. Por exemplo, se escrevermos o (letra o) em vez de 0 (zero):

```
int b0b0;
bobo = 5;
```

o compilador acusará o erro.

- Se os motivos anteriores não convenceram você, este deverá convencê-lo: A linguagem C não trabalha se você não declarar todas as variáveis.

Tipos de variáveis

O tipo de uma variável informa a quantidade de memória, em bytes, que ela ocupará e o modo como um valor deverá ser armazenado e interpretado.

Em C, existem cinco tipos básicos de variáveis: **char**, **int**, **float**, **double** e **void**.

Os tipos char e int

O tipo **char** e o tipo **int** armazenam números inteiros. O tipo **char** tem o tamanho de um byte. O tipo **int** tem o tamanho da palavra da máquina, isto é, em ambientes de 16 bits (MS-DOS ou Windows 3.x) o tipo **int** terá 2 bytes (16 bits) de tamanho e em ambientes 32 bits (Windows 95 ou posterior, Linux, Unix) o tipo **int** terá 4 bytes de tamanho.

Modificadores de tipo

Com exceção de **void** todos os tipos básicos de dados podem ser acompanhados por um modificador. Em C temos 3 modificadores (**short**, **long** e **unsigned**).

Um modificador de tipo pode ser utilizado sem que seja especificado o tipo da variável. Quando isso é feito, o compilador assume, por padrão, que o tipo é **int**.

Tipo	Bits	Bytes	Escala
char	8	1	128 a 127
int	32	4	−2.147.483.648 a 2.147.483.647 (ambientes de 32 bits)
short	16	2	−32.765 a 32.767
long	32	4	−2.147.483.648 a 2.147.483.647
unsigned char	8	1	0 a 255
unsigned	32	4	0 a 4.294.967.295 (ambientes de 32 bits)
unsigned long	32	4	0 a 4.294.967.295
unsigned short	16	2	0 a 65.535
float	32	4	$3,4 \times 10^{-38}$ a $3,4 \times 10^{38}$
double	64	8	$1,7 \times 10^{-308}$ a $1,7 \times 10^{308}$
long double	80	10	$3,4 \times 10^{-4932}$ a $3,4 \times 10^{4932}$
void	0	0	nenhum valor

Nos ambientes de 32 bits, o tipo **int** tem o mesmo tamanho que **long int** ou simplesmente **long**.

Inicializando variáveis

É possível combinar uma declaração de variável com o operador de atribuição para que esta tenha um valor inicial ao mesmo tempo em que é criada; é o que chamaremos de *inicialização de variável*. Como exemplo, mostraremos um programa que cria três variáveis e as inicializa.

```c
/*InitVars.C
 *Mostra inicialização de variáveis
 */
#include <stdio.h> /* Para printf() */
#include <stdlib.h>/* Para system() */
int main()
{
    int evento = 5;      /* Define evento inicializada com 5    */
    char corrida = 'C';  /* Define corrida inicializada com C   */

    float tempo = 27.25;/* define tempo inicializada com 27.25*/

    printf("\nO tempo vitorioso na eliminatória %c",corrida);
    printf("\nda competição %d foi %f.", evento, tempo);

    system("PAUSE");
    return 0;
}
```

A saída será:

```
O tempo vitorioso na eliminatória C
da competição 5 foi 27.25.
```

> Inicializar uma variável significa atribuir um valor a ela na mesma instrução de sua declaração.

Variáveis em ponto flutuante — float, double e long double

Números em ponto flutuante correspondem ao que os matemáticos chamam de "números reais" com casas decimais. Existem várias maneiras de escrever um número em ponto flutuante. A notação "3.16E7" é um meio de indicar que 3.16 será multiplicado por 10 elevado à potência 7, isso é, 31600000. Essa indicação chama-se *notação científica* e é usada para armazenar um número em ponto flutuante na memória do computador.

Em C temos três tipos de variáveis para armazenar um número em ponto flutuante: **float**, **double** e **long double**.

As variáveis em ponto flutuante armazenam os seus valores na memória em duas partes: mantissa e expoente. A mantissa é o valor do número e o expoente é a potência que irá aumentá-lo. Variáveis do tipo **float** ocupam 4 bytes: um para o expoente e 3 para a mantissa.

Observe que variáveis do tipo **long int** ocupam o mesmo espaço de memória que uma variável do tipo **float**, mas são tipos diferentes, pois a forma de armazenamento é distinta. Lembre-se: um tipo de variável define um tamanho e uma forma de armazenamento.

O MODIFICADOR unsigned (SEM SINAL)

O computador interpreta o bit mais significativo de uma variável como sendo um bit de sinal. O modificador **unsigned** indica que o tipo associado deve ter seu bit superior interpretado como um outro bit qualquer e não como bit de sinal.

Ele é utilizado quando a quantidade representada é sempre positiva, como, por exemplo, quando indicamos uma quantidade de alguma coisa (copos, lápis, laranjas etc.).

```
/* UnsigVars.C
 * Mostra o modificador unsigned
 */
#include <stdio.h> /* Para printf() */
#include <stdlib.h>/* Para system() */
int main()
{
   unsigned j=4294967000UL;
   int i=j;

   printf("\nVariável unsigned = %u",j);
   printf("\nVariável int = %d\n",i);

   system("PAUSE");
   return 0;
}
```

A saída será:

```
Variável unsigned = 4294967000
Variável int = -296
```

A razão disso está na maneira como o computador interpreta o bit de ordem superior (mais significativo) do inteiro.

O bit mais significativo de uma variável é 0 se o número for positivo e 1 se o número for negativo. O modificador **unsigned** irá ignorar o bit de sinal tratando-o como um bit a mais para números positivos.

DEFININDO O TIPO DE CONSTANTES

Observe a instrução:

```
unsigned j=4294967000UL;
```

Escrevemos a constante seguida das letras **UL**. Isso significa que queremos dizer ao compilador que a nossa constante é do tipo **unsigned long**. O sufixo pode ser maiúsculo ou minúsculo.

Outros sufixos que podem ser usados com constantes:

```
int x = 3456L;        /*Indica que a constante é long   */
float pi=3.14F;       /*Indica que a constante é float  */
double Dpi=3.14L;     /*Indica que a constante é double */
```

NOMES DE VARIÁVEIS

A escolha de nomes significativos para suas variáveis pode ajudá-lo a entender o que o programa faz e a prevenir erros. Você pode usar quantos caracteres quiser para um nome de variável, com o primeiro sendo obrigatoriamente uma letra ou o caractere de sublinhado. O nome de uma variável pode conter letras maiúsculas ou minúsculas, dígitos entre 0 e 9 e o caractere de sublinhado.

> Em C, letras maiúsculas e minúsculas são diferentes.

Os seguintes nomes são distintos:

PESO
Peso
peso
peSo

Somente os primeiros 247 caracteres são significativos, e uma variável não pode ter o mesmo nome de uma palavra-chave da linguagem. A tabela a seguir mostra as palavras chaves.

PALAVRAS-CHAVE DE C

Categoria	Palavras-chave
Tipos de dados	char, int, float, double, void
Modificadores de tipo	long, short, signed, unsigned
Modificadores de tipo de acesso	const, volatile
Classes de armazenamento	auto, extern, static, register
Tipos definidos pelo usuário	struct, enum, union, typedef

Comandos condicionais	if, else, switch, case, default
Comandos de laços	while, for, do
Comandos de desvio	break, goto, return, continue
Operador	sizeof

Explorando a função printf()

A função **printf()** usa o caractere **%** seguido de uma letra para identificar o formato da impressão. O problema surge quando queremos imprimir o caractere **%**. Se usarmos simplesmente **%** na expressão de controle de **printf()**, o compilador achará que não especificamos o formato corretamente e acusará um erro. O correto é usar dois símbolos **%**.

```
#include <stdio.h> /* Para printf() */
#include <stdlib.h>/* Para system() */
int main()
{
   int reajuste = 10;
   printf("O reajuste foi de %d%%.\n",reajuste);
   system("PAUSE");
   return 0;
}
```

A saída será:

`O reajuste foi de 10%.`

Tamanho de campos na impressão

A função **printf()** permite estabelecer o tamanho mínimo de um campo para a impressão. Isso significa que podemos definir o número de colunas que serão ocupadas por um valor ou texto a ser impresso. Geralmente, a definição de tamanho de campo é usada para alinhamento e estética de um relatório.

```
/* Tamanho de campo com inteiros */
#include <stdio.h> /* Para printf() */
#include <stdlib.h>/* Para system() */
int main()
{
   printf("Os alunos sao %2d.\n",350);
   printf("Os alunos sao %4d.\n",350);
   printf("Os alunos sao %5d.\n",350);
   system("PAUSE");
   return 0;
}
```

A saída será:

```
Os alunos sao 350.
Os alunos sao  350.
Os alunos sao   350.
```

IMPRIMINDO UMA TABELA

```c
/* Tamanho de campo com inteiros */
#include <stdio.h> /* Para printf() */
#include <stdlib.h>/* Para system() */
int main()
{
   int lapis=45, borrachas=2345, canetas=420,
   cadernos=8,fitas=13050;
   printf("\nLapis        %12d",lapis);
   printf("\nBorrachas    %12d",borrachas);
   printf("\nCanetas      %12d",canetas);
   printf("\nCadernos     %12d",cadernos);
   printf("\nFitas        %12d",fitas);
   system("PAUSE");
   return 0;
}
```

A saída será:

```
Lapis                 45
Borrachas           2345
Canetas              420
Cadernos               8
Fitas              13050
```

Pode-se usar tamanho de campos com números em ponto flutuante e, ao mesmo tempo, obter precisão e arredondamento.

```c
/* Tamanho de campo com ponto flutuante */
#include <stdio.h> /* Para printf() */
#include <stdlib.h>/* Para system() */
int main()
{
   float lapis=4.875, borrachas=234.542, canetas=42.036,
         cadernos=8.0,fitas=13.05;
   printf("\nLapis        %12.2f",lapis);
   printf("\nBorrachas    %12.2f",borrachas);
   printf("\nCanetas      %12.2f",canetas);
   printf("\nCadernos     %12.2f",cadernos);
   printf("\nFitas        %12.2f",fitas);
   system("PAUSE");
   return 0;
}
```

A saída será:

```
Lapis            4.88
Borrachas      234.54
Canetas         42.04
Cadernos         8.00
Fitas           13.05
```

```c
/* Tamanho de campo com ponto flutuante */
#include <stdio.h> /* Para printf() */
#include <stdlib.h>/* Para system() */
int main()
{
   printf("%4.2f\n",3456.78);
   printf("%3.2f\n",3456.78);
   printf("%3.1f\n",3456.78);
   printf("%10.3f\n",3456.78);
   system("PAUSE");
   return 0;
}
```

A saída será:

```
3456.78
3456.78
3456.8
  3456.780
```

Os tamanhos de campos podem ser usados para alinhamento à direita ou à esquerda.

```c
/* Sem tamanho de campo */
#include <stdio.h> /* Para printf() */
#include <stdlib.h>/* Para system() */
int main()
{
   printf("%.2f %.2f %.2f\n",8.0,15.3,584.13);
   printf("%.2f %.2f %.2f\n",834.0,1500.55,4890.21);
   system("PAUSE");
   return 0;
}
```

```
8.00 15.30 584.13
834.00 1500.55 4890.21
```

```c
/* Com tamanho de campo */
#include <stdio.h> /* Para printf() */
#include <stdlib.h>/* Para system() */
int main()
{
   printf("%10.2f %10.2f %10.2f\n",8.0,15.3,584.13);
   printf("%10.2f %10.2f %10.2f\n",834.0,1500.55,4890.21);
```

```
        system("PAUSE");
        return 0;
}

    8.00        15.30        584.13
  834.00      1500.55       4890.21
```

O sinal de menos (−) precedendo a especificação do tamanho do campo justifica os campos à esquerda, como mostra o próximo programa:

```
/* Tamanho de campo e justificado à esquerda */
#include <stdio.h> /* Para printf() */
#include <stdlib.h>/* Para system() */
int main()
{
    printf("%-10.2f %-10.2f %-10.2f\n",8.0,15.3,584.13);
    printf("%-10.2f %-10.2f %-10.2f\n",834.0,1500.55,4890.21);
    system("PAUSE");
    return 0;
}

8.00       15.30      584.13
834.00     1500.55    4890.21
```

Este formato é muito útil em certas circunstâncias, especialmente quando imprimimos cadeia de caracteres.

Tamanho de campo com cadeias de caracteres

Vamos justificar as cadeias de caracteres à direita do campo de impressão definido.

```
/* Tamanho de campo com cadeias de caracteres */
#include <stdio.h> /* Para printf() */
#include <stdlib.h>/* Para system() */
int main()
{
    printf("\nOBJETO       %12s","CÓDIGO");
    printf("\nLápis        %12s","WQR");
    printf("\nBorrachas    %12s","ASO");
    printf("\nCanetas      %12s","KPX");
    printf("\nCadernos     %12s","FJI");
    printf("\nFitas        %12s","TYE");
    system("PAUSE");
    return 0;
}
```

A saída será:

```
OBJETO            CÓDIGO
Lápis                WQR
Borrachas            ASO
```

```
Canetas         KPX
Cadernos        FJI
Fitas           TYE
```

> **Observação:** Se o tamanho do campo especificado for menor que o tamanho mínimo necessário para imprimir o valor associado, a impressão utilizará o número necessário de colunas, ignorando o tamanho especificado para o campo.

Complementando com zeros à esquerda

Além de especificar o tamanho do campo, podemos complementar o campo todo ou parte dele com zeros à esquerda. Observe o exemplo a seguir.

```
/* Tamanho de campo e complementando com zeros */
#include <stdio.h> /* Para printf() */
#include <stdlib.h>/* Para system() */
int main()
{
   printf("\n%04d",21);
   printf("\n%06d",21);
   printf("\n%6.4d",21);
   printf("\n%6.0d",21);
   system("PAUSE");
   return 0;
}
```

A saída será:

```
0021
000021
  0021
    21
```

Escolhendo a base numérica

A função **printf()** permite-nos estabelecer a base numérica na qual desejamos ver impresso um número.

%d	Imprime o campo em decimal.
%x	Imprime o campo em hexadecimal.
%o	Imprime o campo em octal.
%c	Imprime o campo no formato caractere.

```
/* Definindo a base numérica */
#include <stdio.h> /* Para printf() */
#include <stdlib.h>/* Para system() */
```

```
int main()
{
    printf("\n%d",65);
    printf("\n%x",65);
    printf("\n%o",65);
    printf("\n%c",65);
    system("PAUSE");
    return 0;
}
```

A saída será:

```
Decimal: 65
Hexadecimal: 41
Octal: 101
Caractere: A
```

IMPRIMINDO CARACTERES GRÁFICOS

Como você provavelmente sabe, todo caractere (letra, dígito, caractere de pontuação etc.) é representado no computador por um número. O código ASCII dispõe de números de 0 a 127 abrangendo letras, dígitos entre 0 e 9, caracteres de pontuação e caracteres de controle como salto de linha, tabulação etc.

Os microcomputadores usam 128 caracteres adicionais, com códigos ASCII de 128 a 255, que consistem em símbolos de línguas estrangeiras e caracteres gráficos.

Já mostramos como imprimir caracteres ASCII usando a função **printf()**. Os caracteres gráficos e outros não padrões requerem outra maneira de escrita para serem impressos. A forma de representar um caractere de código acima de 127 é

$$\xdd$$

em que **dd** representa o código do caractere na base hexadecimal. Observe que \xdd é um caractere e pode estar contido em uma cadeia de caracteres entre aspas duplas.

Usaremos esse formato para a impressão de caracteres gráficos.

O programa a seguir imprime um carro e uma caminhonete. Observe a listagem:

```
/* Caracteres gráficos */
#include <stdio.h> /* Para printf() */
#include <stdlib.h>/* Para system() */
int main()
{
    system("cls");/*Limpa a tela*/
    printf("\n\n");
    /*Inicia a impressão do carro*/
    printf("\n\t\xDC\xDC\xDB\xDB\xDB\xDB\xDC\xDC");
    printf("\n\t\xDF0\xDF\xDF\xDF\xDF0\xDF");
    /*Fim da impressão do carro*/
    printf("\n\n");
```

```
    /*Inicia a impressão da caminhonete*/
    printf("\n\t\xDC\xDC\xDB \xDB\xDB\xDB\xDB\xDB\xDB");
    printf("\n\t\xDF0\xDF\xDF\xDF\xDF\xDF00\xDF");
    /*Fim da impressão da caminhonete*/
    printf("\n\n");

    system("PAUSE");
    return 0;
}
```

Eis a saída:

O nosso próximo exemplo, desenha uma moldura na tela.

```
/*Desenha moldura*/
#include <stdio.h> /* Para printf() */
#include <stdlib.h>/* Para system() */
int main()
{
    system("cls");/*Limpa a tela*/
    printf("\n\n");
    printf("\n\t\xC9\xCD\xBB");
    printf("\n\t\xBA \xBA");
    printf("\n\t\xC8\xCD\xBC");
    printf("\n\n");
    system("PAUSE");
    return 0;
}
```

Eis a saída:

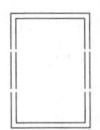

Os códigos dos caracteres são os seguintes:

REVISÃO

1. Todo programa em C deve ter uma única função chamada **main()**. Esta é a primeira função a ser executada. O programa termina quando é encontrada a chave que fecha o corpo da função **main()**.

2. Toda instrução C é terminada por um ponto-e-vírgula.

3. A função **printf()** corresponde à saída padrão e é usada para enviar informações à tela. Os seus argumentos consistem de uma expressão de controle contendo caracteres e códigos de formatação, iniciados pelo caractere %, e tantos argumentos quantos forem os códigos de formatação colocados na expressão de controle.

4. Os caracteres que não podem ser obtidos diretamente do teclado para dentro do programa são codificados por meio da combinação do sinal \ (barra invertida) com outros caracteres, conforme a tabela de códigos especiais.

5. A função **system()** executa um comando interno do sistema operacional.

6. O pré-processador é uma linguagem para o compilador C. Suas instruções são chamadas diretivas.

7. A diretiva **#include** causa a inclusão de outro arquivo em nosso programa fonte.

8. Arquivos de inclusão são textos escritos em ASCII normais.

9. Comentários podem ser colocados em qualquer lugar e são tratados pelo compilador como espaços em branco. Comentários se iniciam por /* e terminam por */ e auxiliam o leitor a usar e entender o programa.

10. Os números em C podem ser escritos em decimal, hexadecimal, octal ou no formato caractere.

11. Uma declaração de variável consiste no nome de um tipo, seguido do nome da variável e seguido por ponto-e-vírgula.

12. Todas as variáveis devem ser declaradas logo no início de um bloco, após a abertura da chave e antes de qualquer outra instrução.

13. O tipo de uma variável define o seu tamanho em bytes e a forma como um valor deverá ser armazenado e recuperado.

14. Os cinco tipos básicos de variáveis em C são: **char**, **int**, **float**, **double** e **void**.

15. Os modificadores de tipo são utilizados para alterar o tamanho de um tipo de variável ou para alterar a interpretação de seu bit mais significativo.

16. Os três modificadores de tipo são: **short**, **long** e **unsigned**.

17. Nomes de variáveis devem começar com uma letra ou o caractere de sublinhado. O nome de uma variável pode conter letras maiúsculas, minúsculas, dígitos e o caractere de sublinhado.

18. Em C, letras maiúsculas e minúsculas são tratadas diferentemente.

Exercícios

1. Um dos alunos preparou o seguinte programa e apresentou-o para ser avaliado. Ajude-o.

   ```
   #include <stdio.h>
   #include <stdlib.h>;
   int Main{}
   (
     printf( Existem %d semanas no ano.,52);
     cout << endl;
     system("PAUSE");
     return 0;
   )
   ```

2. O programa a seguir é correto?

   ```
   main()
   {
     printf("Linguagem C");
     system("pause");
   }
   ```

3. Quais os erros do programa a seguir?

   ```
   main()
   {
     int a=1; b=2; c=3;
     printf("Os números são: %d%d%d\n, a, b, c, d);
     system("pause");
   }
   ```

4. Qual será a impressão obtida por cada uma das seguintes instruções?

   a) `printf("\n\tBom dia! Shirley.");`
   b) `printf("Você já tomou café? \n");`
   c) `printf("\n\nA solução não existe!\nNão insista.");`
   d) `printf("Duas\tlinhas\tde\tsaída\nou\tuma?");`
   e) `printf("%s\n%s\n%s\n", "um","dois","três");`

5. Qual é a saída do seguinte programa?

   ```
   #include <stdio.h>
   #include <stdlib.h>
   int main()
   {
     printf("\n\t\"Primeiro programa\"");
     system("PAUSE");
     return 0;
   }
   ```

6. Qual é a saída do seguinte programa?

   ```
   #include <stdio.h>
   #include <stdlib.h>
   int main()
   {
      printf("%c%c%cPrimeiro programa", '\n','\t','\"')
      printf("%c",'\"');
      system("PAUSE");
      return 0;
   }
   ```

7. Letras maiúsculas e minúsculas em C são diferentes?

   a) Depende da implementação do compilador
   b) Verdadeiro
   c) Falso

8. Identifique o tipo das seguintes constantes:

   a) '\r'
   b) 2130
   c) −123
   d) 33.28
   e) 0xFA
   f) 0101
   g) 2.0e30
   h) '\xDC'
   i) '\"'
   j) '\\'
   k) 'F'
   l) 0
   m) '\0'
   n) "F"
   o) −4567.89

8. O que é uma variável em C?

9. Um tipo de variável em C define:

   a) uma variável armazenada em hexadecimal.
   b) o tamanho de memória em bytes que a variável ocupará.
   c) uma variável em binário.
   d) a base a ser usada no armazenamento da variável.
   e) a forma de armazenamento e de recuperação de um valor na variável.

10. Em que partes de um programa em C é possível declarar variáveis?

11. Quais dos seguintes nomes são válidos para variáveis em C?

a) 3ab
b) _sim
c) n_a_o
d) 98Fim
e) int
f) A123
g) x**x
h) __A
i) --A
j) y-2
k) YYFim
l) \meu
m) *y2

12. Quais das seguintes instruções são corretas?

a) int a;
b) float b;
c) double float c;
d) unsigned char d;
e) unsigned e;
f) long float f;
g) long g;
h) long double h;

13. O tipo **float** ocupa o mesmo espaço que _____ variáveis do tipo **char**.

14. Em qual tipo de dado podemos armazenar um número real?

a) unsigned int
b) char
c) float
d) long

15. Verdadeiro ou Falso: tipos de variáveis **long int** podem conceber números não maiores que o dobro do maior valor de uma variável do tipo **short int**.

16. Qual é o trecho de programa que inicializa a variável x?

a) int x; x=5;
b) int x=5;
c) int x, y=5;
d) x=y;

17. Arquivos de inclusão são:

a) bibliotecas
b) compiladores
c) arquivos em ASCII
d) linkeditores

18. Arquivos de inclusão servem para:

a) auxiliar o compilador a compilar
b) auxiliar o programador na escrita do programa fonte
c) executar instruções
d) incluir programas

19. A diretiva **#include** é:

a) uma instrução C
b) uma instrução de linguagem orientada a objetos
c) uma instrução do pré-processador
d) um objeto

20. Diretivas do pré-processador são executadas pelo:

a) compilador
b) microprocessador
c) linkeditor
d) programa

21. Códigos especiais servem para:

a) codificar senhas
b) nomear arquivos escondidos
c) substituir caracteres que não podem ser digitados no teclado
d) desenvolver programas codificados

22. Qual é a diferença no uso de aspas simples e aspas duplas em C?

23. Quais instruções são corretas?

a)
```
printf
(   "Primeiro programa" );
```
b)
```
printf(
       "Primeiro programa"
);
```
c)
```
printf("Primeiro
programa");
```
d)
```
printf
(
"Primeiro programa"
)
;
```

24. Reescreva o programa que desenha uma moldura na tela para que ele apresente uma moldura similar, mas com quatro caracteres de largura e quatro de altura.

25. Escreva um programa que contenha uma única linha para a impressão da seguinte saída:

um
   dois
      três

26. Escreva um programa que tenha a seguinte saída:

```
Treinamento em programação.
Linguagem C.
```

a) com uma única instrução de impressão
b) com três instruções de impressão
c) dentro de uma moldura

2

Operadores

- Operador de atribuição
- Operadores aritméticos + − * / %
- O operador de endereços **(&)**
- A função **scanf()**
- O qualificador **const**
- Conversões de tipos e o operador de molde ou **cast**
- As funções de biblioteca **getche()** e **getch()**
- As funções de biblioteca-padrão **getchar()** e **putchar()**
- Operadores de incremento + + − − e de decremento
- **printf()** enganando você
- Operadores aritméticos de atribuição: += −= *= /= %=
- Operadores relacionais: > >= < <= == !=
- Operadores lógicos: && ¦¦ !
- Operador condicional ternário: **?:**
- Operadores: avaliação lógica ou numérica

C é uma linguagem rica em operadores, em torno de 50. Alguns são mais usados que outros, como é o caso do operador de atribuição e dos operadores aritméticos que executam operações aritméticas.

▗ Operador de atribuição

Em C, o sinal de igual não tem a interpretação dada em matemática. Representa a atribuição da expressão à sua direita à variável à sua esquerda. Por exemplo:

$$x = 2000;$$

atribui o valor 2000 à variável de nome **x**. A ação é executada da direita para a esquerda. Toda vez que utilizamos um operador, criamos uma expressão. Toda expressão tem um valor numérico. É bem simples entender que

$$5 + 2$$

tem o valor 7.

Talvez não seja tão simples você compreender que

$$x = 3$$

tem o valor 3. Uma expressão de atribuição tem o valor atribuído. Por esse motivo, podemos escrever

$$y = x = 3$$

e, lembrando que atribuições são executadas da direita para a esquerda, a expressão anterior pode ser escrita

$$y = (x = 3)$$

e y terá valor 3.

Em C, expressões desse tipo são chamadas de *atribuições múltiplas*.

▗ Operadores aritméticos: + − * / %

C oferece cinco operadores aritméticos binários (que operam sobre dois operandos) e um operador aritmético unário (que opera sobre um operando). São eles:

Binários
- \+   Soma
- −   Subtração

```
*    Multiplicação
/    Divisão
%    Módulo
```

Unário

```
—    Menos unário
```

Esses operadores trabalham com quaisquer tipos de dados, inteiros ou ponto flutuante e executam as operações aritméticas básicas. As operações de soma, subtração, divisão e multiplicação são usadas do mesmo modo que na aritmética.

O operador módulo opera somente com operandos inteiros e dá como resultado o resto da divisão do inteiro à sua esquerda pelo inteiro à sua direita.

Por exemplo,

```
17%5 /*Resulta 2*/
```

tem o valor 2, pois, quando dividimos 17 por 5, restam 2.

Precedência

A precedência de operadores indica qual operador deverá ser executado primeiro. Nos primeiros anos escolares já aprendemos que a multiplicação e a divisão têm precedência sobre a soma e a subtração. Quando o número de operadores conhecidos começar a aumentar, notaremos a necessidade de uma tabela de precedência.

Operadores têm uma regra de precedência e de associatividade que determinam exatamente como a expressão é resolvida. Por outro lado, podemos usar parênteses para mudar a ordem de avaliação. As expressões entre parênteses são as primeiras a serem avaliadas. Considere a expressão:

```
n = (z + y) * x;
```

Observe agora a seguinte expressão

```
x — y + 5
```

Os operadores + e — têm a mesma precedência, e a regra de associatividade é da "esquerda para a direita", o que indica que a operação é executada da esquerda para a direita. Na expressão anterior, **y** será subtraído de **x** antes da execução da operação de soma.

Os operadores *, / e % têm a mesma precedência e associatividade da 'esquerda para a direita'.

Os operadores *, / e % têm precedência sobre os operadores + e —.

O OPERADOR MENOS UNÁRIO: −

O operador menos unário é usado somente para indicar a troca do sinal algébrico do valor associado. Pode também ser pensado como o operador que multiplica seu operando por −1. Por exemplo:

```
x = -8;
x = -x;
```

Depois destas duas instruções, o conteúdo de **x** será 8.

Não existe em C o operador + unário, portanto escrever "x = +8" está errado.

O OPERADOR DE ENDEREÇOS (&)

A linguagem C oferece um operador que opera sobre o nome de uma variável e resulta o seu endereço. O operador de endereços é referido pelo símbolo **&**.

A memória de seu computador é dividida em bytes, que são numerados de 0 até o limite de memória de sua máquina. Estes números são chamados de "endereços" de bytes. Um endereço é a referência que o computador usa para localizar variáveis.

Toda variável ocupa uma certa localização na memória, e o seu endereço é o do primeiro byte ocupado por ela. Se você declarou uma variável inteira, nomeou-a **n** e atribuiu a ela o valor 2, quando **n** for referida obteremos 2. Entretanto, se você usar &n, o resultado será o endereço do primeiro byte (byte menos significativo) ocupado por **n**.

O programa seguinte imprime o valor e o endereço de **n**:

```
#include <stdio.h>
#include <stdlib.h>
int main()
{
   int n;
   n=2;
   printf("Valor=%d, endereço=%p\n",n,&n);
   system("PAUSE");
   return 0;
}
```

Endereços de memória são impressos em hexadecimal (base 16) e o formato usado é %p.

A saída deste programa varia conforme a máquina e a memória do equipamento. Veja um exemplo:

```
Valor=2, endereço=0012FED4
```

A FUNÇÃO scanf()

A função **scanf()** é outra função de I/O (entrada e saída) presente na biblioteca-padrão, fornecida com os compiladores C. Ela é o complemento de **printf()** e nos permite ler dados formatados da entrada padrão (teclado). As definições necessárias ao uso de **scanf()** estão no arquivo **stdio.h**.

Sua sintaxe é similar à de **printf()**, isto é, uma expressão de controle seguida por uma lista de argumentos separados por vírgulas. A principal diferença está na lista de argumentos. Os argumentos de **scanf()** devem ser endereços de variáveis.

Sintaxe

```
scanf("expressão de controle", lista de argumentos)
```

A expressão de controle pode conter códigos de formatação precedidos por um sinal de **%**, ou ainda pelo caractere ***** colocado após a **%** e antes do código de formatação. O caractere ***** avisa à função que deve ser lido um valor do tipo indicado pela especificação, mas não deve ser atribuído a nenhuma variável (não deve ter parâmetros na lista de argumentos para estas especificações).

A lista de argumentos deve consistir dos endereços das variáveis.

Códigos de formatação da função scanf()

A próxima tabela mostra os códigos para impressão formatada com **scanf()**.

Códigos de formatação para scanf()	Significado
%c	Caractere simples.
%d	Inteiro decimal com sinal.
%i	Inteiro decimal, hexadecimal ou octal.
%e	Notação científica.
%f	Ponto flutuante em decimal.
%g	Usa %e ou %f, o que for menor.
%o	Inteiro octal.
%s	String de caracteres.
%u	Inteiro decimal sem sinal.
%x	Inteiro hexadecimal.
%ld	Inteiro decimal longo.
%lf	Ponto flutuante longo (double).
%Lf	Double longo.

Veja um exemplo:

```
/* Calcula a sua idade em dias */
#include <stdio.h>
#include <stdlib.h>
int main()
{
    float anos,dias;
    printf("Digite a sua idade em anos: ");
    scanf("%f",&anos);
    dias = anos*365;
    printf("A sua idade em dias é %.0f.\n",dias);
    system("PAUSE");
    return 0;
}
```

A execução do programa é a seguinte:

```
Digite sua idade em anos: 4
A sua idade em dias é 1460.
```

Visto que usamos variáveis do tipo **float**, podemos entrar com frações decimais:

```
Digite sua idade em anos: 12.5
A sua idade em dias é 4563.
```

MÚLTIPLAS ENTRADAS COM scanf()

Podemos ler vários valores com uma única chamada à **scanf()**.

```
/* Mostra o uso de scanf() com várias entradas */
/* Calcula a média de 4 notas */
#include <stdio.h>
#include <stdlib.h>
int main()
{
   float p1, p2, p3, p4;
   double media;
   printf("\nDigite as notas das 4 provas: ");
   scanf("%f%f%f%f",&p1, &p2, &p3, &p4);
   media = (p1 + p2 + p3 + p4)/4.0;
   printf("\nMÉDIA: %.2f\n",media);
   system("PAUSE");
   return 0;
}
```

Eis a saída:

```
Digite as notas das 4 provas: 5.5 7.5 3.0 6.0
MÉDIA: 5.50
```

O formato de leitura pode apresentar-se diversas vezes na expressão de controle de **scanf()**, com a finalidade de permitir a introdução de diversos valores numa única chamada a essa função. Quando utilizamos múltiplos valores de entrada, a primeira variável mencionada conterá o primeiro valor digitado; as outras serão sempre preenchidas na ordem em que aparecerem.

A função **scanf()** entende um espaço em branco como o término de uma entrada. Múltiplas entradas são digitadas separadas por um espaço em branco. Digitamos [ENTER] como finalizador geral.

O PROGRAMA QUE ADIVINHA A SOMA DE CINCO NÚMEROS

O programa a seguir usa um algoritmo interessante para adivinhar a soma de cinco números. Você digita um número qualquer e o computador informa o resultado da soma dos cinco números, dos quais, o primeiro, você já forneceu. Você digita o segundo número e o computador mostra o terceiro, você digita o quarto e o computador mostra o quinto.

Veja a listagem:

```
/* adivinha.c */
/* Adivinha número */
#include <stdio.h>
#include <stdlib.h>
int main()
{
    int x,r;
    printf("\nDigite um número de até 4 algarismos: ") ;
    scanf("%d", &x);
    r = 19998 + x;
    printf("\nO resultado da soma é: %d" , r);
    printf("\nDigite o segundo número: ");
    scanf("%d", &x);
    printf("\nO meu número é: %d", 9999 - x);
    printf("\nDigite o quarto número: ");
    scanf("%d", &x);
    printf("\nO meu número é: %d\n", 9999 - x);
    system("PAUSE");
    return 0;
}
```

Eis um exemplo de sua execução:

```
Digite um número de até 4 algarismos: 198
O resultado da soma é: 20196
Digite o segundo número: 1234
O meu número é: 8765
Digite o quarto número: 2233
O meu número é: 7766
```

Observe que:

```
198 + 1234 + 8765 + 2233 + 7766 = 20196.
```

O PROGRAMA QUE CONVERTE TEMPERATURAS

A seguir está um programa que usa vários operadores aritméticos e converte temperaturas de graus Celsius para seus correspondentes graus Fahrenheit.

```c
/* Converte temperaturas de graus Celsius para Fahrenheit */
#include <stdio.h>
#include <stdlib.h>

int main()
{
   float ftemp,ctemp;
   printf("Digite temperatura em graus Celsius: ");
   scanf("%f",&ctemp);
   ftemp = ctemp * 9/5 + 32;
   printf("\nTemperatura em graus Fahrenheit é %.2f\n",ftemp);

   system("PAUSE");
   return 0;
}
```

Eis um exemplo:

```
Digite temperatura em graus Celsius: 0
Temperatura em graus Fahrenheit é 32.00

Digite temperatura em graus Celsius: 21
Temperatura em graus Fahrenheit é 69.80
```

É também possível incluir expressões envolvendo operadores aritméticos (e outros operadores) diretamente em **printf()**.

Na verdade, uma expressão completa pode ser usada em quase todos os lugares em que uma variável pode ser usada. Como exemplo, vamos modificar o programa anterior usando a expressão como argumento de **printf()**.

```c
/* Converte temperaturas de graus Celsius para Fahrenheit */
#include <stdio.h>
#include <stdlib.h>

int main()
{
   float ctemp;
   printf("Digite temperatura em graus Celsius: ");
   scanf("%f",&ctemp);
   printf("\nTemperatura em graus Fahrenheit é %.2f\n", ctemp *
      9/5 + 32);

   system("PAUSE");
   return 0;
}
```

Impressão formatada com printf() (decimal, hexadecimal, octal)

O próximo programa, além de mostrar mais um uso de **scanf()**, mostra também a impressão formatada com **printf()**.

```c
/* Impressão formatada com printf() */
#include <stdio.h>
#include <stdlib.h>
int main()
{
   char a;
   printf("Digite um caractere e veja-o em decimal,");
   printf(" octal e hexadecimal: ");
   scanf("%c",&a);
   printf("\nCaractere = %c\nDec\t= %d\nOct\t= %o\nHex\t= %x\n"
   a,a,a,a);
   system("PAUSE");
   return 0;
}
```

Eis uma execução do programa:

```
Digite um caractere e veja-o em decimal, octal e hexadecimal: A

Caractere = A
Dec       = 65
Oct       = 101
Hex       = 41
```

Entrada formatada usando * com scanf()

O programa a seguir mostra como entrar e imprimir uma data formatada.
Veja a listagem:

```c
/* Mostra o uso do caractere * com scanf()*/
/* Digitando uma data formatada */
#include <stdio.h>
#include <stdlib.h>
int main()
{
   int dia ,mes ,ano;
   printf("Digite uma data no formato dd/mm/aaaa: ");
   scanf("%d%*c%d%*c%d", &dia, &mes,&ano);
   printf("A data que voce digitou foi: %02d/%02d/%d\n", dia, mes, ano);
   system("PAUSE");
   return 0;
}
```

Eis uma execução do programa:

```
Digite uma data no formato dd/mm/aaaa: 30/07/2005
A data que voce digitou foi: 30/07/2005
```

O QUALIFICADOR const

A palavra-chave **const** assegura que a variável associada não será alterada em todo o programa. Esse qualificador é indicado para declarar valores constantes. Veja um exemplo de seu uso:

```
/* Mostra o uso de const para declarar constantes*/
#include <stdio.h>
#include <stdlib.h>
int main()
{
    const char Bip = '\a'; /*Declaração de constante*/
    const double Pi = 3.141592;/*Declaração de constante*/
    double raio, area;

    printf("\nDigite o raio da esfera: ") ;
    scanf("%lf",&raio);

    area= 4.0 * Pi * raio * raio;

    printf("%c%c", Bip, Bip);
    printf("\nArea da esfera = %.2lf\n", area);
    system("PAUSE");
    return 0;
}
```

Obrigatoriamente, as variáveis associadas ao qualificador **const** devem ser inicializadas.

CONVERSÕES DE TIPOS E O OPERADOR DE MOLDE OU cast

CONVERSÃO AUTOMÁTICA

Quando dois ou mais operandos de diferentes tipos se encontram em uma mesma expressão, o conteúdo da variável de menor tamanho é convertido ao tipo da variável de maior tamanho. Essa conversão é feita em uma área temporária de memória, antes de a expressão ser executada, e o resultado desta é novamente convertido para o tipo da variável à esquerda do operador de atribuição.

Algumas vezes, a conversão automática não faz exatamente o que esperamos. Teremos, então, resultados errados. Observe o resultado do programa seguinte:

```
/* Conversão de tipo automática */
#include <stdio.h>
#include <stdlib.h>

int main()
{
    int VarInt=2000000000;
    int Dez =10;
```

```
      VarInt = (VarInt * Dez) / Dez;      /* Valor muito grande */
      printf("\nVarInt = %d\n", VarInt);  /* Resposta errada    */
      system("PAUSE");
      return 0;
}
```

Eis a saída:

```
VarInt = -147483648
```

A conversão de tipo automática não está sendo executada convenientemente. Nesse caso, devemos utilizar a conversão de tipo explícita.

Conversão explícita

O *operador de molde* consiste em escrever o nome do tipo desejado entre parênteses e, em seguida, o valor ou a expressão a ser avaliada. O resultado é a expressão convertida para o tipo especificado.

```
/* CastVars.c */
/* Mostra o operador de conversão de tipo */
#include <stdio.h>
#include <stdlib.h>

int main()
{
   int VarInt=2000000000;
   int Dez =10;
   VarInt = ((double)VarInt * Dez)/Dez; /* Converte p/double */
   printf("\nVarInt = %d\n", VarInt);   /* Resposta correta  */
   system("PAUSE");
   return 0;
}
```

Eis a saída:

```
VarInt = 2000000000
```

Sintaxe do operador de molde (conversor de tipo)

> (tipo desejado)variável   ou   (tipo desejado)(expressão)

As funções de biblioteca getche() e getch()

Em algumas situações, a função **scanf()** não atende perfeitamente, pois é preciso pressionar a tecla [ENTER] toda vez que desejar terminar a leitura. A biblioteca de funções C oferece duas funções que lêem um caractere no instante em que é digitado, sem esperar pela tecla [ENTER].

```
/* Mostra a função getche() */
#include <stdio.h>
#include <stdlib.h>
#include <conio.h>      /* Para getche() e getch() */

int main()
{
   char ch;
   printf("\nPressione uma tecla ");
   ch = getche();        /* Aguarda uma tecla no teclado */
   printf("\nA tecla sucessora ASCII é %c.\n", ch+1);
   system("PAUSE");
   return 0;
}
```

Eis a saída:

```
Pressione uma tecla X
A tecla sucessora ASCII é Y
```

A função **getche()** retorna o caractere lido do teclado. O valor retornado de uma função pode ser chamado de valor da função ou resultado da função.

A expressão

```
ch = getche();
```

atribui o valor da função **getche()** à variável **ch**.

A função **getch()** é similar a **getche()**, exceto pelo fato de o caractere digitado não ser impresso no vídeo. Dizemos que a função **getch()** não ecoa no vídeo.

As duas necessitam do arquivo **conio.h**.

Experimente executar o exemplo anterior utilizando a função **getch()** no lugar de **getche()**.

AS FUNÇÕES DE BIBLIOTECA-PADRÃO getchar() E putchar()

A função **getchar()** tem protótipo definido no arquivo **stdio.h**, que acompanha seu compilador. Aguarda o próximo caractere da entrada padrão (teclado) e retorna o caractere lido. Essa função só termina a leitura quando a tecla [ENTER] é pressionada.

Experimente executar o exemplo anterior utilizando a função **getchar()** no lugar de **getche()**.

A função **putchar()** também tem protótipo definido no arquivo **stdio.h**. Imprime um caractere na saída-padrão (vídeo).

```
/* Mostra a função getchar() e putchar() */
#include <stdio.h>
#include <stdlib.h>
int main()
{
   char ch;
   printf("\nPressione uma tecla ");
   ch = getchar();     /* Aguarda uma tecla no teclado */
   printf("\nA tecla sucessora ASCII é ");
   putchar(ch+1);
   putchar('\n');
   system("PAUSE");
   return 0;
}
```

Operadores de Incremento ++ -- e de Decremento

O operador de incremento (++) opera sobre o nome de uma variável e adiciona 1 ao valor da variável operando. O operador de incremento pode ser usado de duas maneiras: *prefixado*, quando aparece antes do nome da variável, e *pós-fixado*, quando aparece em seguida ao nome da variável. A instrução

```
x = x + 1; /* Adiciona 1 a x */
```

é equivalente a

```
++x; /* Adiciona 1 a x */
```

que é equivalente a

```
x++; /* Adiciona 1 a x */
```

A diferença entre as operações executadas pelo operador *prefixado* e o *pós-fixado* aparece em instruções que fazem mais do que só incrementar a variável operando. Por exemplo:

```
n = 5;
x = ++n;
printf("\nN=%d    X=%d", n , x);
```

A saída será

```
N=6    X=6
```

O operador de incremento prefixado incrementa a variável operando antes de executar a instrução em que ele aparece. Desta forma, **n** terá seu valor incrementado de 1 antes de ser atribuído a **x**.

Observe agora o próximo exemplo:

```
n = 5;
x = n++;
printf("\nN=%d    X=%d", n , x);
```

A saída será

```
N=6    X=5
```

O operador de incremento pós-fixado incrementa a variável operando logo após a execução da instrução em que ele aparece. Assim, **n** é atribuído a **x** e, depois, seu valor é incrementado de 1.

Quando o operador de incremento aparece sozinho numa instrução, como em

```
x++;
```

não faz diferença o uso prefixado ou pós-fixado.

A sintaxe e o modo de uso do operador de decremento (− −) prefixado e pós-fixado é idêntica a do operador de incremento, exceto porque a variável é decrementada de 1.

```
x = x - 1;  /* Decrementa 1 de x */
```

é equivalente a

```
- -x;  /* Decrementa 1 de x */
```

que é equivalente a

```
x- -;  /* Decrementa 1 de x */
```

PRECEDÊNCIA

Em C, os operadores unários (operam sobre um único operando) têm precedência sobre os operadores binários. Isso significa que operadores de incremento e de decremento têm precedência sobre os operadores aritméticos. Por exemplo:

```
x = a * b++;
```

é equivalente a

```
x = a * (b++);
```

Não confunda precedência com o modo de operação do operador de incremento. Na instrução anterior, o resultado da operação de multiplicação de **a** por **b** será atribuído a **x** e, depois, **b** será incrementada.

A precedência informa que a operação pós-fixada ++ será executada antes da multiplicação. A maneira de operar é incrementar a variável operando após a execução da instrução.

Na expressão

```
x = a * ++b;
```

a variável **b** é incrementada e depois multiplicada por **a**; por fim, o resultado é atribuído a **x**.

printf() ENGANANDO VOCÊ

Expressões que envolvam quaisquer operadores C podem ser utilizadas como argumentos de **printf()**. Por exemplo, a instrução

```
printf("%d%c%d", ++x,'\n', 5*y+4);
```

é totalmente correta.

Você pode ser iludido ao tentar imprimir uma mesma variável diversas vezes usando o operador de incremento ou decremento. Por exemplo:

```
int n = 5;
printf("%d\t%d\t%d\n", n, n+1 , n++);
```

Isso parece razoável, e você pode pensar que a impressão será:

```
5    6    7
```

De fato, em vários sistemas estas linhas funcionarão de acordo, mas não em todos. O problema é quando **printf()** toma os valores a serem impressos. Ela pode avaliar o último valor primeiro, e isso provocaria a seguinte impressão:

```
6    7    5
```

o que pareceria loucura.

Situação idêntica é encontrada em expressões de atribuição com a mesma variável aparecendo mais de uma vez. A maneira de avaliar é imprevisível.

Testes elaborados com diversos compiladores confirmam que, em alguns, a avaliação é feita da direita para a esquerda, e em outros, pode ser feita da esquerda para a direita. Nos exemplos a seguir, obtemos os seguintes resultados:

```
#include <stdio.h>
#include <stdlib.h>
int main()
{
   int i=3,n;
   n = i * (i+1) + (++i);
   printf("\nn = %d\n", n);
   system("PAUSE");
   return 0;
}
          n = 24
```

Agora, executando o mesmo programa com a expressão de atribuição colocada na instrução **printf()**, obtivemos um resultado diferente:

```c
#include <stdio.h>
#include <stdlib.h>
int main()
{
   int i=3,n;
   printf("\nn = %d\n", n = i * (i+1) + (++i));
   system("PAUSE");
   return 0;
}
```

           n = 16

Ao alterar o programa para que utilize o operador pós-fixado em vez do prefixado, obtemos:

```c
#include <stdio.h>
#include <stdlib.h>
int main()
{
   int i=3,n;
   n = i * (i+1) + (i++);
   printf("\nn = %d\n", n);
   system("PAUSE");
   return 0;
}
```

           n = 15

```c
#include <stdio.h>
#include <stdlib.h>
int main()
{
   int i=3,n;
   printf("\nn = %d\n", n = i * (i+1) + (i++));
   system("PAUSE");
   return 0;
}
```

           n = 15

Expressões de atribuição também apresentam problemas:

```c
#include <stdio.h>
#include <stdlib.h>
int main()
{
   int i=3;

   printf("\n%d\t%d\t%d\n", (i=i+1),(i=i+1),(i=i+1));

   system("PAUSE");
   return 0;
}
```

            6   5   4

Dependendo do compilador, você obterá outros resultados.

Operadores aritméticos de atribuição: + = − = *= /= %=

Esses operadores combinam as operações aritméticas com a operação de atribuição, oferecendo uma maneira curta e clara de escrita de certas expressões de atribuição. O operando da esquerda é sempre o nome de uma variável, e o da direita, uma expressão qualquer. A operação consiste em atribuir um novo valor à variável que dependerá do operador e da expressão à direita.

Como regra geral, se **x** é uma variável, **exp** uma expressão e **op** um operador aritmético, então:

> x op = exp   equivale a   x = x op (exp).

Exemplos:

```
i += 2;         equivale a      i = i + 2;
x *= y+1;       equivale a      x = x * (y+1);
t /= 2.5;       equivale a      t = t / 2.5;
p %= 5;         equivale a      p = p % 5;
d -= 3;         equivale a      d = d - 3;
```

Veja um exemplo:

```
/* Medias.c - Mostra operadores aritméticos de atribuição */
/* Calcula a média aritmética de 4 notas */
#include <stdio.h>
#include <stdlib.h>
int main()
{
   float nota , media = 0.0;

   printf("\nDigite a primeira nota: ");
   scanf("%f", &nota);
   media += nota;

   printf("\nDigite a segunda nota: ");
   scanf("%f", &nota);
   media += nota;

   printf("\nDigite a terceira nota: ");
   scanf("%f", &nota);
   media += nota;

   printf("\nDigite a quarta nota: ");
   scanf("%f", &nota);
   media += nota;

   media /= 4.0;
   printf("\nMÉDIA: %.2f\n", media);
   system("PAUSE");
   return 0;
}
```

Eis uma execução do programa:

```
Digite a primeira nota: 8.7
Digite a segunda nota: 3.6
Digite a terceira nota: 5
Digite a quarta nota: 7.54
MÉDIA: 6.21
```

Operadores relacionais: > >= < <= == !=

Os operadores relacionais fazem comparações. São eles:

>   maior
>=   maior ou igual
<   menor
<=   menor ou igual
= = igual
!=   diferente

Nos próximos capítulos, falaremos a respeito de laços e comandos de decisão. Essas construções requerem que o programa pergunte sobre relações entre variáveis ou expressões. Operadores relacionais representam o vocabulário que o programa usa para fazer essas perguntas.

Em C, não existe um tipo de variável chamado de "booleana", isto é, que assuma um valor verdadeiro ou falso. O valor zero (0) é falso; qualquer valor diferente de zero é verdadeiro.

Quando o computador deve responder se uma expressão é verdadeira ou falsa, responde com o valor um (1) para verdadeiro e com o valor zero (0) para falso.

```
/* Mostra operadores relacionais */
#include <stdio.h>
#include <stdlib.h>
int main()
{
     int Verdadeiro, Falso;

     Verdadeiro = (15 < 20);
     Falso      = (15 == 20);
     printf("Verdadeiro %d\n", Verdadeiro);
     printf("Falso      %d\n", Falso);
     system("PAUSE");
     return 0;

}
```

A saída será

```
Verdadeiro    1
Falso         0
```

Note que o operador relacional de comparação de igualdade é representado por dois sinais de igual (==). Um erro comum é usar um único sinal de igual (=) como operador relacional. O compilador não avisará que isso é um erro, pois toda expressão tem um valor que, dependendo do contexto, pode ser avaliado como verdadeiro ou falso. Esse não é um erro de programa, e sim um erro de lógica do programador.

Operadores relacionais avaliam seus operandos como quantidades numéricas, e o resultado da operação é o valor lógico 1 para verdadeiro e 0 para falso.

Precedência

Os operadores relacionais têm precedência menor que a dos operadores aritméticos. Isso significa que os operadores aritméticos são avaliados antes dos relacionais.

```
/* Mostra a precedência dos operadores relacionais */
#include <stdio.h>
#include <stdlib.h>
int main()
{
   printf("O valor da expressão 4 + 1 < 3 é %d\n", 4+1<3);
   printf("O valor da expressão 2 < 1 + 3 é %d\n", 2<1+3);

   system("PAUSE");
   return 0;
}
```

A saída será

```
O valor da expressão 4 + 1 < 3 é 0
O valor da expressão 2 < 1 + 3 é 1
```

Operadores lógicos: && || !

Operadores lógicos também fazem comparações. A diferença entre comparações lógicas e relacionais está na forma como os operadores avaliam seus operandos. Operandos de operadores lógicos são avaliados como lógicos (0 ou 1), e não como quantidades numéricas.

C oferece três operadores lógicos. São eles:

&&   **lógico E**
|| **lógico OU**
!   **lógico NÃO**

Desses operadores, ! é unário e os outros dois são binários. Os operadores lógicos são geralmente aplicados a expressões relacionais.

Se **E1** e **E2** são duas expressões, então:

E1 && E2	Resulta 1 (verdadeiro) somente se E1 e E2 forem verdadeiras. Em qualquer outra situação, resulta 0 (falso).
E1 || E2	Resulta 0 (falso) somente se E1 e E2 forem falsas. Em qualquer outra situação, resulta 1 (verdadeiro).
!E1	Resulta 1 (verdadeiro) somente se E1 for falsa. Resulta 0 (falso) somente se E1 for verdadeira.

Alguns exemplos:

```
(dia==7 && mes==6)      /* Verdadeiro se dia for 7 e mês for 6 */
(op=='S' || op=='s')    /* Verdadeiro se op for S ou s */
( !masculino )          /* Verdadeiro se masculino for 0 */
```

Outros exemplos:

```
!5                      /* Lê-se "não-verdadeiro" ou 0. */
1 || 2
x && y
a < b || a==c
a >= 5 && x <= 6*y
!x
!'j'
!(a+3)
```

Operador condicional ternário: ?:

O operador condicional possui uma construção um pouco estranha. É o único operador C que opera sobre três expressões. Sua sintaxe geral possui a seguinte construção:

```
exp1 ? exp2 : exp3
```

A **exp1** é avaliada primeiro. Se o seu valor for diferente de zero (verdadeira), a **exp2** será avaliada e o seu resultado será o valor da expressão condicional como um todo. Se a **exp1** for zero, a **exp3** será avaliada e será o valor da expressão condicional como um todo.

Na expressão

```
max = (a > b) ? a: b;
```

a variável que contém o maior valor numérico entre **a** e **b** será atribuída a **max**.

Outro exemplo:

```
abs = (x > 0 ) ? x : -x;  /* Abs é o valor absoluto de x */
```

A instrução

```
printf("%s", (x%2)? "Impar" : "Par");
```

imprime "Impar" se **x** for um número ímpar, caso contrário, imprimirá "Par".

Tabela de precedência dos operadores básicos

A tabela seguinte apresenta as precedências dos operadores já discutidos. Os que estão no mesmo bloco têm a mesma precedência e são executados primeiro que os operadores que aparecem antes na expressão.

Símbolo	Operador
–	Menos unário
++	Incremento prefixado ou pós-fixado
– –	Decremento prefixado ou pós-fixado
!	Lógico NÃO
*	Multiplicação aritmética
/	Divisão aritmética
%	Módulo aritmético
+	Mais aritmético
–	Menos aritmético
<	Menor relacional
<=	Menor ou igual relacional
>	Maior relacional
>=	Maior ou igual relacional
==	Igual relacional
!=	Diferente relacional
&&	E lógico
||	OU lógico
?:	Condicional
=	Atribuição
*=	Aritmético de atribuição (vezes)
/=	Aritmético de atribuição (divide)
%=	Aritmético de atribuição (módulo)
+=	Aritmético de atribuição (soma)
–=	Aritmético de atribuição (menos)

Operadores: avaliação lógica ou numérica

Todo operador opera sobre um ou mais *operandos* e a operação por ele executada produz um *resultado*. Os *operandos* são avaliados como quantidades numéricas ou como lógicos, dependendo do operador. Da mesma maneira, o *resultado* de uma operação pode ser um valor numérico ou um valor lógico.

O modo de avaliação dos operandos e o resultado produzido pelos operadores aritméticos, relacionais e lógicos estão resumidos na tabela a seguir:

Operadores	Operandos	Resultado
Aritméticos	Numéricos	Numérico
Relacionais	Numéricos	Lógico
Lógicos	Lógicos	Lógico

Revisão

1. O operador de atribuição tem uma interpretação diferente da matemática. Representa a atribuição da expressão à sua direita à variável à sua esquerda.

2. Os operadores aritméticos executam operações de soma, subtração, multiplicação, divisão e módulo.

3. A função **scanf()** é usada para ler informações do teclado. Os seus argumentos consistem em uma expressão de controle, contendo códigos de formatação iniciados pelo caractere **%**, e tantos argumentos quantos forem os códigos de formatação na expressão de controle.

4. Os argumentos de **scanf()** devem ser endereços, isto é, o nome da variável precedido do operador de endereço **&**. O operador unário de endereço resulta no endereço da variável operando.

5. Os operadores C são numerosos e podem trazer alguma confusão. Por exemplo, o símbolo **%** executa coisas diferentes em contextos diferentes.

6. O qualificador **const** é utilizado para declarar valores constantes.

7. O operador de molde modifica o tipo de uma expressão para um tipo desejado.

8. Em C não existe o operador aritmético + unário.

9. As funções de biblioteca **getche()** e **getch()** retornam um caractere pressionado no teclado e necessitam do arquivo **conio.h**.

10. A função **getchar()** é bufferizada e processa os caracteres digitados somente se pressionada a tecla [ENTER]. É necessário o arquivo stdio.h

11. A função **putchar()** imprime um caractere na tela.

12. Os operadores de incremento (++) e de decremento (− −) incrementam ou decrementam a variável operando de 1.

13. Os operadores aritméticos de atribuição (+=, -=, *=, /= e %=) executam uma operação aritmética e uma atribuição simultaneamente.

14. Os operadores relacionais comparam dois valores indicando se são iguais, se um é maior que o outro etc. O resultado é um valor lógico verdadeiro ou falso – o falso é indicado por 0 e o verdadeiro, por 1.

15. Os operadores lógicos **E** e **OU** combinam duas expressões lógicas e resultam um valor lógico. O operador lógico **NÃO** muda um valor lógico de verdadeiro para falso e de falso para verdadeiro.

16. O operador condicional opera sobre três expressões. A primeira é avaliada e, se verdadeira, a expressão toda assume o valor da segunda; caso contrário, assume o valor da terceira expressão.

Exercícios

1. Quais dos seguintes operadores são aritméticos?

   a) +;
   b) &&;
   c) %;
   d) <;
   e) <<.

2. Uma expressão:

   a) geralmente avalia um valor numérico;
   b) sempre ocorre fora de qualquer função;
   c) deve ser parte de uma instrução;
   d) indica o estado de emoção do programador;
   e) sempre mistura símbolos com números inteiros.

3. Supondo que todas as variáveis são do tipo **int**, encontre o valor de cada uma das expressões a seguir:

   a) x = (2+1)*6;
   b) y = (5+1)/2*3;
   c) i = j=(2+3)/4;
   d) a = 3+2*(b=7/2);
   e) c = 5+10%4/2;

4. Reescreva a seguinte instrução usando operador de incremento.

   numero = numero + 1;

5. Como será interpretada a expressão " x+++y "?

a) x++   +   y
b) x   +   ++y

Escreva um pequeno programa e verifique a interpretação dada em seu compilador.

6. Quais são os valores de cada variável nas seguintes expressões?

```
int a=1, b=2, c=3, d=4;
```

a) a += b + c;
b) b *= c = d + 2;
c) d %= a + a + a;
d) d -= c -= b -= a;
e) a += b += c += 7;

7. Os operadores relacionais são usados para:

a) combinar valores;
b) comparar valores;
c) distinguir diferentes tipos de variáveis;
d) trocar variáveis por valores lógicos.

8. Quais das seguintes expressões são corretas?

a) a == 'A'
b) a > b
c) a =< b
d) a > = b
e) -a = b
f) -a = = b
g) -a == b
h) a =! b
i) -85.2 >= (x * 45.3 + 32.34)
j) a + b + c == -x * -y
k) 'a' + 'b' != 16 + 'w'

9. Qual é o valor das seguintes expressões?

a) 1 > 2
b) !(1 > 2)
c) 3 == 2
d) !(-5)
e) 'j' != 'j'
f) 'j' != 'j' + 2
g) 'j' != 'j' == 'j'

10. Qual é o valor de k?

```
int k, j=3;
k = j == 3;
```

11. Qual é o valor de y?

```
float y;
int x;
x = 22345;
y = (float)(x);
printf(%f,y);
```

12. Indique o valor de cada uma das seguintes expressões (consulte a tabela de precedência dos operadores).

```
int i=1, j=2, k=3, n=2;
float x=3.3, y=4.4;
```

a) i < j + 3
b) 2 * i - 7 <= j - 8
c) -x + y >= 2.0 * y
d) x == y
e) x != y
f) i + j + k == -2 * -k
g) !(n-j)
h) !n-j
i) !x*!x
j) i&&j&&k
k) i||j-3&&0
l) i<j&&2>=k
m) i<j||2>=k
n) i==2||j==4||k==5
o) i=2||j==4||k==5
p) x<=5.0&&x!=1.0||i>j

13. Escreva expressões equivalentes sem usar o operador de negação (!).

a) !(i==j)
b) !(i + 1 < j-2)
c) !(i < j && n < m)
d) !(i < 1 || j < 2 && n < 3)

14. Qual é o valor das seguintes expressões?

```
int a=1, b=2, c=3;
++a/a&&!b&&c||b-||-a+4*c >!!b
```

15. A expressão seguinte é obscura. Coloque parênteses para torná-la clara.

```
a = x < y ? x < z ? x : z : y < z ? y : z;
```

16. Escreva uma expressão lógica que resulte 1 se o ano for bissexto e 0 se não for. Um ano é bissexto se for divisível por 4, mas não por 100. Um ano também é bissexto se for divisível por 400.

17. Desenvolva um programa que solicite ao usuário o ano e imprima "Ano Bissexto" ou "Ano Não-Bissexto", conforme o valor da expressão do exercício 16. Utilize o operador condicional.

18. Escreva um programa que solicite ao usuário a altura e o raio de um cilindro circular e imprima o volume do cilindro. O volume de um cilindro circular é calculado por meio da seguinte fórmula:

Vol = 3.141592 * raio * raio * altura

19. Em um cercado, há vários patos e coelhos. Escreva um programa que solicite ao usuário o total de cabeças e o total de pés, e determine quantos patos e quantos coelhos se encontram nesse cercado.

20. Dois amigos jogam na loteria toda semana. Escreva um programa que solicite a quantia com que cada um participou e o valor do prêmio a ser rateado em partes diretamente proporcionais às quantias de cada um deles. O programa deve imprimir quanto cada um dos amigos receberá caso sejam ganhadores.

21. A importância de R$ 780.000,00 será dividida entre os três primeiros colocados de um concurso, em partes diretamente proporcionais aos pontos conseguidos por eles. Construa um programa que solicite o número de pontos dos três primeiros colocados e imprima a importância que caberá a cada um.

22. Sabendo que o latão é obtido fundindo-se sete partes de cobre com três partes de zinco, faça um programa que solicite quantos quilos de latão se quer produzir e imprima quantos quilos de cobre e de zinco são necessários.

23. Uma empresa contrata um encanador a R$ 20,00 por dia. Crie um programa que solicite o número de dias trabalhados pelo encanador e imprima o valor líquido a ser pago, sabendo que são descontados 8% de imposto de renda.

24. (*Difícil*) Faça um programa que solicite um caractere do teclado por meio da função **getch()**. Se for uma letra minúscula, imprima-a em maiúsculo, caso contrário, imprima o próprio caractere. Use uma expressão condicional.

25. A função **scanf()** retorna o número de leituras feitas com sucesso. Considere o seguinte programa:

```
#include <stdio.h>
#include <stdlib.h>
```

```
int main()
{
  int i,j,k;
  printf("%d\n",scanf("%d %d %d",&i,&j,&k));
  system("PAUSE");
  return 0;
}
```
Execute-o digitando os seguintes valores:

a) 1   2   3
b) 1   2   a
c) a   3   4
d) 3   4   2.1
e) ^Z   5   1
f) 1   2   ^ Z
g) 3.2 1   2

Verifique os possíveis inteiros retornados por **scanf()**. Observe que o caractere ^Z é obtido pressionando-se, ao mesmo tempo, as teclas Ctrl e Z.

3

Laços

- O laço **for**
- Visibilidade de variáveis de bloco
- O laço **while**
- A função **rand()**
- O laço **do-while**

Laços são comandos usados sempre que uma ou mais instruções tiverem de ser repetidas enquanto uma certa condição estiver sendo satisfeita. Em C existem três comandos de laços:
for
while
do-while

O LAÇO for

O laço **for** é geralmente usado quando queremos repetir algo por um número fixo de vezes. Isso significa que utilizamos um laço **for** quando sabemos de antemão o número de vezes a repetir.

O exemplo seguinte imprime uma linha com vinte asteriscos (*) utilizando um laço **for** na sua forma mais simples.

```
/* ForDemo.c */
/* Mostra um uso simples do laço for */
#include <stdio.h>
#include <stdlib.h>
int main()
{
  int i;
  for(i=0 ; i < 20 ; i++) /* Imprime 20 *  */
       printf("%c" , '*');

  printf("\n");
  system("PAUSE");
  return 0;
}
```

A saída será:

****

SINTAXE DO LAÇO for

A sintaxe consiste na palavra-chave **for** seguida de parênteses que contêm três expressões separadas por ponto-e-vírgulas. Chamaremos a primeira dessas expressões de *inicialização*, a segunda de *teste* e a terceira de *incremento*. Qualquer uma delas pode conter qualquer instrução válida em C.

Em sua forma mais simples, a *inicialização* é uma instrução de atribuição (**i = 0**) e é sempre executada uma única vez, antes que o laço seja iniciado.

O *teste* é uma condição avaliada como verdadeira ou falsa, e controla o laço (**i < 20**). Essa expressão é avaliada toda vez que o laço é iniciado ou reiniciado. Se verdadeira (diferente de zero), a instrução do corpo do laço é executada (**printf("%c",'*');**). Quando o *teste* se torna falso (igual a zero), o laço é encerrado e o controle passa para a instrução seguinte ao laço.

O *incremento* geralmente define a maneira pela qual a variável de controle será alterada cada vez que o laço for repetido (**i++**). Essa expressão sempre é executada logo após a execução do corpo do laço.

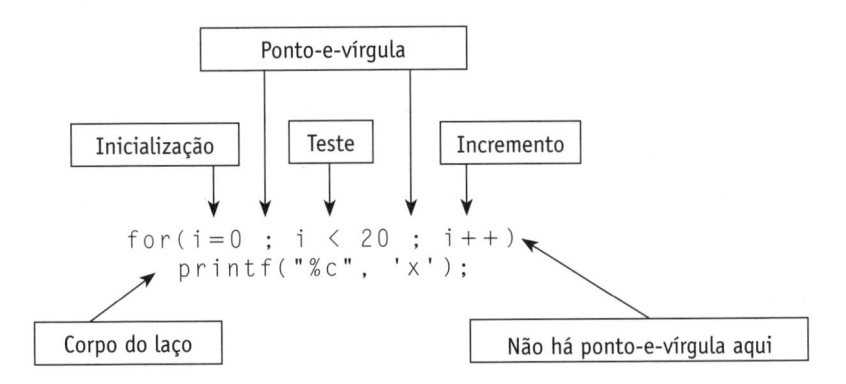

```
                    Ponto-e-vírgula

   Inicialização      Teste      Incremento

        for(i=0 ; i < 20 ; i++)
            printf("%c", 'x');

        Corpo do laço              Não há ponto-e-vírgula aqui
```

No nosso exemplo, o laço **for** é executado 20 vezes. Na primeira vez, a inicialização assegura que **i** vale zero. Na última vez, **i** vale 19; a informação é dada no teste (**i<20**). Em seguida, **i** passa a valer 20 e o laço termina. O corpo do laço não é executado quando **i** vale 20.

Veja outro exemplo:

```c
/* Tabuada6.c */
/* Imprime a tabuada do 6 */
#include <stdio.h>
#include <stdlib.h>
int main()
{
    int i;
    for(i=1 ; i < 10 ; i++)
            printf("\n%4d × 6 = %4d" , i ,i*6);

    printf("\n");
    system("PAUSE");
    return 0;
}
```

Eis a saída:

```
1 × 6 =    6
2 × 6 =   12
3 × 6 =   18
4 × 6 =   24
5 × 6 =   30
6 × 6 =   36
7 × 6 =   42
8 × 6 =   48
9 × 6 =   54
```

Vamos modificar o programa tabuada6.c para que imprima a tabuada invertida.

```c
/* Tabuada6I.c */
/* Imprime a tabuada do 6 invertida */
#include <stdio.h>
#include <stdlib.h>
int main()
{
   int i;
   for(i=9 ; i > 0 ; i--)
         printf("\n%4d × 6 = %4d" , i ,i*6);

   printf("\n");
   system("PAUSE");
   return 0;
}
```

Eis a saída:

```
9 × 6 =    54
8 × 6 =    48
7 × 6 =    42
6 × 6 =    36
5 × 6 =    30
4 × 6 =    24
3 × 6 =    18
2 × 6 =    12
1 × 6 =     6
```

O próximo exemplo imprime os múltiplos de 3 entre 3 e 100.

```c
/* Multipl3.c */
/* Imprime os múltiplos de 3 entre 3 e 100 */
#include <stdio.h>
#include <stdlib.h>
int main()
{
   int i;
   for( i=3 ; i <= 100 ; i += 3)
         printf("%d\t" , i);

   printf("\n");
   system("PAUSE");
   return 0;
}
```

Eis a saída:

```
3    6    9    12   15   18   21   24   27   30   33   36
39   42   45   48   51   54   57   60   63   66   69   72
75   78   81   84   87   90   93   96   99
```

Flexibilidade do laço for

Nos exemplos anteriores, utilizamos o laço **for** na sua forma mais simples. Isto é, a primeira expressão para inicializar a variável, a segunda para expressar um limite e a terceira para incrementar ou decrementar a variável.

Entretanto, as expressões não estão restritas a essas formas. Exemplos de outras possibilidades são mostrados a seguir.

O operador vírgula

Qualquer uma das expressões de um laço **for** pode conter várias instruções separadas por vírgulas. A vírgula, nesse caso, é um operador C que significa "faça isso e depois isso". Um par de expressões separadas por vírgula é avaliado da esquerda para a direita.

```
/* Mostra o uso do operador vírgula no laço for */
/* Imprime os números de 0 a 98 de 2 em 2 */
#include <stdio.h>
#include <stdlib.h>
int main()
{
   int i,j;
   for(i=0, j=i; (i+j) < 100 ; i++, j++)
         printf("%d " , i +j);

   printf("\n");
   system("PAUSE");
   return 0;
}
```

Usando caracteres

A variável do laço pode ser do tipo **char**. Veja um exemplo:

```
/* Mostra o uso de uma variável do tipo char para controle do laço */
 * Imprime as letras minúsculas e seus correspondentes valores
 * em decimal na tabela ASCII */
#include <stdio.h>
#include <stdlib.h>
int main()
{
   char ch;
   for(ch='a'; ch <= 'z'; ch++)
         printf("\nO valor ASCII de %c é %d", ch , ch);

   printf("\n");
   system("PAUSE");
   return 0;
}
```

Eis a saída:

```
O valor ASCII de a é 97
O valor ASCII de b é 98
O valor ASCII de c é 99
O valor ASCII de d é 100
O valor ASCII de e é 101
O valor ASCII de f é 102
O valor ASCII de g é 103
O valor ASCII de h é 104
O valor ASCII de i é 105
O valor ASCII de j é 106
O valor ASCII de k é 107
O valor ASCII de l é 108
O valor ASCII de m é 109
O valor ASCII de n é 110
O valor ASCII de o é 111
O valor ASCII de p é 112
O valor ASCII de q é 113
O valor ASCII de r é 114
O valor ASCII de s é 115
O valor ASCII de t é 116
O valor ASCII de u é 117
O valor ASCII de v é 118
O valor ASCII de w é 119
O valor ASCII de x é 120
O valor ASCII de y é 121
O valor ASCII de z é 122
```

USANDO CHAMADAS A FUNÇÕES

É possível chamar funções de dentro de expressões do laço **for**.

```c
/* Codifica a entrada digitada */
#include <stdio.h>
#include <stdlib.h>
#include <conio.h> /* Para getch() */
int main()
{
   unsigned char ch;
   for(ch=getch(); ch != 'X' ; ch = getch())
         printf("%c", ch +1);
   printf("\n");
   system("PAUSE");
   return 0;
}
```

Esse programa lê caractere a caractere do teclado e imprime o caractere seguinte da tabela ASCII.

Omitindo expressões do laço for

Qualquer uma das três expressões de um laço **for** pode ser omitida, embora os ponto-e-vírgulas devam permanecer. Se a expressão de inicialização ou a de incremento for omitida, será simplesmente desconsiderada. Se a condição de teste não estiver presente, será considerada permanentemente verdadeira.

```
/* Codifica a entrada digitada */
#include <stdio.h>
#include <stdlib.h>
#include <conio.h> /* Para getch() */
int main()
{
   unsigned char ch;
   for(; (ch=getch()) != 'X' ;)
         printf("%c", ch +1);

   printf("\n");
   system("PAUSE");
   return 0;
}
```

Note que colocamos parênteses extras envolvendo a expressão de atribuição (**ch = getch()**). Esses parênteses são realmente necessários, pois a precedência de **!=** é maior que a de **=**; isso significa que, na falta dos parênteses, o teste relacional **!=** será feito antes da atribuição e a expressão será equivalente a:

$$ch = (getch() != 'X')$$

e **ch** terá um valor de 0 ou 1.

Laço infinito

Um laço infinito é aquele que é executado sempre, sem parar. Ele sempre tem a expressão de teste verdadeira, e um modo de parar sua execução é desligando o computador.

```
for (;;)
   printf("Laço Infinito");
```

Omitindo o corpo do laço for

O corpo do laço pode ser vazio; entretanto, o ponto-e-vírgula deve permanecer.

```
for(;(ch=getch())!= 'X';printf("%c", ch+1))
                   ;
```

Outro exemplo:

```
for(i=0; i<=1000; i=i+1)
             ;
```

Múltiplas instruções no corpo de um laço for

Se um laço **for** deve executar várias instruções a cada iteração, elas precisam estar entre chaves.

Sintaxe:

```
for(i=0; i<10; i++)
{
    instrução ;
    instrução ;
    instrução ;
}
```

Em C, um *bloco de código* é uma série de instruções entre chaves e é tratado como um grupo de instruções numa única unidade. Isso significa que um *bloco de código* é tratado como sendo ele mesmo uma única instrução.

Veja um exemplo:

```
/* MEDIA.C
 * Imprime a média aritmética de 10 notas */
#include <stdio.h>
#include <stdlib.h>
int main()
{
    float soma = 0.0;
    const int max = 10;
    int i;

    for(i=0; i < max ; i++)
    {
        float nota;
        printf("\nDigite a nota %d : " , i+1);
        scanf("%f", &nota);
        soma += nota;
    }
    printf("\nMédia = %.2f\n", soma/max);

    system("PAUSE");
    return 0;
}
```

Visibilidade de variáveis de bloco

Um aspecto importante dos blocos de código é o de que uma variável declarada dentro de um bloco não é visível fora dele. No programa **media.c**, declaramos a variável *nota* dentro do bloco de código do laço **for**. Essa variável só pode ser acessada pelas instruções desse mesmo bloco e pelas que estão escritas após sua declaração.

Se você inserir a instrução

```
nota = 54.5;
```

após o corpo do laço **for**, o compilador emitirá um erro, informando que a variável *nota* não existe.

CRIANDO BLOCOS DENTRO DE BLOCOS

Em todo lugar onde é possível colocar uma instrução C, é também possível inserir um *bloco de código*. Por exemplo:

```
/* Bloco.C */
/* Mostra o uso de um bloco dentro de outro bloco */
#include <stdio.h>
#include <stdlib.h>
int main()
{
   int i=5;
   {/* Início do bloco */
       int i=150;
       printf("%d\n", i); /* Imprime 150 */

   }/* Fim do bloco */

   printf("%d\n", i); /* Imprime 5 */

   system("PAUSE");
   return 0;
}
```

Observe a variável **i** do bloco interno no programa **bloco.c**. Essa é uma nova variável com o mesmo nome da variável criada no bloco da função **main()**. Ela é criada quando o bloco inicia sua execução e é destruída quando o bloco termina. Assim, a instrução após o fim do bloco utiliza a variável **i** do bloco de **main()**, pois a outra não mais existe.

LAÇOS **for** ANINHADOS

Quando um laço **for** faz parte do corpo de outro laço **for**, dizemos que o laço interno está *aninhado*.

Para mostrar esse uso, preparamos um programa que imprime as tabuadas do 2 ao 9.

```
/* Tabuada.C */
/* Imprime as tabuadas do 2 ao 9 */
#include <stdio.h>
#include <stdlib.h>
```

```c
int main()
{
    int i,j,k;
    system("cls");/*Limpa a tela */

    for(k=0; k<=1 ; k++)
    {
        printf("\n");
        for(i=1 ; i <= 4 ; i++)
             printf("TABUADA DO %3d    ", i+4*k+1);
        printf("\n");

        for(i = 1; i <= 9 ; i++)
        {
            for(j=2+4*k; j <= 5+4*k; j++)
                  printf("%3d x%3d = %3d    ", j,i,j*i);
            printf("\n");
        }
    }
    system("PAUSE");
    return 0;
}
```

A saída do programa **tabuada.c** cabe numa única tela e é a seguinte:

```
TABUADA DO 2      TABUADA DO 3      TABUADA DO 4      TABUADA DO 5
  2 × 1 =   2       3 × 1 =   3       4 × 1 =   4       5 × 1 =   5
  2 × 2 =   4       3 × 2 =   6       4 × 2 =   8       5 × 2 =  10
  2 × 3 =   6       3 × 3 =   9       4 × 3 =  12       5 × 3 =  15
  2 × 4 =   8       3 × 4 =  12       4 × 4 =  16       5 × 4 =  20
  2 × 5 =  10       3 × 5 =  15       4 × 5 =  20       5 × 5 =  25
  2 × 6 =  12       3 × 6 =  18       4 × 6 =  24       5 × 6 =  30
  2 × 7 =  14       3 × 7 =  21       4 × 7 =  28       5 × 7 =  35
  2 × 8 =  16       3 × 8 =  24       4 × 8 =  32       5 × 8 =  40
  2 × 9 =  18       3 × 9 =  27       4 × 9 =  36       5 × 9 =  45

TABUADA DO 6      TABUADA DO 7      TABUADA DO 8      TABUADA DO 9
  6 × 1 =   6       7 × 1 =   7       8 × 1 =   8       9 × 1 =   9
  6 × 2 =  12       7 × 2 =  14       8 × 2 =  16       9 × 2 =  18
  6 × 3 =  18       7 × 3 =  21       8 × 3 =  24       9 × 3 =  27
  6 × 4 =  24       7 × 4 =  28       8 × 4 =  32       9 × 4 =  36
  6 × 5 =  30       7 × 5 =  35       8 × 5 =  40       9 × 5 =  45
  6 × 6 =  36       7 × 6 =  42       8 × 6 =  48       9 × 6 =  54
  6 × 7 =  42       7 × 7 =  49       8 × 7 =  56       9 × 7 =  63
  6 × 8 =  48       7 × 8 =  56       8 × 8 =  64       9 × 8 =  72
  6 × 9 =  54       7 × 9 =  63       8 × 9 =  72       9 × 9 =  81
```

O laço **for** mais externo (da variável **k**) é executado duas vezes: uma para imprimir o primeiro bloco de tabuadas (de 2 a 5) ; e outra, para imprimir o segundo bloco (de 6 a 9).

O segundo laço **for** imprime os títulos. Os dois laços mais internos imprimem as tabuadas propriamente ditas.

O PROGRAMA QUE IMPRIME UM CARTÃO DE NATAL

Agora que já aprendemos a trabalhar com o laço **for**, vamos escrever um programa mais elaborado, que imprimirá um cartão de Natal. O programa usa todos os conceitos vistos até este ponto; vale a pena tentar entendê-lo.

```c
/* Natal.C */
/* Imprime uma árvore de Natal */
#include <stdio.h>
#include <stdlib.h>
#include <conio.h> /* Para getche() */
int main()
{
   char sd, se;
   int i,k, j;
   system("cls");/* Limpa a tela */
   printf("\nSinal interno direito : ");
   sd = getche();/* Caractere de desenho da árvore */
   printf("\nSinal interno esquerdo: ");
   se = getche();/* Caractere de desenho da árvore */

   printf("\n\n");/* Pula 2 linhas antes do início do desenho */

   for(i=0; i < 4; i++)
   {
     for(k=1; k < 5; k++)
     {
       for(j=1;j<=40-(2*i+k);j++)
       printf(" ");/* Imprime brancos */
       printf("/");/* Delimitador inicial da linha */
       for(j=1 ; j < (2*i+k) ; j++)
          printf("%c",se);  /* Até o meio   */
       for(j=1 ; j < (2*i+k) ; j++)
          printf("%c",sd);/* Meio ao fim */
       printf("\\\n");  /* Delimitador final da linha */
     }
   }
   /* Desenha o pé da árvore */
   for(i=0; i < 2; i++)
   {
      for(j=0;j < 38; j++) printf(" ");
      printf("|  |\n");
   }
   printf("\n");;
   /* Imprime mensagem centralizada */
   for(j=0; j < 35; j++) printf(" ");
   printf("FELIZ NATAL\n");
   for(j=0; j < 31; j++) printf(" ");
   printf("E UM PRÓSPERO 2007!\n");
   system("PAUSE");
   return 0;
}
```

Eis a saída:
Sinal interno direito: *
Sinal interno esquerdo: %

```
              /\
             /%*\
            /%%**\
           /%%%***\
            /%%**\
           /%%%***\
          /%%%%****\
         /%%%%%*****\
          /%%%%****\
         /%%%%%*****\
        /%%%%%%******\
       /%%%%%%%*******\
        /%%%%%%******\
       /%%%%%%%*******\
      /%%%%%%%%********\
     /%%%%%%%%%*********\
             ||
             ||
```

FELIZ NATAL
E UM PRÓSPERO 2007!

■ O LAÇO while

O segundo comando de laço em C é o **while** (que significa enquanto). À primeira vista, o laço **while** parece simples se comparado ao laço **for**; ele utiliza os mesmos elementos, mas estes são distribuídos de maneira diferente no programa.

Utilizamos o laço **while** quando o laço pode ser terminado inesperadamente, por condições desenvolvidas dentro do corpo do laço.

Veja o exemplo:

```
/* Contachar.C */
/* Conta caracteres de uma frase */
#include <stdio.h>
#include <stdlib.h>
#include <conio.h> /* Para getche() */
int main()
{
    int cont=0; /* Contador */

    while(getche() != '\r') /* Enquanto não [Enter]   */
        cont++; /* Corpo do laço */
```

```
    /* Fora do laço */
    printf("\nO número de caracteres é %d\n" , cont);

    system("PAUSE");
    return 0;
}
```

O programa aguarda a digitação de uma frase. Cada caractere digitado é contado e acumulado na variável **cont** até que a tecla [ENTER] seja pressionada. O programa imprime o total de caracteres da frase.

O laço **while** termina quando a tecla [ENTER] é pressionada. Nesse caso, não conhecemos de antemão o número de iterações que serão executadas. Em situações semelhantes, o laço **while** é mais apropriado que o laço **for**.

Sintaxe do laço while

O comando **while** consiste na palavra-chave **while** seguida de uma expressão de teste entre parênteses. Se a expressão de teste for verdadeira, o corpo do laço é executado uma vez e a expressão de teste é avaliada novamente. Esse ciclo de teste e execução é repetido até que a expressão de teste se torne falsa (igual a zero), então o laço termina e o controle do programa passa para a linha seguinte ao laço.

O corpo de um **while** pode ter uma única instrução terminada por ponto-e-vírgula, várias instruções entre chaves ou ainda nenhuma instrução, mantendo o ponto-e-vírgula.

Em geral, um laço **while** pode substituir um laço **for** da seguinte forma dentro de um programa:

```
Inicialização ;

while (Teste)
{
            .
            .
       Incremento;
            .
}
```

Como exemplo, tomemos o programa **fordemo.c** para reescrevê-lo usando um laço **while** no lugar do laço **for** original.

```
/* WhileDemo.C */
/* Mostra um uso simples do laço while no lugar de um laço for */
#include <stdio.h>
#include <stdlib.h>
int main()
{
    int i=0; /* Inicialização */
    while(i < 20) /* Teste */
    {
         printf("%c" , '*');
         i++;
```

```
        }
        printf("\n");
        system("PAUSE");
        return 0;
}
```

Em situações em que o número de iterações é conhecido, como no programa **fordemo.c**, o laço **for** é a escolha mais natural.

Laços while ANINHADOS

Uma das instruções de um *bloco de código* que compõe o corpo de um laço **while** pode ser outro laço **while**. Considere o seguinte programa que testa a sua capacidade de adivinhação.

```
/* Adivinha.C */
/* Testa a sua capacidade de adivinhar uma letra */
#include <stdio.h>
#include <stdlib.h> /* Para system() e rand() */
#include <conio.h>  /* Para getch() */
int main()
{
    char ch='s'; /* S de sim */
    char resp; /* Resposta do usuário */
    char secreto;
    int tentativas;

    while(ch=='s')
    {
            secreto = rand() % 26 + 'a';
            tentativas = 1;
            printf("\n\nDigite uma letra entre 'a' e 'z':\n");

            while((resp=getch())!= secreto)
            {
                    printf("%c é incorreto. Tente novamente\n",resp);
                    tentativas++;
            }
            printf("%c É CORRETO!!\n", resp);
            printf("Você acertou em %d tentativas\n", tentativas);
            printf("\nQuer jogar novamente? (s/n): ");
            ch=getche();
    }
    printf("\nAté logo e boa sorte!\n");
    system("PAUSE");
    return 0;
}
```

Eis uma execução:

```
Digite uma letra entre 'a' e 'z':
o é incorreto. Tente novamente
```

```
v é incorreto. Tente novamente
t é incorreto. Tente novamente
e é incorreto. Tente novamente
a é incorreto. Tente novamente
j é incorreto. Tente novamente

i É CORRETO!!
Você acertou em 7 tentativas
Quer jogar novamente? (s/n): n
Até logo e boa sorte!
```

A FUNÇÃO rand()

Na instrução

```
secreto = rand() % 26 + 'a';
```

do programa anterior, utilizamos uma nova função de biblioteca C, a função **rand()**, que necessita da inclusão do arquivo **stdlib.h**. Essa função retorna um número inteiro aleatório (sorteado).

A expressão **rand() % 26** resulta o resto da divisão do valor de **rand()** por **26**. O resultado é um número entre 0 e 25. A este número é somado o caractere **a** para gerar uma letra minúscula aleatória.

O LAÇO do-while

O terceiro e último comando de laço em C é o laço **do-while**. Esse laço é bastante similar ao laço **while**. Ele é utilizado em situações em que é necessário executar o corpo do laço uma primeira vez e, depois, avaliar a expressão de teste e criar um ciclo repetido.

SINTAXE DO LAÇO do-while

```
do
{
   instrução;
   instrução;

} while (teste);    ← Ponto-e-vírgula aqui
```

O comando **do-while** consiste na palavra-chave **do** seguida de um bloco de uma ou mais instruções entre chaves e terminada pela palavra-chave **while** seguida de uma expressão de teste entre parênteses terminada por ponto-e-vírgula.

Primeiramente, o bloco de código é executado; em seguida, a expressão de teste entre parênteses é avaliada; se verdadeira, o corpo do laço é mais uma vez executado e a expressão de teste é avaliada novamente. Esse ciclo de execução do bloco e teste é repetido até que a expressão de teste se torne falsa (igual a zero), quando o laço termina e o controle do programa passa para a linha seguinte ao laço.

Um bom exemplo do uso de um laço **do-while** é o programa **adivinha.c**, escrito anteriormente. Nesse programa, queremos que o usuário jogue uma primeira vez para, depois, perguntarmos se ele deseja jogar novamente. Assim, queremos que o corpo do laço seja executado para depois, então, testar a resposta do usuário. Observe a modificação.

```c
/* Adivinha.C */
/* Testa a sua capacidade de adivinhar uma letra */
/* Agora com o laço do-while */
#include <stdio.h>
#include <stdlib.h>   /* Para system() e rand()  */
#include <conio.h>    /* Para getch() */
int main()
{
    char resp; /* Resposta do usuário */
    char secreto;
    int tentativas;

    do /*Início do laço */
    {
        secreto = rand() % 26 + 'a';
        tentativas = 1;
        printf("\n\nDigite uma letra entre 'a' e 'z':\n");

        while((resp=getch())!= secreto)
        {
            printf("%c é incorreto. Tente novamente\n",resp);
            tentativas++;
        }
        printf("%c É CORRETO!!\n", resp);
        printf("Você acertou em %d tentativas\n", tentativas);
        printf("\nQuer jogar novamente? (s/n): ");
    }while(getche() == 's');
    printf("\nAté logo e boa sorte!\n");
    system("PAUSE");
    return 0;
}
```

Nessa versão, não é mais necessária a variável **ch**.

Quando usar do-while

Existe uma estimativa que aponta os laços **do-while** necessários somente em 5% dos laços.

Várias razões influem na consideração de laços que avaliam a expressão de teste antes de serem executados como superiores. Uma delas é a legibilidade, isto é, ler a expressão de teste antes de percorrer o laço ajuda o leitor a interpretar facilmente o sentido do bloco de instruções. Outra razão é a possibilidade da execução do laço mesmo que o teste seja falso de início.

Revisão

1. A possibilidade de repetir ações é uma das razões pelas quais usamos o computador. Os laços **for**, **while** e **do-while** são os comandos oferecidos por C para cumprir essa tarefa.

2. Um laço **for** é utilizado quando conhecemos de antemão o número de iterações a serem executadas.

3. O operador vírgula permite que qualquer uma das expressões de um laço **for** possa conter várias instruções. Um par de instruções separadas por vírgula é avaliado da esquerda para a direita.

4. O corpo de um laço pode ser formado a partir de uma única instrução ou de um bloco de múltiplas instruções entre chaves.

5. Uma construção agrupada por chaves é chamada de *bloco de código* e é tratada como uma única instrução. Em todo lugar em que é possível colocar uma instrução C, é também possível inserir um *bloco de código*.

6. Uma variável declarada dentro de um bloco de código não é visível fora dele.

7. Laços **while** e **do-while** são apropriados para situações em que o laço pode ser terminado inesperadamente por condições desenvolvidas dentro do corpo do laço.

8. O corpo de um laço **while** pode nunca ser executado. Entretanto, o corpo de um laço **do-while** é sempre executado pelo menos uma vez.

9. A expressão de teste de um laço **while** é avaliada antes que o seu corpo seja executado, e a de um laço **do-while**, depois.

10. A função **rand()** necessita da inclusão do arquivo **stdlib.h** e retorna um número inteiro aleatório.

11. Comandos de laços podem fazer parte do corpo de outro laço. Quando isso ocorre, dizemos que os laços internos estão aninhados.

Exercícios

1. Um laço **for** com uma única instrução termina com:
   a) vírgula;
   b) chave de abertura;
   c) chave de fechamento;
   d) ponto-e-vírgula.

2. Um laço **while** com uma única instrução termina com:
   a) vírgula;
   b) chave de abertura;

c) chave de fechamento;
d) ponto-e-vírgula.

3. Um laço **do-while** com uma única instrução termina com:

   a) vírgula;
   b) chave de abertura;
   c) chave de fechamento;
   d) ponto-e-vírgula.

4. Um laço **for** de múltiplas instruções termina com:

   a) vírgula;
   b) chave de abertura;
   c) chave de fechamento;
   d) ponto-e-vírgula.

5. Um laço **while** de múltiplas instruções termina com:

   a) vírgula;
   b) chave de abertura;
   c) chave de fechamento;
   d) ponto-e-vírgula.

6. Um laço **do-while** de múltiplas instruções termina com:

   a) vírgula;
   b) chave de abertura;
   c) chave de fechamento;
   d) ponto-e-vírgula.

7. As três expressões que compõem a expressão do laço **for** são separadas por _____.

8. Múltiplas expressões de incremento na expressão do laço **for** são separadas por _____.

9. Um laço **do-while** é útil quando seu corpo:

   a) nunca é executado;
   b) pode nunca ser executado;
   c) deve ser executado pelo menos uma vez;
   d) termina após a primeira execução.

10. A expressão de inicialização de um laço **for**:

    a) nunca é executada;
    b) é executada uma única vez a cada iteração;
    c) é executada enquanto o laço não termina;
    d) é executada uma vez antes do laço ser iniciado.

11. Verdadeiro ou Falso: Os dois fragmentos seguintes produzem o mesmo resultado.

```
a) for(i=0 ; i<10 ; i++)
        for(j=0 ; j<10 ; j++)
                printf("%d", i+j);
b) for(i=0,j=0 ; i<10 ; i++)
        for( ; j<10 ; j++)
                printf("%d", i+j);
```

12. Qual é o erro deste programa?

```
/* Soma dos quadrados */
#include <stdio.h>
#include <stdlib.h>
int main()
{
  int i;
  for(i=1; i<10; i++)
  {
        int soma=0;
        soma += i*i;
  }
  printf("%d\n", soma);

  system("PAUSE");
  return 0;
}
```

13. Qual é a saída do programa seguinte?

```
#include <stdio.h>
#include <stdlib.h>
int main()
{
  int a;
  for(a=36; a>0 ; a/=2)
        printf("%d\t", a);
  printf("\n");
  system("PAUSE");
  return 0;
}
```

14. Este programa imprime uma letra **I** bem grande na tela:

```
/* Imprime a letra I */
#include <stdio.h>
#include <stdlib.h>
int main()
{
  int i = 0;
  printf("\n\nIIIIIII\n");
```

```
        while(i < 17)
        {
             printf("   III\n");
             i++;
        }
        printf("IIIIIII\n");
        printf("\n");
        system("PAUSE");
        return 0;
}
```

a) modifique o programa para que utilize um laço **for** no lugar do laço **while**;
b) construa um programa similar que imprima a letra **E**;
c) responda: nesse exemplo, qual dos laços se adapta melhor? Por quê?

15. Escreva um programa que imprima os caracteres da tabela ASCII de códigos 32 a 255. O programa deve imprimir cada caractere, seu código decimal e seu código hexadecimal.

16. Escreva um programa que utilize um laço **while** para ler caracteres digitados no teclado enquanto o usuário não pressionar a tecla ESC de código 27. Os caracteres lidos não devem ser ecoados no vídeo. Se o caractere lido for uma letra minúscula, o programa a imprimirá em maiúsculo; se for qualquer outro caractere, ele mesmo será impresso. Utilize o operador condicional ternário.

17. Elabore um programa que solicite um número inteiro ao usuário e crie um novo número inteiro com os dígitos em ordem inversa. Por exemplo, uma execução do programa é:

```
Digite um número inteiro:    5382
Seu número invertido é:      2835
```

18. Escreva um programa que solicite um número entre 3 e 18 e calcule a probabilidade que esse número tem de sair ao se jogar três dados ao mesmo tempo. A probabilidade é calculada por meio da seguinte fórmula:

```
P = (n1 / n2) * 100.0
```

em que **n1** é o número de casos no qual a soma dos dados é igual ao número dado pelo usuário, e **n2** é o número total de casos possíveis. Por exemplo, se o número inserido for 6, o programa imprimirá:

```
A probabilidade de sair 6 é de 4.63%.
```

19. O número de combinações de **n** objetos diferentes, em que **r** objetos são escolhidos de cada vez, é dado pela seguinte fórmula:

```
                    fatorial de n
nCr =  ─────────────────────────────────────
             fatorial de r * fatorial de (n − r)
```

Escreva um programa que calcule o número de combinações de **n** objetos tomados **r** de cada vez. Os valores **n** e **r** devem ser solicitados ao usuário.

20. A seqüência de números de Fibonacci é a seguinte: os dois primeiros termos têm o valor 1 e cada termo seguinte é igual à soma dos dois anteriores.

1, 1, 2, 3, 5, 8, 13, 21, ...

Escreva um programa que solicite ao usuário o número do termo da seqüência de Fibonacci e calcule o valor desse termo. Por exemplo, se o número fornecido pelo usuário for 7, o programa deverá encontrar e imprimir o valor 13.

4

Comandos de decisão

- O comando **if**
- Implementando um algoritmo
- O comando **if-else**
- Construções **else-if**
- Os comandos **break** e **continue**
- O comando **continue**
- O comando **goto**
- O comando **switch**

Uma das tarefas fundamentais de qualquer programa é decidir o que deve ser executado a seguir. Os comandos de decisão permitem determinar qual é a ação a ser tomada com base no resultado de uma expressão condicional. Isso significa que podemos selecionar entre ações alternativas, dependendo de critérios desenvolvidos no decorrer da execução do programa.

A linguagem C oferece três comandos de decisão:

if
if-else
switch

O COMANDO if

O comando **if** instrui o computador a tomar uma decisão simples.

```
/* ifdemo.c */
#include <stdio.h>
#include <stdlib.h>

int main()
{
    int anos;
    printf("Quantos anos você tem? \n");

    scanf("%d", &anos);

    if(anos < 30) /* Toma uma decisão caso anos < 30 */
        printf("Você é muito jovem!\n");

    system("PAUSE");
    return 0;
}
```

Se você digitar um número menor que 30, o programa imprimirá: "Você é muito jovem!". Caso você digite um número maior ou igual a 30, o programa não fará absolutamente nada.

SINTAXE DO COMANDO if

O comando consiste na palavra-chave **if** seguida de uma expressão de teste entre parênteses. Se a expressão de teste for verdadeira, a instrução será executada; do contrário, nada será feito.

O corpo de um **if** pode conter uma única instrução terminada por ponto-e-vírgula, ou várias instruções entre chaves.

```
if (Expressão de teste)
{
        instrução;
        instrução;
}
```

O PROGRAMA QUE CONTA ZEROS

```c
/* contazeros.c */
#include <stdio.h>
#include <stdlib.h>
#include <conio.h>

int main()
{
    char ch;
    int cont=0;

    printf("Digite uma frase\n");

    while((ch=getche())!= '\r')
         if(ch=='0')
            {
                   printf("\nZERO detectado\n");
                   cont++;
            }

    printf("Você digitou %d zeros.\n", cont);

    system("PAUSE");
    return 0;
}
```

A parte principal desse programa é o laço **while** que lê caracteres do teclado enquanto não for pressionada a tecla [ENTER]. O corpo do laço é composto por uma única instrução **if** que verifica se o caractere digitado é zero; se for, imprime "ZERO detectado" e incrementa o contador de zeros. Finalmente, o programa imprime o número de zeros digitados.

Observe que o teste de um comando de laço sempre questiona se devemos ou não repetir um processo. Já o teste de um comando de decisão questiona se devemos ou não executar um processo.

Como nos outros comandos já vistos, caso várias instruções sejam necessárias no corpo de um **if**, elas devem estar entre chaves.

O PROGRAMA QUE CONTA CARACTERES E PALAVRAS

```c
/* contapal.c */
/* Conta caracteres e palavras de uma frase */
#include <stdio.h>
#include <stdlib.h>
#include <conio.h>

int main()
{
    int nch = 0;
    int npalavras = 0;
    char ch;
```

```
        printf("Digite uma frase:\n");

        while((ch=getche())!= '\r') /* Termina com [enter] */
        {
                nch++; /* Conta caracteres */
                if(ch ==' ')/* Espaço em branco? */
                        npalavras++;
        }

        printf("\n\nForam contados %d caracteres ", nch);
        printf("e %d palavras nesta frase.\n", npalavras + 1);

        system("PAUSE");
        return 0;
}
```

Eis uma execução:

```
Digite uma frase:
O vício é um erro de cálculo na busca da felicidade.

Foram contados 52 caracteres e 11 palavras nesta frase.
```

O laço **while** lê os caracteres do teclado até que seja pressionado [ENTER]. O corpo do laço é composto por duas instruções: a primeira incrementa o contador de caracteres a cada leitura, e a segunda verifica se o caractere é um espaço em branco. Se for, o programa entende que uma palavra foi digitada e incrementa o contador de palavras. Após a última palavra da frase não há um espaço em branco, assim o contador de palavras conterá um número a menos do que o número de palavras digitadas.

Comandos if aninhados

Um comando **if** pode estar dentro de outro comando **if**. Dizemos então que o interno está aninhado. Eis um exemplo:

```
/* ninhosif.c */
/* Mostra if aninhados */
#include <stdio.h>
#include <stdlib.h>
#include <conio.h>

int main()
{
   char ch;
   printf("Digite uma letra de 'a' a 'z':");
   ch=getche();
   if(ch >= 'a')
           if(ch <= 'z')
                   printf("\nVocê digitou uma letra minúscula.\n");
```

```
        system("PAUSE");
        return 0;
}
```

Esse programa verifica se o caractere digitado é uma letra minúscula e, caso seja, imprime a frase "Você digitou uma letra minúscula.".

IMPLEMENTANDO UM ALGORITMO

Certa vez, deparei-me com um estranho método de encontrar o quadrado de um número positivo. O algoritmo é o seguinte:

> O quadrado de um número positivo n é igual à soma dos *n* primeiros números ímpares.

Por exemplo:

$3^2 = 1 + 3 + 5$
$6^2 = 1 + 3 + 5 + 7 + 9 + 11$
$8^2 = 1 + 3 + 5 + 7 + 9 + 11 + 13 + 15$

Esse algoritmo pode ser traduzido na seguinte fórmula matemática, facilmente demonstrada por indução finita.

$$n^2 = \sum_{i=0}^{n-1} (2i + 1)$$

O programa a seguir implementa o algoritmo.

```
/* quadrado.c */
/* Calcula o quadrado de números */
#include <stdio.h>
#include <stdlib.h>
#include <conio.h>

int main()
{
    int i,n, soma=0;

    printf("Digite um número:\n");
    scanf("%d", &n);
    printf("O quadrado de %d é ", n);

    if(n < 0) n = -n;    /* Se negativo, muda o sinal */
```

```
        for(i=1 ; n > 0 ; n——)
        {
                soma += i;
                i += 2;
        }
        printf("%d.\n", soma);
        system("PAUSE");
        return 0;
}
```

Veja uma execução:

```
Digite um número:
8
O quadrado de 8 é 64.
```

O COMANDO if-else

O comando **if-else** é a expansão de um simples **if**. O comando **if** permite que executemos algo somente se a sua expressão de teste for verdadeira, caso contrário nada é executado.

Suponhamos que você queira executar alguma coisa se a expressão de teste for verdadeira e outra coisa se a expressão de teste for falsa. Neste caso, você deve usar o comando **if-else**.

SINTAXE DO COMANDO if-else

If-else consiste no comando **if** acompanhado de uma instrução ou de um bloco de instruções, seguido da palavra-chave **else**, também acompanhada de uma instrução ou de um bloco de instruções.

Uma única instrução não necessita de chaves:

```
if (Expressão de teste)
        instrução;
else
        instrução;
```

Várias instruções necessitam estar entre chaves:

```
if (Expressão de teste)
{
        instrução;
        instrução;
}
else
{
        instrução;
        instrução;
}
```

O corpo de um **else** pode ter uma única instrução terminada por ponto-e-vírgula, ou várias instruções entre chaves.

O PROGRAMA QUE CONTA ZEROS MODIFICADOS

```c
/* contazeros.c */
#include <stdio.h>
#include <stdlib.h>
#include <conio.h>

int main()
{
   char ch;
   int cont=0;

   printf("Digite uma frase\n");

   while((ch=getche())!= '\r')
         if(ch=='0')
         {
                printf("\nZERO detectado\n");
                cont++;
         }
         if(cont > 0)
         printf("Você digitou %d zeros.\n", cont);
         else
         printf("Você não digitou nenhum zero.");

   system("PAUSE");
   return 0;
}
```

Nessa versão, o programa **contazeros.c** imprime "Você não digitou nenhum zero" se nenhum zero tiver sido digitado.

UM TABULEIRO DE XADREZ

O programa a seguir imprime um tabuleiro de xadrez utilizando caracteres gráficos. A estrutura de controle é feita por dois laços **for**, sendo um para o controle das linhas e o outro para o das colunas. O corpo do laço interno é composto por um comando **if-else** que reconhece quando imprimir um quadrado cheio e quando imprimir um quadrado em branco.

Veja a listagem:

```c
/* xadrez.c */
/* Desenha um tabuleiro de xadrez */
#include <stdio.h>
#include <stdlib.h>

int main()
{
   int lin, col;
   system("cls");/* Limpa a tela */
   for(lin=1;lin<=8;lin++)
   {
          for(col=1;col<=8;col++)
                if((lin+col)%2==0) /* É número par? */
```

```
                    printf("\xdb\xdb");
            else
                    printf("  ");
        printf("\n");
    }

    system("PAUSE");
    return 0;
}
```

O laço **for** externo (da variável **lin**) move o cursor uma linha para baixo a cada iteração, até que **lin** seja igual a 9. O laço interno (da variável **col**) move o cursor na horizontal, uma coluna por vez (cada coluna tem a largura de 2 caracteres), até que **col** seja igual a 9. O comando **if-else** imprime ora quadrado cheio, ora quadrado branco.

O JOGO DE CARA OU COROA

O programa a seguir implementa um jogo de cara ou coroa. Neste exemplo, um jogador escolhe cara e o outro, coroa. É introduzida uma das escolhas, o computador joga a moeda e produz a resposta. O jogo pode ser repetido várias vezes, e o número de vezes é escolhido por um jogador. O programa utiliza a função **rand()** para simular a moeda.

```
/* caracoroa.c */
/* Jogo de cara ou coroa */
#include <stdio.h>
#include <stdlib.h>

int main()
{
    int n, perda=0, ganho=0, resp,i;
    printf("Quantas vezes você quer jogar?");
    scanf("%d",&n);

    for (i=0; i < n; i++)
    {
        printf("Escolha:  0=Cara  e  1=Coroa: ");
        scanf("%d",&resp);
        while (resp != 0 && resp != 1)
        {
```

```c
            printf("ERRO: entre 0 cara e 1 coroa");
            scanf("%d",&resp);
        }
        if((rand()%2)==resp)
        {
            ganho++;
            if(resp==0)
                    printf("Cara, você ganhou.\n");
            else
                    printf("Coroa, você ganhou.\n");
        }
        else
        {
            perda++;
            if(resp==1)
                    printf("Cara, você perdeu.\n");
            else
                    printf("Coroa, você perdeu.\n");
        }
    }

    printf("\n\nRelatório Final:");
    printf("\nNo. de jogos que você ganhou:   %d",ganho);
    printf("\nNo. de jogos que você perdeu:   %d\n", perda);

    system("PAUSE");
    return 0;
}
```

Eis uma execução:

```
Quantas vezes você quer jogar? 8
Escolha:  0=Cara  e  1=Coroa: 0
Cara, você ganhou.
Escolha:  0=Cara  e  1=Coroa: 1
Cara, você perdeu.
Escolha:  0=Cara  e  1=Coroa: 0
Cara, você ganhou.
Escolha:  0=Cara  e  1=Coroa: 0
Cara, você ganhou.
Escolha:  0=Cara  e  1=Coroa: 1
Cara, você perdeu.
Escolha:  0=Cara  e  1=Coroa: 1
Coroa, você ganhou.
Escolha:  0=Cara  e  1=Coroa: 0
Coroa, você perdeu.
Escolha:  0=Cara  e  1=Coroa: 1
Coroa, você ganhou.
Relatório Final:
Número de jogos que você ganhou: 5
Número de jogos que você perdeu: 3
```

DESENHANDO LINHAS

O próximo exemplo utiliza caracteres gráficos para desenhar uma linha na tela. A estrutura deste programa é semelhante à do programa **xadrez.c**.

```c
/* diagonal.c */
/* Desenha uma linha diagonal na tela */
#include <stdio.h>
#include <stdlib.h>

int main()
{
   int lin, col;
   for(lin=1; lin < 25 ; lin++)/* Passo da descida */
   {
           for(col=1; col < 25; col++)/* Passo da largura */
               if(lin==col) /* Estamos na diagonal? */
                       printf("\xDB"); /* Desenha bloco escuro */
               else
                       printf("\xB0");/* Desenha bloco claro */
           printf("\n");/* Pula de linha */
   }
   system("PAUSE");
   return 0;
}
```

Veja a saída:

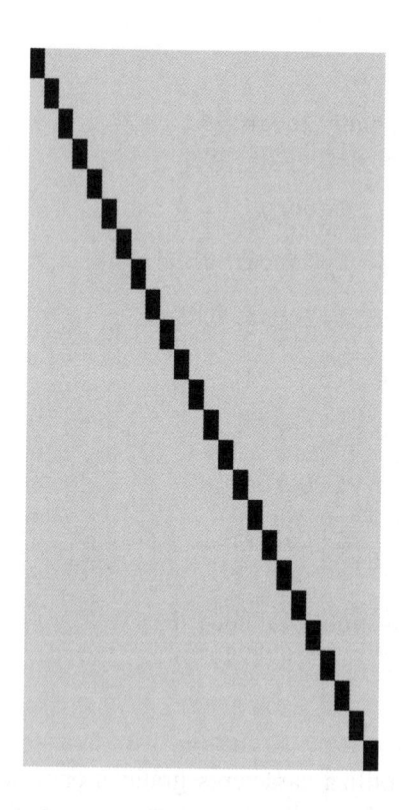

Comandos if-else ANINHADOS

Quando você tem um certo número de **if**(s) e **else**(s), como o computador decide qual **else** é de qual **if**? Por exemplo, considere o fragmento de programa seguinte:

```
if(x > y)
   if(y!=0)
         a = x/y;
else
   a=y;
```

Quando será executada a instrução **a=y;**? Em outras palavras, o **else** está associado ao primeiro ou ao segundo **if**?

O **else** está sempre associado ao mais recente **if** sem **else**. Então, se **x** não for maior que **y**, nada será executado. Ou seja:

```
if(x > y)
   if(y!=0)
         a = x/y;
   else
      a=y;
```

Caso não seja isto o desejado, devemos usar chaves:

```
if(x > y)
{  if(y!=0)
         a = x/y;
}
else
   a=y;
```

Vamos modificar o programa **diagonal.c** a fim de usar a construção **if-else** aninhada para desenhar duas linhas cruzadas na tela.

```
/* diagonal2.c */
/* Desenha duas linhas diagonais cruzadas */
#include <stdio.h>
#include <stdlib.h>

int main()
{
   int lin, col;
   for(lin=1; lin < 25 ; lin++)/* Passo da descida */
   {
         for(col=1; col < 25; col++)/* Passo da largura */
            if(lin==col) /* Estamos na diagonal 1? */
                  printf("\xDB"); /* Desenha bloco escuro */
            else
               if (col == 25 - lin)/* Estamos na diagonal 2? */
```

```
                        printf("\xDB"); /* Desenha bloco escuro */
            else
                        printf("\xB0");/* Desenha bloco claro */
    printf("\n");/* Pula de linha */
    }
    system("PAUSE");
    return 0;
}
```

Eis a saída:

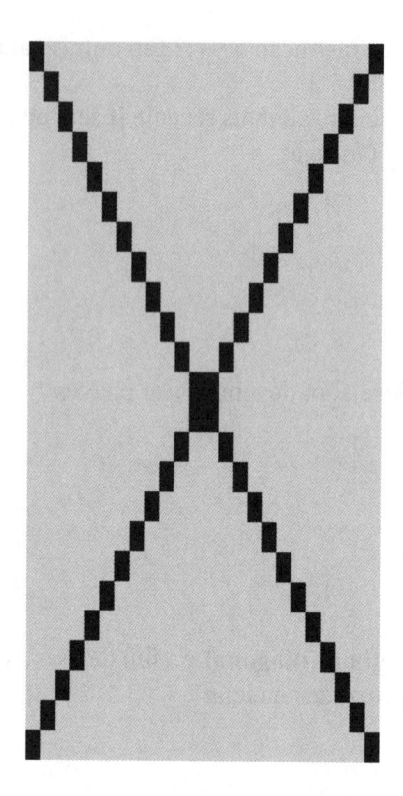

Quando escrevemos construções **if-else** aninhadas, o programa-fonte pode tornar-se difícil de entender e interpretar. Verifique o exemplo a seguir que simula uma calculadora de quatro operações:

USANDO OPERADORES LÓGICOS

Operadores lógicos são comuns em expressões de teste de comandos **if**(s). Podemos simplificar o programa **diagonal2.c** utilizando o operador lógico **ou**:

```
/* diagonal2.c */
/* Desenha duas linhas diagonais cruzadas usando ou lógico */
```

```c
#include <stdio.h>
#include <stdlib.h>

int main()
{
   int lin, col;
   for(lin=1; lin < 25 ; lin++)/* Passo da descida */
   {
        for(col=1; col < 25; col++)/* Passo da largura */
           if(lin==col || col== 25-lin)/* Diagonal 1 ou 2? */
                 printf("\xDB"); /* Desenha bloco escuro */
           else
                 printf("\xB0");/* Desenha bloco claro */
   printf("\n");/* Pula de linha */
   }
   system("PAUSE");
   return 0;
}
```

O próximo exemplo utiliza um **e** lógico.

```c
/* bomdia.c */
#include <stdio.h>
#include <stdlib.h>

int main()
{
   int dia,mes;

   printf("Digite: dia mes: ");
   scanf("%d%d",&dia,&mes);

   if(mes==12 && dia == 25)
         printf("FELIZ NATAL!\n");
   else
         printf("BOM DIA!\n");

   system("PAUSE");
   return 0;
}
```

Construções else-if

```c
/* calculadora.c */
/* Simula uma calculadora de 4 operações*/
#include <stdio.h>
#include <stdlib.h>
```

```c
int main()
{
   const int TRUE=1;
   while(TRUE)   /* Sempre verdadeiro */
   {
        float n1,n2;
        char op;

        printf("\nDigite número operador número: ");
        scanf("%f%c%f", &n1, &op, &n2);

        if(op == '+')
              printf("\n%f", n1 + n2);
        else
              if(op == '-')
                    printf("\n%f", n1 - n2);
              else
                    if(op == '*')
                          printf("\n%f", n1 * n2);
                    else
                          if(op == '/')
                                printf("\n%f", n1 / n2);
                          else
                                printf("Op. desconhecido.");
   }
   printf("\n");
   system("PAUSE");
   return 0;
}
```

Um conjunto de **if-else** aninhados pode ser escrito por meio de outro estilo, a fim de tornar o programa mais legível: construções **else-if**. Observe o programa:

```c
/* calculadora.c */
/* Simula uma calculadora de 4 operações */
#include <stdio.h>
#include <stdlib.h>

int main()
{
   const int TRUE=1;

   while(TRUE)   /* Sempre verdadeiro */
   {
        float n1,n2;
        char op;

        printf("\nDigite número operador número: ");
        scanf("%f%c%f", &n1, &op, &n2);

        if(op == '+')
              printf("\n%f", n1 + n2);
```

```
            else if(op == '-')
                  printf("\n%f", n1 - n2);
            else if(op == '*')
                  printf("\n%f", n1 * n2);
            else if(op == '/')
                  printf("\n%f", n1 / n2);
            else
                  printf("\nOperador desconhecido.");
      }
      printf("\n");
      system("PAUSE");
      return 0;
}
```

Os comandos break e continue

Os comandos **break** e **continue** são instruções que devem pertencer ao corpo de um laço **for**, **while** ou **do-while** e não podem ser utilizados em outras partes de um programa. O comando **break** tem um segundo uso que será analisado, ainda neste capítulo, junto ao comando **switch**.

O comando **break** causa a saída imediata de um laço; após isso, o controle passa para a próxima instrução. Se a instrução **break** pertencer a um conjunto de laços aninhados, afetará somente o laço ao qual pertence e os laços internos a ele.

Tomemos o programa **calculadora.c**. Esse programa tem uma falha: não acaba nunca. vamos modificá-lo para que termine quando o usuário digitar o valor zero para a variável **n1**.

```
   /* calculadora.c */
   /* Simula uma calculadora de 4 operações */
   /* Mostra o uso de break */
   #include <stdio.h>
   #include <stdlib.h>

   int main()
   {
      const int TRUE=1;

      while(TRUE)    /* Sempre verdadeiro */
      {
            float n1,n2;
            char op;

            printf("\nDigite número operador número: ");
            scanf("%f%c%f", &n1, &op, &n2);

            if(n1 == 0.0) break;/*Termina se Zero digitado*/

            if(op == '+')
                  printf("\n%f", n1 + n2);
            else if(op == '-')
                  printf("\n%f", n1 - n2);
```

```c
                else if(op == '*')
                        printf("\n%f", n1 * n2);
                else if(op == '/')
                        printf("\n%f", n1 / n2);
                else
                        printf("\nOperador desconhecido.");
        }
        printf("\n");
        system("PAUSE");
        return 0;
}
```

O próximo exemplo simula um jogo de adivinhação. Nesse jogo, o usuário pensa em um número entre 1 e 99 e o programa adivinhará qual é.

```c
/* numadiv.c */
/* Adivinha o número que o usuário pensou */
/* Mostra o uso de break */
#include <stdio.h>
#include <stdlib.h>
#include <conio.h>      /* Para getche() */

int main()
{
    float incr=50.0, adiv=50.0;

    printf("Pense em um número entre 1 e 99, e responda\n");
    printf(" =, > ou <  para igual, maior ou menor\n");

    while (incr > 1)
    {
        char ch;

        incr /=2;
        printf("\n=, > ou < a %d? ",(int)adiv);

        if((ch=getche())== '=') break;

        else if(ch == '>') adiv += incr;
        else adiv -= incr;
    }
    printf("\nO número é %d",(int)adiv);
    printf("\nCOMO SOU ESPERTO!!!!\n");

    system("PAUSE");
    return 0;
}
```

O comando continue

O comando **continue** força a próxima iteração do laço e pula o código que estiver abaixo. Nos laços **while** e **do-while**, um comando **continue** faz com que o controle do programa avalie imediatamente a expressão de teste e depois continue o processo do laço. No laço **for**, é executada a expressão de incremento e, em seguida, o teste.

O exemplo seguinte imprime apenas os caracteres digitados no teclado que são diferentes de dígitos.

```
/* semdigitos.c */
/* Elimina impressão de dígitos */
/* Mostra o uso de continue */
#include <stdio.h>
#include <stdlib.h>
#include <conio.h>      /* Para getche() */

int main()
{
   char ch;
   while ((ch=getch())!='X') /* Termina quando digitado X */
   {
        if(ch >= '0' && ch <= '9') /* É dígito? */
             continue; /* Execute o teste novamente */
        printf("%c", ch);
   }
   printf("\n");

   system("PAUSE");
   return 0;
}
```

O COMANDO goto

O comando **goto** está disponível em C para fornecer alguma compatibilidade com outras linguagens de programação, mas sua utilização é desaconselhada.

Esse comando causa o desvio do controle do programa para a instrução seguinte ao rótulo com o nome indicado, lembrando que um rótulo é um nome seguido de dois-pontos (:). Veja um exemplo:

```
if(x == 0)
   goto erro;
else
   r = n/x;

.....
.....

erro:
   printf("\nERRO: divisão por zero");
```

O comando **goto** e o rótulo correspondente devem estar no corpo da mesma função. Em princípio, você nunca precisará usar **goto** em seus programas. Mas, se tiver um programa em outra linguagem que deva ser traduzido para C rapidamente, o comando **goto** poderá ajudá-lo.

O comando switch

O comando **switch** permite selecionar uma entre várias ações alternativas. Embora construções **if-else** possam executar testes para escolha de uma entre várias alternativas, muitas vezes são deselegantes. O comando **switch** tem um formato limpo e claro.

Sintaxe do comando switch

O comando **switch** consiste na palavra-chave **switch** seguida do nome de uma variável ou de um valor numérico constante entre parênteses. O corpo do comando é composto de vários casos que devem ser rotulados com uma constante e, opcionalmente, um caso default.

A expressão entre parênteses após a palavra-chave **switch** determina para qual caso será desviado o controle do programa.

O corpo de cada caso é composto por qualquer número de instruções. Geralmente, a última instrução é **break**, o que causa a saída imediata de todo o corpo do **switch**.

Na falta do comando **break**, todas as instruções, a partir do caso escolhido até o término do comando, serão executadas, mesmo sendo pertencentes aos casos seguintes.

O comando **break** tem somente dois usos em C: em laços ou no comando **switch**.

```
switch (variável ou constante)  ←──────── Sem ponto-e-vírgula
{
    case constante1: ←──────────────────── Dois pontos
            instrução;
            instrução;
            break;
    case constante2:
            instrução;
            instrução;
            break;
    case constante3:
            instrução;
            instrução;
            break;
    default:
            instrução;
            instrução;
}
```

Você não poderá usar uma variável ou uma expressão lógica como rótulo de um caso dentro de um **switch**. O corpo de cada caso poderá ser vazio (nenhuma instrução) ou conter uma ou mais instruções, que não necessitam estar entre chaves.

O corpo de um **switch** deve estar entre chaves.

Se o rótulo de um caso for igual ao valor da expressão do **switch**, a execução começará nele. Se nenhum caso for satisfeito e existir um caso default, a execução começará nele. Um caso default é opcional. Não pode haver casos com rótulos iguais.

O PROGRAMA diasemana.c

O nosso primeiro exemplo imprime o dia da semana a partir de uma data. O ano deve ser maior ou igual a 1600, pois nessa data houve uma redefinição do calendário e o algoritmo utilizado não funcionará.

```c
/* diasemana.c */
/* Imprime o dia da semana a partir de uma data */
/* Mostra o uso de switch */
#include <stdio.h>
#include <stdlib.h>
#include <conio.h>     /* Para getch() */
int main()
{
    int dia, mes, ano, dSemana;
    const char ESC = 27;
    do
    {
        printf("Digite a data na forma dd mm aaaa: ");
        scanf("%d%d%d",&dia, &mes, &ano);

        dSemana = ano + dia + 3 * (mes - 1) - 1;

        if(mes < 3)
                ano--;
        else
                dSemana -= (int)(0.4*mes+2.3);

        dSemana += (int)(ano/4) - (int)((ano/100 + 1)*0.75);

        dSemana %= 7;

        switch(dSemana)
        {
            case 0:
                    printf("Domingo");
                    break;
            case 1:
                    printf("Segunda-feira");
                    break;
            case 2:
                    printf("Terça-feira");
                    break;
            case 3:
                    printf("Quarta-feira");
                    break;
```

```
                    case 4:
                            printf("Quinta-feira");
                            break;
                    case 5:
                            printf("Sexta-feira");
                            break;
                    case 6:
                            printf("Sábado");
            }
            printf("\nESC para terminar ou ENTER para recomeçar");
            printf("\n");
    } while (getch() != ESC);

    system("PAUSE");
    return 0;
}
```

Observe a execução do programa.

```
Digite a data na forma dd mm aaaa: 7 11 1974
Quinta-feira
ESC para terminar ou ENTER para recomeçar
[ENTER]
Digite a data na forma dd mm aaaa: 12 1 1976
Segunda-feira
ESC para terminar ou ENTER para recomeçar
[ENTER]
Digite a data na forma dd mm aaaa: 30 7 1978
Domingo
ESC para terminar ou ENTER para recomeçar
[ESC]
```

O programa calculadora.c modificado

Reescreveremos o programa **calculadora.c** para que use um comando **switch** no lugar de ninhos de **if-else**. Repare na clareza da escrita.

```
/* calculadora.c */
/* Simula uma calculadora de 4 operações */
/* Mostra o uso de switch */
#include <stdio.h>
#include <stdlib.h>

int main()
{
    const int TRUE=1;

    while(TRUE)   /* Sempre verdadeiro */
    {
            float n1,n2;
            char op;

            printf("\nDigite número operador número: ");
            scanf("%f%c%f", &n1, &op, &n2);
```

```
            if(n1 == 0.0) break;/* Termina se Zero digitado */

            switch(op)
            {
            case '+':
                  printf("\n%f", n1 + n2);
                  break;
            case '-':
                  printf("\n%f", n1 - n2);
                  break;
            case '*':
                  printf("\n%f", n1 * n2);
                  break;
            case '/':
                  printf("\n%f", n1 / n2);
                  break;
            default:
                  printf("\nOperador desconhecido.");
            }
      }
      printf("\n");
      system("PAUSE");
      return 0;
}
```

Casos sem **break** em comandos **switch**

Quando vários casos devem executar as mesmas instruções, usamos casos sem **break**. Suponhamos que queremos permitir ao usuário do programa **calculadora.c** utilizar o sinal ***** ou **x** para indicar multiplicação e o sinal **/** ou **** para indicar divisão. Observe a modificação do programa:

```
/* calculadora.c */
/* Simula uma calculadora de 4 operações */
/* Mostra casos sem break em switch */
#include <stdio.h>
#include <stdlib.h>

int main()
{
   const int TRUE=1;

   while(TRUE)   /* Sempre verdadeiro */
   {
         float n1,n2;
         char op;

         printf("\nDigite número operador número: ");
         scanf("%f%c%f", &n1, &op, &n2);

         if(n1 == 0.0) break;/* Termina se Zero digitado */
         switch(op)
```

```c
            {
            case '+':
                    printf("\n%f", n1 + n2);
                    break;
            case '-':
                    printf("\n%f", n1 - n2);
                    break;
            case 'x' :
            case '*':
                    printf("\n%f", n1 * n2);
                    break;
            case '\\':
            case '/':
                    printf("\n%f", n1 / n2);
                    break;
            default:
                    printf("\nOperador desconhecido.");
            }
        }
        printf("\n");
        system("PAUSE");
        return 0;
}
```

REVISÃO

1. Os comandos de decisão permitem selecionar quais instruções o programa deve ou não executar. São eles: **if**, **if-else** e **switch**.

2. O comando **if** fornece um meio de decidir entre executar ou não uma seção de código particular.

3. O comando **if-else** executa uma seção de código se a expressão de teste for verdadeira e outra se for falsa.

4. Uma instrução **if-else** simples pode ser substituída pelo operador condicional ternário somente quando o corpo do **if** e o do **else** forem expressões, ou seja, quando tiverem valores numéricos.

5. O comando **else**, em construções aninhadas, é sempre associado ao mais recente **if** sem **else**. O uso de chaves permite modificar essa associação.

6. O comando **switch** permite escolher uma entre várias seções de códigos alternativas. Cada seção é identificada por uma constante seguida de dois-pontos.

7. A palavra "rótulo" é dada a um nome ou constante seguido de dois-pontos.

8. Num comando **switch**, o controle do programa é desviado para o caso rotulado pela constante igual à da expressão do **switch** ou, se não houver nenhum caso com rótulo igual, para o caso default, se este existir.

9. O comando **break** provoca uma saída imediata de um laço ou de um **switch** a que ele pertence.

10. O comando **continue** força a próxima iteração do laço que o contém.

11. O comando **goto** desvia o programa para a instrução seguinte ao rótulo indicado.

Exercícios

1. Numa construção **if** sem **else**, o que acontece se a condição de teste for falsa?

   a) o controle procura pelo último **else** do programa;
   b) nada;
   c) o controle passa para a instrução seguinte ao **if**;
   d) o corpo do comando **if** é executado.

2. A principal diferença entre o modo de operação de um comando **if** e de um laço **while** é:

   a) a expressão de teste é avaliada diferentemente;
   b) o corpo de um laço **while** é executado sempre, e o do comando **if** somente se a condição de teste for verdadeira;
   c) o corpo de um laço **while** pode ser executado diversas vezes, enquanto o corpo de um **if** é executado uma única vez;
   d) a expressão de teste é avaliada antes da execução do corpo de um **while** e depois da execução do corpo de um **if**.

3. O **else** de um comando **if-else** é executado quando:

   a) a expressão de teste do **if** for falsa;
   b) a expressão de teste do **if** for verdadeira;
   c) a expressão de teste do **else** for falsa;
   d) a expressão de teste do **else** for verdadeira.

4. Num programa, o comando **else** fará par com qual **if**?

   a) o último **if** com mesmos requisitos do **else**;
   b) o último **if** sem **else**;
   c) o último **if** de corpo não envolto por chaves;
   d) o último **if** de corpo não envolto por chaves e sem **else**.

5. A vantagem de uma construção **switch** sobre um **if-else** é:

   a) a condição default pode ser utilizada no **switch**;
   b) **switch** fornece clareza e facilidade de leitura;
   c) os casos de um **switch** são avaliados de forma a permitir diversas escolhas;
   d) várias instruções podem ser executadas em cada caso de um **switch**.

6. Verdadeiro ou Falso: Toda construção **switch** pode ser transformada em ninhos de **if-else**.

7. Verdadeiro ou Falso: Todo ninho de **if-else** pode ser transformado numa construção **switch**.

8. Um comando **break**:

   a) termina um programa;
   b) deve ser utilizado seguindo as instruções de cada caso num **switch**;

c) causa a saída imediata de um **if**;
d) causa a saída imediata de um laço **for, while** ou **do-while**;
e) causa a saída imediata de um **switch**.

9. Um comando **continue**:

   a) continua o programa após uma pausa;
   b) desvia para o próximo caso de um **switch**;
   c) permite a repetição contínua de um laço;
   d) provoca a próxima iteração de um laço.

10. Verdadeiro ou Falso: A instrução **goto** é um método primitivo de interromper o fluxo de um programa e é desaconselhada em programação estruturada.

11. Converta o fragmento seguinte para que utilize um laço **for**.

    ```
    int i=0;
    loop:    printf("%d",(i++));
    goto loop;
    ```

12. A substituição do código:

    ```
    if(ch >= '0' && ch <= '9')
      continue;
    else
      printf("%c",ch);
    ```

    por

    ```
    (ch >= '0' && ch <='9')? continue: printf("%c",ch);
    ```

    está errada. Explique.

13. Substitua o uso do **if-else** pelo operador condicional.

    ```
    if(x > y)
      m = x;
    else
      m = y;
    ```

14. A sintaxe de um laço **while** é semelhante à de um **if**. Se **i** for uma variável inteira, os dois códigos seguintes provocarão o mesmo efeito?

    a) ```
    while(i = 8)
    {
            printf("%d   %d   %d ", i, i+2, i+3);
            i = 0;
    }
    ```
    b) ```
    if(i = 8)
            printf("%d    %d    %d ", i, i+2, i+3);
    ```

15. O código seguinte é correto?

```
switch (temp)
{
    case temp < 10:
            printf("Está verdadeiramente frio!");
            break;

    case temp < 25:
            printf("Que tempo agradável!");
            break;

    default:
            printf("Certamente está quente!");
            break;
}
```

16. Modifique o programa **xadrez.c** para imprimir um tabuleiro maior, que preencha a tela.

17. Modifique o programa **diagonal.c** para que imprima quatro linhas: as duas que já estão no programa; a terceira, uma linha vertical que passa pelo centro do retângulo; e a quarta, uma linha horizontal que passa pelo mesmo centro. As quatro linhas devem se cruzar no mesmo ponto.

18. Escreva um programa que encontre o menor inteiro positivo **n** que satisfaça as seguintes condições:

n/3 = x inteiros e resto 2
n/5 = y inteiros e resto 3
n/7 = z inteiros e resto 4

19. Escreva um programa que solicite ao usuário três números inteiros **a**, **b** e **c**, em que **a** seja maior do que 1. Seu programa deve somar todos os inteiros entre **b** e **c** que sejam divisíveis por **a**.

20. Escreva um programa que crie um número aleatório **x** por meio da função **rand()**. O programa deve solicitar um número **n** ao usuário e compará-lo com **x**. Se **n** for menor do que **x**, o programa deverá imprimir "Muito pequeno" e solicitar novamente um número para o usuário; se **n** for maior do que **x**, o programa deverá imprimir "Muito grande" e solicitar novamente um número para o usuário. O programa terminará quando o usuário adivinhar o número **x**, tomado aleatoriamente, e deverá imprimir "Correto" e o número de tentativas até o acerto.

5

Funções

- Chamando uma função
- Funções simples
- O protótipo de uma função
- O tipo de uma função
- O comando **return**
- A definição de uma função
- Parâmetros de uma função
- Passagem de argumentos por valor
- Funções recursivas
- Classes de armazenamento
- Uma função que gera números aleatórios
- Considerações sobre conflito de nomes de variáveis
- O pré-processador C
- A diretiva **#define**
- Macros
- A diretiva **#undef**
- A diretiva **#include**
- Arquivos de inclusão
- Compilação condicional

Uma função é um conjunto de instruções desenhadas para cumprir uma tarefa particular e agrupadas numa unidade com um nome para referenciá-la.

Funções dividem grandes tarefas de computação em tarefas menores, e permitem às pessoas trabalharem sobre o que outras já fizeram, em vez de partir do nada. Uma das principais razões para escrever funções é permitir que todos os outros programadores C a utilizem em seus programas.

Funções apropriadas podem freqüentemente esconder detalhes de operação de partes do programa que não necessitam conhecê-las, esclarecendo o todo, e facilitando mudanças. Você já usou a função **printf()** sem conhecer detalhes de sua programação.

A existência de funções evita que o programador tenha de escrever o mesmo código repetidas vezes. Suponha que você tenha, em seu programa, um parágrafo em que se calcula o quadrado de um número. Se, mais adiante, no programa, você precisar calcular o quadrado de um número novamente, deverá escrever o parágrafo de novo. Em vez disso, você pode saltar para uma seção do código que calcula o quadrado de um número e voltar à mesma posição. Trabalhando assim, uma simples seção do código pode ser usada repetidas vezes no mesmo programa.

Qualquer seqüência de instruções que apareça mais de uma vez no programa é candidata a ser uma função. O código de uma função é agregado ao programa uma única vez e pode ser executado muitas vezes no decorrer do programa. O uso de funções reduz o tamanho do programa. O grande princípio de linguagens estruturadas é o de dividir um programa em funções.

CHAMANDO UMA FUNÇÃO

Chamar uma função pode ser comparado à contratação de uma pessoa para a execução de um trabalho específico. Algumas vezes a interação com essa pessoa é bem simples; outras vezes, mais complexa.

Esse é o meio pelo qual solicitamos que o programa desvie o controle e passe a executar as instruções da função; e que, ao término desta, volte o controle para a posição seguinte à da chamada.

Você já escreveu programas que chamam funções. Como exemplo, considere o seguinte programa:

```
#include <stdio.h>
#include <stdlib.h>

int main()
{
   int n;
   printf("Digite um número: ");
   scanf("%d", &n);
   printf("O quadrado do número é %d.\n", (n*n));
   system("PAUSE");
   return 0;
}
```

Várias funções, como **printf()**, **scanf()** e **system()**, são desenvolvidas por outros programadores e fornecidas pelo sistema. Essas funções são agregadas ao nosso programa na linkedição. Outras funções podem ser escritas por nós mesmos. A sintaxe da instrução de chamada a uma função é a mesma tanto para funções escritas por outros programadores como para as que escrevemos.

Nosso objetivo, neste capítulo, é expor detalhadamente como escrever nossas próprias funções.

Funções simples

Um programa pode conter uma ou mais funções, das quais uma deve ser **main()**. A execução do programa sempre começa em **main()**, e quando o controle do programa encontra uma instrução que inclui o nome de uma função, esta é chamada.

Vamos começar mostrando uma função que converte a temperatura de graus Fahrenheit para graus Celsius.

```c
/* Mostra a escrita da função celsius() */
#include <stdio.h>
#include <stdlib.h>

float celsius(float);   /* Protótipo ou declaração da função */

int main()
{
   float c, f;
   printf("Digite a temperatura em graus Fahrenheit: ");
   scanf("%f", &f);

   c = celsius(f);      /* Chamada à função */

   printf("Celsius = %.2f\n", c);

   system("PAUSE");
   return 0;
}
/* celsius() */
/* Definição da função */
float celsius(float fahr)
{
   float c;
   c = (fahr - 32.0) * 5.0/9.0;
   return c;
}
```

Como você pode ver, a estrutura de uma função C é semelhante à da função **main()**. A diferença é que **main()** possui um nome especial.

Os componentes necessários para adicionar uma função a um programa são: o protótipo da função, a chamada à função e a definição desta.

O PROTÓTIPO DE UMA FUNÇÃO

Uma função não pode ser chamada sem antes ter sido declarada. A declaração de uma função é dita *protótipo da função*, é uma instrução geralmente colocada no início do programa que estabelece o tipo da função e os argumentos que ela recebe. O *protótipo da função* permite que o compilador verifique a sintaxe de chamada à função.

Quando chamamos a função **getche()** devemos incluir o arquivo **conio.h**, pois é lá que está escrito o protótipo dela.

> O protótipo de uma função deve preceder a sua definição e a sua chamada.

O propósito principal de escrita de protótipos de funções em C é o de fornecer ao compilador as informações necessárias sobre o tipo da função, o número e o tipo dos argumentos. Assim, tornamos possível a verificação da sintaxe de chamada à função.

Sem o protótipo da função, o compilador não tem como verificar e checar se há erros em seu uso.

O nosso exemplo declara a função na instrução:

```
float celsius(float);   /* Protótipo */
```

Essa declaração informa que a função de nome **celsius()** é do tipo **float** e recebe como argumento um valor **float**.

PROTÓTIPO EXTERNO E LOCAL

Há duas formas de declarar funções em C. A mais usada é denominada *protótipo externo* e é escrita antes de qualquer função, como no exemplo que já apresentamos. Essa declaração é feita uma única vez e é visível para todas as funções do programa.

A outra forma é denominada *protótipo local* e é escrita no corpo de todas as funções que a chamam, antes de sua chamada. Verifique:

```
/* Mostra a escrita da função celsius() */
#include <stdio.h>
#include <stdlib.h>

int main()
{
    float celsius(float);      /* Protótipo local */
    float c, f;
    printf("Digite a temperatura em graus Fahrenheit: ");
    scanf("%f", &f);

    c = celsius(f);     /* Chamada à função */

    printf("Celsius = %.2f\n", c);
    system("PAUSE");
    return 0;
```

```
}
/* celsius() */
/* Definição da função */
float celsius(float fahr)
{
    float c;
    c = (fahr - 32.0) * 5.0/9.0;
    return c;
}
```

O TIPO DE UMA FUNÇÃO

O tipo de uma função é definido pelo tipo de valor que ela retorna por meio do comando **return**. Uma função é do tipo **float** quando retorna um valor do tipo **float**.

Os tipos de funções C são os mesmos tipos que o das variáveis, exceto quando a função não retorna nada. Nesse caso, ela é do tipo **void**.

> O tipo de uma função é determinado pelo valor que ela retorna via comando **return**, e não pelo tipo de argumentos que ela recebe.

O COMANDO return

O comando **return** termina a execução da função e retorna o controle para a instrução seguinte do código de chamada.

Se, após a palavra **return**, houver uma expressão, o valor desta é retornado à função que chama. Esse valor é convertido para o tipo da função, especificado no seu protótipo.

A sintaxe de uma instrução **return** tem uma das três formas seguintes:

```
return;
return expressão;
return (expressão);
```

Podemos eliminar a variável declarada no corpo da função **celsius()** e colocar a expressão de cálculo diretamente no comando **return**. Veja a mudança:

```
/* celsius() */
/* Definição da função */
float celsius(float fahr)
{
    return (fahr - 32.0) * 5.0/9.0;
}
```

Funções do tipo **void** podem ter um comando **return** desacompanhado de expressão. Nesse caso, o comando **return** serve para terminar a execução da função. Em funções do tipo **void**, o comando **return** não é obrigatório. Uma função sem comando **return** termina quando encontra a chave de fechamento (}).

O valor de retorno de uma função é acessado, na instrução de chamada, pelo nome da função seguido de parênteses, contendo ou não argumentos. No nosso exemplo, recuperamos o valor da função **celsius()** na instrução:

```
c = celsius(f);        /* Chamada à função */
```

Esse valor pode, então, ser atribuído a uma variável, como no nosso exemplo, ou fazer parte de alguma expressão.

Funções com mais de um comando return

Várias instruções **return** podem fazer parte de uma função, mas somente uma será executada.

```
#include <stdio.h>
#include <stdlib.h>
#include <conio.h> /* Para getche() */

/* minusculo() */
/* Converte para minúsculo se for maiúsculo */
unsigned char minusculo(unsigned char ch)
{
    if(ch >= 'A' && ch <= 'Z') /* Se maiúsculo? */
            return(ch + 'a'-'A'); /* Devolve convertido */
    else
            return(ch); /* Devolve sem converter */
}
int main()
{
    unsigned char ch ;
    ch=getche(); /* Lê um caractere */
    printf("%c", minusculo(ch));
    system("PAUSE");
    return 0;
}
```

Limitações do comando return

Enquanto vários valores podem ser passados para uma função como argumentos, não é permitido o retorno de mais de um valor por meio do comando **return**.

> O comando **return** pode retornar somente um único valor para a função que chama.

A definição de uma função

O código C que descreve o que a função faz é denominado *definição da função*. Sua forma geral é a seguinte:

```
tipo nome (declaração dos parâmetros)
{
    instruções;
}
```

A primeira linha é o cabeçalho da definição da função, e tudo o que estiver entre as chaves constitui o corpo da definição da função. A definição de qualquer função C começa com o nome do tipo da função, o mesmo de seu protótipo.

Parâmetros de uma função

As variáveis que receberão as informações enviadas a uma função são chamadas *parâmetros*. A função deve declarar essas variáveis entre parênteses, no cabeçalho de sua definição ou antes das chaves que marcam o início do corpo da função. Os *parâmetros* podem ser utilizados livremente no corpo da função.

```
/* Outra sintaxe de declaração de parâmetros */
float celsius(fahr)
float fahr; /* Declaração de parâmetros */
{
    return (fahr - 32.0) * 5.0/9.0;
}
```

Variáveis que não fazem parte dos *parâmetros* de uma função não podem ser declaradas em seu cabeçalho.

Passagem de argumentos por valor

Em nosso exemplo, a função cria uma nova variável para receber o valor passado. Sua declaração indica que o valor enviado será armazenado na variável **fahr**, criada quando a função inicia sua execução e destruída quando ela termina.

A função copia o valor enviado por **main()** na variável **fahr**, criada por ela. Isso se chama *passagem de argumento por valor*.

O próximo exemplo mostra uma função que recebe um número inteiro como argumento e retorna seu valor absoluto. O valor absoluto de um número é o próprio número quando o sinal é ignorado. Por exemplo, o valor absoluto de 5 é 5 e de −5 é também 5.

```
#include <stdio.h>
#include <stdlib.h>

int abs(int);    /* Protótipo */
int main()
{
    int x=10;
    printf("%d\t%d\t%d\n", abs(0), abs(-3), abs(x));
    system("PAUSE");
    return 0;
}
```

```
/* abs() */
/* Calcula o valor absoluto de um número */
int abs(int n)
{
   return (n > 0) ? n : -n;
}
```

A saída será:

0   3   10

A função **main()** pode enviar tanto uma constante para **abs()** como uma variável.

Funções que não retornam nada: tipo void

Uma função que não retorna nada é batizada como função do tipo **void**. Como exemplo, escreveremos uma função que desenha uma linha com um certo número de blocos.

```
/* moldtext.C */
/* Envolve um texto por uma moldura */
#include <stdio.h>
#include <stdlib.h>

void linha(int); /* Protótipo */

int main()
{
   linha(20);
   printf("\xDB UM PROGRAMA EM C \xDB\n");
   linha(20);
   system("PAUSE");
   return 0;
}
/* linha() */
/* Desenha uma linha sólida na tela, n caracteres */
void linha(int n)
{
   int j;
   for(j=1; j<=n; j++)
         printf("\xDB");
   printf("\n");
}
```

A saída será:

■ UM PROGRAMA EM C ■

Funções que não recebem nada e não retornam nada

Um exemplo sonoro

Quando uma função não receber nenhum argumento, podemos escrever em seu protótipo, entre parênteses, **void**. A função seguinte usa o caractere **"\x7"**, chamado **bell**, para tocar o alto-falante. Observe que ela não recebe nada e não retorna nada.

```
/* doisbeep.c */
/* Testa a função doisbeep */
#include <stdio.h>
#include <stdlib.h>
#include <conio.h>

void doisbeep(void);    /* Protótipo */

int main()
{
   doisbeep();
   printf("Digite um caractere: ");
   getche();
   doisbeep();
   system("PAUSE");
   return 0;
}

/* doisbeep() */
/* Toca o auto-falante duas vezes */
void doisbeep()
{
   int k;
   printf("\x7");
   for(k=1;k<5000;k++);
   printf("\x7");
}
```

Eliminando o protótipo de funções

Se a função for escrita antes da função chamadora, o seu protótipo não é obrigatório. O nosso exemplo poderia ser escrito da seguinte forma:

```
/* Mostra a escrita da função celsius() */
#include <stdio.h>
#include <stdlib.h>

/* celsius() */
/* Definição da função */
```

```
float celsius(float fahr)
{
   float c;
   c = (fahr - 32.0) * 5.0/9.0;
   return c;
}
int main()
{
   float c, f;
   printf("Digite a temperatura em graus Fahrenheit: ");
   scanf("%f", &f);

   c = celsius(f);      /* Chamada à função */

   printf("Celsius = %.2f\n", c);
   system("PAUSE");
   return 0;
}
```

> As funções definidas antes de serem chamadas não necessitam de protótipo.

ELIMINANDO O PROTÓTIPO DE FUNÇÕES DO TIPO int, char OU void

O tipo de uma função é determinado pelo tipo de valor que ela retorna e não pelo tipo de seus argumentos. Uma função é dita do tipo **int** quando retorna um valor inteiro.

Em linguagem C, se uma função for do tipo **int**, **char** ou **void**, não é obrigatória a sua declaração. Se você omitir a declaração da função, C assume por padrão que a função é do tipo **int**.

O programa a seguir não declara a função **abs()**. Observe que omitimos o tipo da função na sua definição e, inclusive, omitimos o tipo da função **main()**.

```
#include <stdio.h>
#include <stdlib.h>
main()
{
   int x=10;
   printf("%d\t%d\t%d\n", abs(0), abs(-3), abs(x));
   system("PAUSE");
   return 0;
}

/* abs() */
/* Calcula o valor absoluto de um número*/
abs(int n)
{
   return (n > 0) ? n : -n;
}
```

O programa seguinte não declara a função **linha()**. Novamente, omitimos o tipo da função na sua definição e omitimos novamente o tipo da função **main()**.

```c
/* moldtext.c */
/* Envolve um texto por uma moldura */
#include <stdio.h>
#include <stdlib.h>

main()
{
   linha(20);
   printf("\xDB UM PROGRAMA EM C \xDB\n");
   linha(20);
   system("PAUSE");
   return 0;
}
/* linha() */
/* Desenha uma linha sólida na tela, n caracteres */
linha(int n)
{
   int j;
   for(j=1; j<=n; j++)
         printf("\xDB");
   printf("\n");
}
```

Bons programadores escrevem os protótipos de todas as suas funções, pois a declaração da função ajuda os demais programadores que irão utilizá-la.

Calculando a área de uma esfera

Uma função do tipo não inteira deve obrigatoriamente ser declarada. Por exemplo, se você omitir a declaração de uma função do tipo **float**, o compilador acusará um erro.

No programa seguinte, a função **main()** solicita ao usuário que forneça o raio de uma esfera e chama a função **area()**, que calcula a área da esfera em ponto flutuante.

```c
/* esfera.c */
/* Calcula a área da esfera */
#include <stdio.h>
#include <stdlib.h>

const float PI=3.14159;

float area(float); /* Protótipo */

int main()
{
   float raio;
   printf("Digite o raio da esfera: ");
   scanf("%f",&raio);
   printf("A area da esfera é %.2f\n",area(raio));
   system("PAUSE");
```

```
        return 0;
}
/* area() */
/* Retorna a área da esfera */
float area(float r) /* Definição da função */
{
    return(4 * PI * r * r);
}
```

PASSANDO VÁRIOS ARGUMENTOS

Se vários argumentos são solicitados, eles podem ser passados entre os parênteses na chamada à função, separados por vírgulas. Podemos passar quantos argumentos forem necessários para uma função.

A seguir, vemos o exemplo de um programa que passa dois argumentos para a função **retangulo()**, cujo propósito é desenhar retângulos de vários tamanhos na tela. Os dois argumentos são a largura e a altura do retângulo; cada retângulo representa um cômodo de uma casa.

```
/* retangulos.c */
/* Desenha cômodos de uma casa */
#include <stdio.h>
#include <stdlib.h>

void retangulo(int, int);      /* Protótipo */

int main()
{
   printf("Sala\n");
   retangulo(22,12);
   printf("Cozinha\n");
   retangulo(16,16);
   printf("Banheiro\n");
   retangulo(6,8);
   printf("Quarto\n");
   retangulo(12,12);
   printf("\n");

   system("PAUSE");
   return 0;
}
/* retangulo() */
/* Desenha um retângulo na tela */
void retangulo(int largura, int altura)
{
   int j, k;
   largura /=2;
   altura  /=4;

   for(j=1; j<= altura; j++)
   {
```

```
        printf("\t\t");
        for(k=1; k <= largura; k++) printf("\xDB");
        printf("\n");
   }
}
```

Outra maneira de escrita da função **retangulo()**:

```
retangulo(largura,altura)
int largura,altura;
{
   int j, k;
   largura /=2;
   altura   /=4;

   for(j=1; j<= altura; j++)
   {
        printf("\t\t");
        for(k=1; k <= largura; k++) printf("\xDB");
        printf("\n");
   }
}
```

Se você executar esse programa, obterá a seguinte imagem na tela:

Sala

Cozinha

Banheiro

Quarto

Horas e minutos – um novo uso de scanf()

Este é outro exemplo de função que recebe mais de um argumento. O programa solicita hora e minuto ao usuário e chama a função **minutos()**. Então, calcula a diferença entre dois tempos.

```c
/* minuts.c */
/* Calcula a diferença entre dois tempos */
/* Solicita hora:minutos */
#include <stdio.h>
#include <stdlib.h>

int minutos(int, int); /* Protótipo */

int main()
{
   int mins1, mins2;
   int hora, min;
   printf("Digite a primeira hora (hora:min): ");
   scanf("%d:%d",&hora,&min); /* Novo uso de scanf hh:mm */
   mins1=minutos(hora, min);
   printf("Digite a segunda hora (hora:min): ");
   scanf("%d:%d",&hora,&min);
   mins2=minutos(hora, min);
   printf("A diferenca é %d minutos.",mins2-mins1);
   system("PAUSE");
   return 0;
}

/* minutos() */
/* Retorna hora em minutos */
int minutos(int h, int m)
{
   return(h*60 + m);
}
```

Se você prestou atenção, deve ter notado algo novo no argumento de **scanf()**. Os dois pontos entre as especificações de formato %d e %d.

```c
scanf("%d:%d",&hora,&minutos);
```

Quando um caractere está presente na expressão de controle de **scanf()** ele deve ser digitado pelo usuário na posição em que se encontra. Assim, você deverá digitar dois pontos entre os dois números. Se você pressionar qualquer outra tecla, **scanf()** terminará, imediatamente, sua execução sem esperar que o outro argumento (minutos) seja digitado.

Escrevendo várias funções no mesmo programa

Você pode escrever quantas funções quiser num programa, e qualquer uma pode chamar outra. Em C, não é permitido definir uma função dentro de outra função. As funções são módulos independentes.

Como exemplo, vamos modificar o programa **linha.c** para que imprima o texto e a moldura centralizados nas linhas do vídeo. Para isto, criaremos a função **espacos()**, que imprime um número de espaços em branco.

```c
/* centraliza.c */
/* Centraliza um texto com moldura */
#include <stdio.h>
#include <stdlib.h>

void linha(int); /* Protótipo */
void espacos(int); /* Protótipo */

int main()
{
   espacos(30);
   linha(20);
   espacos(30);
   printf("\xDB UM PROGRAMA EM C \xDB\n");
   espacos(30);
   linha(20);
   system("PAUSE");
   return 0;
}
/* linha() */
/* Desenha uma linha sólida na tela, n caracteres */
void linha(int n)
{
   int j;
   for(j=1; j<=n; j++)
        printf("\xDB");
   printf("\n");
}
/* espacos() */
/* Imprime espaços em branco */
void espacos(int n)
{
   int i;
   for(i=0; i<n ; i++) printf(" ");
}
```

Eis a saída:

```
                              ████████████████████
                              █ UM PROGRAMA EM C █
                              ████████████████████
```

CHAMADAS A FUNÇÕES USADAS COMO ARGUMENTO DE OUTRAS FUNÇÕES

Você já sabe que a chamada a uma função pode ser utilizada numa expressão da mesma forma que utilizamos valores numéricos e variáveis. Podemos também utilizar a chamada a uma função como argumento para outra função.

O próximo exemplo calcula a soma dos quadrados de dois números fornecidos pelo usuário. Veja a listagem:

```c
/* multifunc.c */
/* Calcula a soma dos quadrados de dois números */
#include <stdio.h>
#include <stdlib.h>

float somasqr(float, float);/* Protótipo */
float sqr(float); /* Protótipo */
float soma(float, float);/* Protótipo */

int main()
{
   float a,b;
   printf("Digite dois números");
   scanf("%f%f", &a, &b);
   printf("A soma dos quadrados é %f\n" , somasqr(a,b));
   system("PAUSE");
   return 0;
}

/* somasqr()*/
/* Calcula a soma dos quadrados de dois números */
float somasqr(float m, float n)
{
   return soma(sqr(m), sqr(n)) ;
}

/* sqr() */
/* Calcula o quadrado de um número */
float sqr(float z)
{
   return z*z;
}
/* soma() */
/* Calcula a soma de dois números */
float soma(float m, float n)
{
   return m+n ;
}
```

Funções recursivas

Uma função é dita *recursiva* se é definida em seus próprios termos, isto é, quando dentro dela há uma instrução de chamada para ela mesma.

Como exemplo, vamos escrever uma função que calcula o fatorial de um número.

```c
/* fatorial.c */
/* Mostra o uso de funções recursivas */
#include <stdio.h>
#include <stdlib.h>
```

```
long fatorial(int); /* Protótipo */

int main()
{
   int n;

   do
   {
        printf("Digite um número ou negativo para terminar: ");
        scanf("%d",&n);
        if(n < 0) break; /* Termina se número negativo */
        printf("O fatorial de %d é %d.\n",n, fatorial(n));
   } while (1);

   system("PAUSE");
   return 0;
}

/* fatorial() */
/* Calcula o fatorial de um número. Recursiva */
long fatorial (int n)
{
   return((n==0) ? (long)1 : (long)n* fatorial(n-1));
}
```

O código gerado por uma função recursiva exige a utilização de mais memória, o que torna a execução mais lenta. Não é difícil criar funções recursivas, o difícil é reconhecer as situações nas quais a recursão é apropriada.

Três pontos devem ser lembrados quando queremos escrever uma função recursiva:

O primeiro ponto é definir o problema em termos recursivos. Isso significa definir o problema usando ele próprio na definição. O fatorial de um número **n** qualquer pode ser definido por meio da seguinte expressão:

n! = n * (n−1)!

O segundo ponto é encontrar a condição básica. Toda função recursiva deve ter uma condição de término chamada *condição básica*. A função **fatorial()**, quando chamada, verifica se **n** é zero. Se essa condição for satisfeita, será interrompida a recursão.

Finalmente, o terceio ponto é a necessidade de que, cada vez que a função é chamada recursivamente, ela deve estar mais próxima de satisfazer a condição básica, garantindo que o programa não girará em uma seqüência infindável de chamadas. Em nossa função, a cada chamada, o valor de **n** estará mais próximo de zero.

COMO TRABALHA UMA FUNÇÃO RECURSIVA?

À primeira vista, não é fácil entender o funcionamento de uma função recursiva. Para facilitar o entendimento, vamos imaginar que a chamada recursiva é a chamada a outra função que tenha o mesmo código da função original.

Por exemplo, se o argumento inicial da seqüência de chamadas à função **fatorial()** fosse 3, poderia ocorrer o seguinte:

```
                    \3/
long fatorial(int n)
{
   return((n==0) ? (long)1 : 3 * f1(2));/* Chama outra função */
}
            \2/
long f1(int n)
{
   return((n==0) ? (long)1 : 2* f2(1));/* Chama outra função */
}
            \1/
long f2(int n)
{
   return((n==0) ? (long)1 : 1* f3(0));/* Chama outra função */
}
            \0/
long f3(int n)
{
   return(1);
}
```

O que ocorre na memória é quase a mesma coisa, exceto pelo fato de que não há repetição do código da função.

Observe que várias chamadas estão ativas ao mesmo tempo. Enquanto a última chamada não terminar, a penúltima não termina e assim por diante. Isso faz com que as variáveis de cada chamada sejam todas mantidas na memória, o que requer mais memória.

O próximo exemplo ilustra esse fato. O programa aguarda que o usuário digite uma frase e termina quando a tecla [ENTER] é pressionada. A frase é reimpressa ao contrário.

```
/* inverte.c */
/* Imprime uma frase invertida. Usa recursão */
#include <stdio.h>
#include <stdlib.h>
#include <conio.h>

void inverte(void); /* Protótipo */

int main()
{
   inverte();

   printf("\n");
   system("PAUSE");
   return 0;
}

/* inverte() */
/* Inverte uma frase usando recursão */
void inverte()
{
   char ch;
```

```
    if((ch=getche()) != '\r') inverte();
    printf("%c",ch);
}
```

Se você digitar "BOM DIA!", o programa imprimirá

```
            !AID MOB
```

Jogo da torre de Hanói

Neste jogo temos três hastes, que chamaremos Origem, Destino e Temporária, e um número qualquer de discos de tamanhos diferentes posicionados inicialmente na haste Origem. Os discos são dispostos em ordem de tamanho, de forma que o maior fica embaixo, em seguida o segundo maior e assim por diante.

O objetivo do jogo é movimentar um a um os discos da haste Origem para a haste Destino, utilizando a haste Temporária como auxiliar. Nenhum disco pode ser colocado sobre um disco menor. Somente um disco pode ser movido de cada vez.

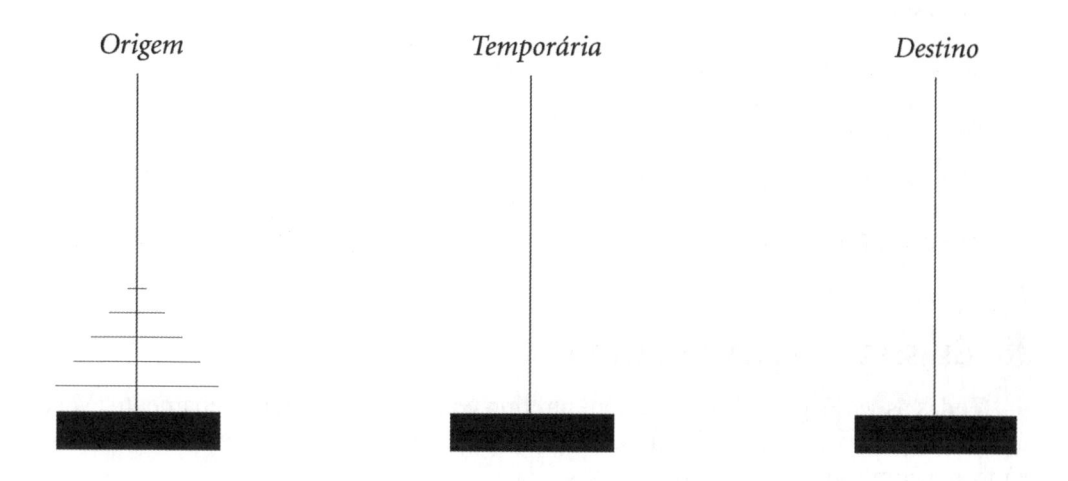

Origem *Temporária* *Destino*

A função que vamos escrever recebe o número de discos e o nome das hastes como argumento e imprime a solução. Para isso, vamos considerar os seguintes passos:

1. Mover **n−1** discos da haste Origem para a haste Temporária.
2. Mover o disco **n** da haste Origem para a haste Destino.
3. Mover **n−1** discos da haste Temporária para a haste Destino.

A função **mover()** é duplamente recursiva e foi escrita seguindo os três passos acima. Veja a listagem:

```
/* hanoi.c */
/* Resolve o jogo da torre de Hanoi. Usa recursão */
#include <stdio.h>
#include <stdlib.h>

void mover(int, char, char, char); /* Protótipo */
```

```
int main()
{
   mover(3,'O','T','D');/* O=origem, T=temporária, D=destino */
   system("PAUSE");
   return 0;
}

void mover(int n, char Orig, char Temp, char Dest)
{
   if(n==1)
         printf("Mova o disco 1 da haste %c para a haste %c\n",
                Orig , Dest);
   else
   {
         mover(n-1,Orig,Dest,Temp);
         printf("Mova o disco %d da haste %c para a haste %c\n",
                n, Orig, Dest);
         mover(n-1,Temp,Orig,Dest);
   }
}
```
Eis a saída:

```
Mova o disco 1 da haste O para a haste D
Mova o disco 2 da haste O para a haste T
Mova o disco 1 da haste D para a haste T
Mova o disco 3 da haste O para a haste D
Mova o disco 1 da haste T para a haste O
Mova o disco 2 da haste T para a haste D
Mova o disco 1 da haste O para a haste D
```

Classes de armazenamento

Todas as variáveis e funções C têm um tipo e uma classe de armazenamento. Você já sabe que o tipo de uma variável diz respeito ao tamanho que ela ocupará na memória e à forma como será armazenada.

A *classe de armazenamento* de uma variável determina em qual momento será criada e em qual será destruída (liberada da memória), em quais pontos do programa poderá ser acessada, em que parte da memória será armazenada e qual será seu valor inicial.

São quatro as classes de armazenamento em C:

- auto   (automáticas)
- extern   (externas)
- static   (estáticas)
- register   (em registradores)

A classe auto

As variáveis que temos usado em todos os nossos exemplos estão confinadas nas funções que as usam; isto é, são "visíveis" ou "acessíveis" somente às funções em que estão declaradas. Tais variáveis são da classe **auto**.

A palavra-chave **auto** pode ser usada para especificar uma variável automática, mas não é necessária, visto que a classe **auto** é padrão.

O código

```
int main()
{
   int n;
   . . .
}
```

é equivalente a

```
int main()
{
   auto int n;
   . . .
}
```

Essas variáveis são criadas em tempo de execução, especificamente quando o programa encontra a instrução de sua declaração, e são destruídas ao término da execução do bloco ao qual pertencem.

Variáveis automáticas podem ser acessadas somente pelas instruções do mesmo bloco.

Quando uma variável automática é criada, o programa não a inicializa com nenhum valor específico. Variáveis automáticas conterão um valor inicial aleatório, chamado *lixo*.

A CLASSE **extern**

Ao contrário de variáveis automáticas, declaradas dentro das funções, as variáveis externas são declaradas fora de qualquer função. A instrução de declaração de uma variável externa é idêntica à de uma variável automática. O acesso a elas é permitido a todas as funções do programa, e elas existirão enquanto este estiver sendo executado.

As variáveis da classe **extern** são criadas em tempo de compilação, quando o programa estiver sendo compilado, e são inicializadas com zero por falta de inicialização explícita.

```
/* extern.c */
/* Mostra o uso de variáveis externas */
#include <stdio.h>
#include <stdlib.h>

int i; /* Variável externa. Inicializada com zero */
int j=234; /* Variável externa. Inicializada com 234 */

void func(void);/* Protótipo */

int main()
{
   printf("%d\t%d\n", i, j);
   func();
   printf("%d\t%d\n", i, j);
   system("PAUSE");
```

```c
    return 0;
}

void func()
{
    i=25; j=48;
}
```

Eis a saída:

```
0    234
25   48
```

Variáveis do bloco têm prioridade

Observe o seguinte programa:

```c
/* Mostra o uso de variáveis externas */
#include <stdio.h>
#include <stdlib.h>

int i; /* Variável externa. Inicializada com zero */
int j=234; /* Variável externa. Inicializada com 234 */

int main()
{
   int i=5, j=10;      /* Variáveis automáticas */
   printf("%d\t%d\n", i, j);
   system("PAUSE");
   return 0;
}
```

O que o programa imprime? Quais variáveis serão usadas em **main()**?

Em C, variáveis automáticas têm precedência sobre variáveis externas. Assim, o exemplo anterior imprimirá 5 e 10.

A palavra-chave **extern**

A palavra **extern** não é usada para criar variáveis da classe **extern** e sim para informar ao compilador que a variável em questão foi criada em outro programa, compilado separadamente, que será linkeditada com este para formar o programa final.

```c
int main()
{
   extern int x; /* Não cria a variável */
   .....
}
```

Se uma variável externa criada em outro programa for usada em seu programa-fonte, o compilador apresentará uma mensagem de erro e não compilará o seu programa caso você não escreva uma instrução usando a palavra **extern**.

A classe static

As variáveis da classe **static** por um lado se assemelham às automáticas, porque são conhecidas somente das funções que as declaram, e por outro, se assemelham às externas, uma vez que mantêm seus valores mesmo quando a função termina.

Essas variáveis são criadas em tempo de compilação, especificamente quando o programa está sendo compilado, e são inicializadas com zero por falta de inicialização explícita.

```c
/* static.c */
/* Mostra o uso de variáveis estáticas */
#include <stdio.h>
#include <stdlib.h>
int soma(void); /* Protótipo */

int main()
{
   printf("%d\n", soma());
   printf("%d\n", soma());
   printf("%d\n", soma());
   system("PAUSE");
   return 0;
}
/* soma() */
/* Usa variável static */
int soma()
{
   static int k;
   k++;
   return k;
}
```

A saída será:

1
2
3

Uma função que gera números aleatórios

Nós já usamos a função de biblioteca C **rand()**, que gera números aleatórios. Agora, desenvolveremos a nossa própria função de nome **randn()**, visto que ela não é implementada em todos os sistemas.

O algoritmo começa com um número chamado **semente**, usado para produzir um novo número que se tornará a nova **semente**. Esta será usada para produzir uma nova e assim por diante. Dessa forma, a função deve lembrar-se da **semente** usada na última chamada, e para isso variáveis **static** se adaptam perfeitamente.

```c
/* testarand.c */
/* Mostra o uso de variáveis static */
#include <stdio.h>
#include <stdlib.h>

unsigned randn(void); /* Protótipo */

int main()
{
   int i;
   for(i=0;i < 5 ; i++)
          printf("%d\n", randn());
   system("PAUSE");
   return 0;
}

/* randn() */
/* Gera números aleatórios */
unsigned randn()
{
   static unsigned semente = 1;
   semente=(semente*25173 + 13849)%65536;/* Fórmula mágica */
   return semente;
}
```

A variável **semente** começa com o valor 1 e este é alterado pela fórmula a cada chamada a essa função. Ao executar esse programa, obteremos a seguinte saída:

```
39022
61087
20196
45005
3882
```

Se o programa for executado novamente, a saída será:

```
39022
61087
20196
45005
3882
```

Observe que a saída é exatamente a mesma nas duas execuções. O problema é que, a cada execução, a variável **semente** começa com o valor 1. Para resolvê-lo, devemos inicializá-la com um valor novo a cada execução do programa. Como fazer isso? Podemos solicitar a entrada da **semente** pelo usuário e criar uma função que a inicializa.

Como desejamos que a variável **semente** possa ser acessada tanto pela função **randn()** como pela função que a inicializa, poderíamos pensar em criá-la como externa. Mas variáveis externas podem ser acessadas por qualquer função do programa e não queremos que nenhuma outra função, exceto essas duas, tenha acesso a essa variável. A solução está no uso de variáveis estáticas externas.

A classe **static extern**

Outro uso da classe **static** é associado a declarações externas, criando um mecanismo de *privacidade*. Para declarar uma variável estática externa, acrescentamos a palavra **static** à declaração externa.

Uma variável estática externa tem as mesmas propriedades de uma variável externa, exceto pelo fato de que variáveis externas podem ser usadas em qualquer parte do programa, enquanto variáveis estáticas externas somente podem ser acessadas pelas funções do mesmo programa-fonte e definidas abaixo de suas declarações.

```c
/* testarand.c */
/* Mostra o uso de variáveis estáticas externas */
#include <stdio.h>
#include <stdlib.h>

unsigned randn(void); /* Protótipo */
void inits(int n);    /* Protótipo */
int main()
{
   int i;
   int s;
   printf("Digite a sua semente: ");
   scanf("%d", &s);

   inits(s); /* Inicializa semente */

   for(i=0;i < 5 ; i++)
        printf("%d\n", randn());
   system("PAUSE");
   return 0;
}

static int semente; /* Variável estática externa */


/* randn() */
/* Gera números aleatórios */
unsigned randn()
{
   static unsigned semente = 1;
   semente=(semente*25173 + 13849)%65536;/* Fórmula mágica */
   return semente;
}
/* inits() */
/* Inicializa a semente */
void inits(int n)
{
   semente=n;
}
```

Veja duas execuções dessa versão:

```
Digite a sua semente: 1
39022
61087
20196
45005
3882

Digite a sua semente: 3
23832
20241
63678
35119
49332
```

Classe de armazenamento de funções

Toda função C é da classe **extern**, ou seja, é visível a todas as outras. Uma função, além de externa, também pode ser estática. Especificar uma função usando **static** permite que a função seja acessível somente às funções do mesmo programa-fonte definidas abaixo dela, ao contrário das outras que podem ser acessadas por outros arquivos compilados em módulos separados.

A classe register

A classe de armazenamento **register** indica que, se possível, a variável associada deve ser guardada fisicamente numa memória de acesso muito mais rápido chamada registrador. Um registrador da máquina é um espaço no qual podemos armazenar um **int** ou um **char**. Em outras palavras, as variáveis da classe **register** são semelhantes às automáticas, mas se aplicam apenas às variáveis do tipo **int** e **char**.

Podemos declarar quantas variáveis **register** quisermos. Se os registradores estiverem ocupados ou se o ambiente não permitir, o computador simplesmente ignorará a palavra **register** das nossas declarações.

Basicamente, variáveis **register** são usadas para aumentar a velocidade de processamento. Assim, o programador deve escolher as variáveis que são mais freqüentemente acessadas e declará-las como da classe **register**. Fortes candidatas a esse tratamento são as variáveis de laços e os argumentos de funções.

Veja um exemplo que mostra a diferença de velocidade entre variáveis de memória e em registradores.

```
/* register.c */
/* Mostra o uso de variáveis register */
#include <stdio.h>
#include <stdlib.h>
#include <time.h>        /* Protótipo de clock() */
```

```c
int main()
{
    int i,j;
    register int m,n;
    double t;

    t=clock();
    for(j=0;j<50000;j++)
        for(i=0;i<50000;i++);
    t= clock()-t;
    printf("Tempo dos laços nao register: %lf\n", t);

    t=clock();
    for(m=0;m<50000;m++)
        for(n=0;n<50000;n++);
    t= clock()-t;
    printf("Tempo dos laços register: %lf\n", t);

    system("PAUSE");
    return 0;
}
```

Esse programa usa a função **clock()**, presente na biblioteca de vários compiladores, para calcular o tempo de processamento dos laços.

Observações técnicas

As variáveis automáticas podem ser inicializadas por meio da chamada a uma função:

```c
int main()
{
    int x = abs(-5);  /* Correto */
    . . .
}
```

Já variáveis **static** ou **extern** não podem. O motivo é que elas são criadas em tempo de compilação e não há como executar uma função nesse momento.

```c
int main().
{
    static int x = abs(-5);  /* Erro */
    . . .
}
```

Considerações sobre conflito de nomes de variáveis

Sempre que duas variáveis tiverem o mesmo nome mas diferentes endereços de memória elas não são as mesmas variáveis. Eis um exemplo:

```c
/* Mostra o conflito entre nomes de variáveis */
#include <stdio.h>
#include <stdlib.h>

void func1(int); /* Protótipo */

int main()
{
   int K = 5; /* PRIMEIRA VARIÁVEL K */
   printf("Em main()  - endereço de K = %p\n", &K);
   func1(K);
   printf("Em main()  - valor     de K = %d\n",K);
   system("PAUSE");
   return 0;
}

void func1(int K) /* SEGUNDA VARIÁVEL */
{
   K = K + 2;
   printf("Em func1() - endereço de K = %p\n",&K);
   printf("Em func1() - valor     de K = %d\n",K);
}
```

A saída será:

```
Em main()  - endereço de K = 001BF940
Em func1() - endereço de K = 001BF86C
Em func1() - valor     de K = 7
Em main()  - valor     de K = 5
```

Esse conceito se estende a blocos dentro de uma mesma função. Por exemplo:

```c
/* Mostra o conflito entre nomes de variáveis */
#include <stdio.h>
#include <stdlib.h>
int main()
{
   int K = 5; /* PRIMEIRA VARIÁVEL K */
   printf("Em main()  - endereço de K = %p\n", &K);
   printf("Em main()  - valor     de K = %d\n",K);
   if(K == 5)
   {
        int K = 2; /* SEGUNDA VARIÁVEL */
        printf("No bloco   - endereço de K = %p\n", &K);
        printf("No bloco   - valor     de K = %d\n",K);
   }
   printf("Fora do bloco - valor de K = %d\n",K);
   system("PAUSE");
   return 0;
}
```

A saída será:

```
Em main()    - endereço de K = 001BF940
Em main()    - valor     de K = 5
No bloco     - endereço de K = 001BF86C
No bloco     - valor     de K = 2
Fora do bloco - valor de K = 5
```

As duas variáveis K não são as mesmas e você reconhece isso, pois elas têm endereços de memória diferentes. A segunda variável K é conhecida somente dentro das chaves do comando **if**. Uma vez executado o bloco desse comando, ela é destruída.

Uma variável automática é limitada ao bloco em que ela foi declarada. Se duas variáveis partilham o mesmo nome, a que foi declarada no bloco atual tem precedência sobre a que está declarada num bloco diferente.

O que acontece quando declaramos uma variável local com o mesmo nome de uma variável externa?

O próximo exemplo mostra essa situação.

```
/* Mostra variáveis de mesmo nome */
#include <stdio.h>
#include <stdlib.h>

void func(void); /* Protótipo */

int K = 5; /* PRIMEIRA VARIÁVEL K */

int main()
{
    int K = 10; /* SEGUNDA VARIÁVEL */
    printf("Em main() - valor    de K = %d\n",K);
    func();

    system("PAUSE");
    return 0;
}

void func()
{
    printf("Em func() - valor    de K = %d\n",K);
}
```

A saída será:

```
Em main()  - valor    de K = 10
Em func()  - valor    de K = 5
```

Essas duas variáveis são diferentes e você pode verificar isso modificando o programa para que imprima seus endereços.

A variável declarada dentro de **main()** tem precedência sobre a externa no bloco em que foi declarada.

O PRÉ-PROCESSADOR C

O *pré-processador C* é um programa que examina o programa-fonte em C e executa certas modificações nele antes da compilação, com base em instruções chamadas *diretivas*.

O *pré-processador* faz parte do compilador e é executado automaticamente antes da compilação. *Diretivas* são as instruções que o *pré-processador* executa.

Diretivas do *pré-processador* devem fazer parte do texto-fonte que criamos, mas não farão parte do programa após compilado; elas são retiradas do texto pelo *pré-processador* antes da compilação.

As *diretivas* são geralmente usadas para tornar o programa-fonte mais claro e fácil de manter.

Você já usou a diretiva **#include** para incluir textos em seus programas.

O conjunto das diretivas mais comuns reconhecidas pelo *pré-processador* é o seguinte:

```
#define
#undef
#include
#if
#ifdef
#ifndef
#else
#elif
#endif
#error
```

As *diretivas* podem ser colocadas em qualquer lugar do programa; geralmente são escritas no início, antes de **main()** ou antes do começo de uma função particular. Elas se aplicam somente do ponto onde são escritas ao final do programa-fonte.

A DIRETIVA #define

A diretiva **#define**, na sua forma mais simples, é usada para definir constantes com nomes apropriados. Veja o exemplo:

```
/* Mostra o uso da diretiva #define */
#include <stdio.h>
#include <stdlib.h>

#define PI 3.14

float area(float); /* Protótipo */

int main()
{
    float raio;
    printf("Digite o raio da esfera: ");
    scanf("%f",&raio);
```

```
    printf("A area da esfera é %.2f\n",area(raio));
    system("PAUSE");
    return 0;
}
/* area() */
/* Retorna a área da esfera */
float area(float r) /* Definição da função */
{
    return(4 * PI * r * r);
}
```

Quando o compilador encontra a diretiva **#define**, procura em cada linha abaixo dela a ocorrência da palavra **PI** e a substitui por **3.14**. O nome que segue a palavra **#define** é chamado *identificador*. A frase escrita após o identificador é chamada *texto*. Um ou mais espaços separam o identificador do texto.

Na linha

```
#define PI 3.14
```

a palavra **PI** é o identificador e **3.14** é o texto.

Por convenção, o identificador é sempre escrito em letras maiúsculas. Observe que não há ponto-e-vírgula após nenhuma diretiva do pré-processador. Cada diretiva deve ser escrita em uma linha nova. Em outras palavras, não podemos escrever mais de uma diretiva numa mesma linha.

A diretiva **#define** executa uma mera substituição textual seletiva. No exemplo:

```
#define PI 3.14
. . .
printf("PIANO");
. . .
x = PI * PI; /* Quadrado de PI */
. . .
```

a cadeia de caracteres "PIANO" não será alterada. Não há substituição dentro de cadeias de caracteres. Não há substituição dentro de comentários. Após o pré-processamento, o trecho anterior será transformado em:

```
printf("PIANO");
    . . .
x = 3.14 * 3.14;        /* Quadrado de PI */
    . . .
```

Por meio da diretiva **#define**, podemos definir textos ou instruções completas com um nome indicativo, como mostra o trecho a seguir:

```
#define ERRO printf("\a\aERRO!!")
    . . .
if(Zebra)
    ERRO;
    . . .
```

O qualificador **const** pode ser usado para substituir definições de constantes com **#define**. A principal vantagem desse qualificador sobre a diretiva **#define** é que uma constante declarada com **const** é uma localização de memória semelhante a uma variável e reconhecida pelo compilador. Em outras palavras, uma constante tem um tipo definido, e se for usada ou declarada de modo errado, o compilador acusará, enquanto a diretiva **#define** não é reconhecida pelo compilador.

Macros

Até o momento, consideramos somente a diretiva **#define** na sua forma mais simples. Agora, mostraremos como escrever diretivas **#define** que aceitam argumentos, chamadas *macros*.

```
/* prnmacro.c */
/* Mostra o uso de macros */
#include <stdio.h>
#include <stdlib.h>

#define PRN(n)   printf("%.2lf\n", (double)n)

int main()
{
    int n1,n2;
    n1=1416;
    n2=n1/2;

    PRN(n1); /* Chamada a macro */
    PRN(n2); /* Chamada a macro */

    system("PAUSE");
    return 0;
}
```

O programa imprime:

```
1416.00
708.00
```

As chamadas às *macros* são substituídas, em nossos programas, por suas definições. Assim, toda ocorrência de **PRN(n)** do exemplo será trocada por **printf("%.2lf\n", (double)n),** de tal forma que no lugar de **n** é usado o argumento da chamada à macro. Após o pré-processamento, nosso programa será o seguinte:

```
/* prnmacro.c */
/* Mostra o uso de macros */
#include <stdio.h>
#include <stdlib.h>
```

```
int main()
{
   int n1,n2;
   n1=1416;
   n2=n1/2;

   printf("%.2lf\n", (double)n1);  /* Chamada a macro */
   printf("%.2lf\n", (double)n2);  /* Chamada a macro */

   system("PAUSE");
   return 0;
}
```

Na definição de uma *macro*, nunca deve haver espaço em branco no identificador. Por exemplo:

```
#define PRN   (n)printf("%.2lf\n", (double)n1)
```

não funcionará, porque o espaço entre **PRN** e **(n)** é interpretado como fim do identificador.

O USO DE PARÊNTESES EM MACROS

A falta de parênteses em macros pode provocar erros consideráveis. Suponha que seu programa contenha as seguintes linhas:

```
#define SOMA(x,y) x + y
....
....
z = 10 * SOMA(3,4);
```

Que valor será atribuído a **z**? Você deve estar pensando que 3 será adicionado a 4, produzindo 7, e esse resultado, quando multiplicado por 10, produzirá 70. ERRADO!!

O pré-processador executa uma substituição literal, em nada inteligente. A instrução final será:

```
z = 10 * 3 + 4;
```

e o valor 34 será atribuído a **z**.

A solução é colocar o texto entre parênteses:

```
#define SOMA(x,y)    (x + y)
```

A instrução pré-processada será:

```
z = 10 * (3 + 4);
```

Entretanto, parênteses envolvendo o texto não solucionam todos os problemas. Considere o seguinte trecho:

```
#define PROD(x,y)    (x * y)
....
....
z = PROD(2 + 3, 4);
```

A instrução pré-processada é

```
z = (2 + 3 * 4);
```

e o resultado não é o esperado.

A solução é envolver cada argumento por parênteses:

```
#define PROD(x,y)    ((x) * (y))
```

DEFININDO MACROS USANDO OUTRAS MACROS

Uma macro pode ser definida usando outra macro. Verifique o exemplo:

```
/* macromacro.c */
/* Mostra o uso de macros que chamam outras macros */
#include <stdio.h>
#include <stdlib.h>

#define PI              3.1416
#define SQR(x)          ((x)*(x))
#define AREA(x) ((4)*(PI)* SQR(x))

int main()
{
   float raio;

   printf("Digite o raio de uma esfera:");
   scanf("%f", &raio);
   printf("A área da esfera é %f.\n", AREA(raio));

   system("PAUSE");
   return 0;
}
```

MACROS EM VÁRIAS LINHAS

Diretivas com um texto grande podem ser escritas em mais de uma linha. Para isso, colocamos a barra invertida (\) no final de uma linha antes de prosseguir para a próxima. Veja o exemplo:

```
#define MAIUSC(ch)      ((ch) >= 'a' && (ch) <='z') ? \
                        ((ch) - 'a' + 'A') : (ch)
```

Problemas com o uso de macros

O tipo de argumentos em macros não é avaliado pelo compilador, o que em alguns contextos é uma vantagem.

Por exemplo, a macro **soma()** pode ser usada com qualquer tipo de valores:

```
a = SOMA(3.48,4.5);        /* Valores float */
b = SOMA(2  , 3);          /* Valores int */
```

Se uma função for escrita no lugar da macro para calcular a soma de dois números, será necessário respeitar o tipo de seus argumentos. Por outro lado, a falta de avaliação dos argumentos pode provocar resultados inesperados. Verifique os dois exemplos seguintes: o primeiro implementa uma macro e o segundo, uma função.

```
/* macroerr.c */
/* Mostra problemas com macros */
#include <stdio.h>
#include <stdlib.h>
#include <conio.h>

#define MAIUSC(ch)      ((ch) >= 'a' && (ch) <='z') ? \
                        ((ch) - 'a' + 'A') : (ch)

int main()
{
   char cp;

   cp= MAIUSC(getch()); /* Problemas */

   printf("%c\n", cp);

   system("PAUSE");
   return 0;
}
```

Execute esse programa e observe o efeito da chamada a uma função como argumento da macro. Agora, verifique a implementação com uma função.

```
/* Mostra o uso de funções no lugar de macros */
#include <stdio.h>
#include <stdlib.h>
#include <conio.h>

char maiusc(char ch)
{
  return (ch>='a'&& ch <='z') ? (ch - 'a' + 'A') : ch;
}

int main()
{
   char cp;
```

```
    cp= maiusc(getch());  /* Ok */

    printf("%c\n", cp);

    system("PAUSE");
    return 0;
}
```

Mais dois exemplos:

```
/* macroerr.c */
/* Mostra problemas com macros */
#include <stdio.h>
#include <stdlib.h>

#define MENOR(x,y)       (x < y) ? (x) : (y)

int main()
{
    int n1 = 1, n2 = 2, n;

    n = MENOR(n1++ , n2++);

    printf("n1=%d\tn2=%d\tn=%d\n", n1, n2, n);

    system("PAUSE");
    return 0;
}
```

O programa imprime:

```
n1=3    n2=3    n=2
```

```
/* Agora com uma função */
#include <stdio.h>
#include <stdlib.h>

int menor(int x,int y)
{
    return (x < y) ? x : y ;
}


int main()
{
    int n1 = 1, n2 = 2, n;

    n = menor(n1++ , n2++);

    printf("n1=%d\tn2=%d\tn=%d\n", n1, n2, n);

    system("PAUSE");
    return 0;
}
```

O programa imprime:

n1=2   n2=3   n=1

Vantagens e desvantagens do uso de macros *versus* funções

Várias funções de biblioteca C também são implementadas como macros. Para vê-las, examine o arquivo **ctype.h** que acompanha o seu compilador. Certamente, estas funções poderiam estar implementadas na biblioteca padrão de funções em vez de macros. Qual é a diferença entre funções de biblioteca e macros?

Como macros são simples substituições dentro dos programas, o seu código aparecerá em cada ponto do programa em que forem usadas. Assim, a execução do programa será mais rápida que a chamada a uma função toda vez que se fizer necessário. Em contrapartida, o código do programa será aumentado, porque o código da macro será duplicado cada vez que esta for chamada.

Outra vantagem do uso de macros é a não-necessidade de especificar o tipo dos argumentos.

A diretiva #undef

A diretiva **#undef** remove a mais recente definição criada com **#define**.

```
#define GRANDE         3
#define ENORME         8
#define SOMA(x,y)      (x)+(y)
....
....
#undef GRANDE          /* Cancela a definição de GRANDE */
#define ENORME  10     /* ENORME agora vale 10 */
....
....
#undef ENORME          /* ENORME volta a valer 8 */
....
....
#undef ENORME          /* Cancela a definição de ENORME */
....
....
#undef SOMA            /* Cancela a macro SOMA */
```

Observe que, para remover uma macro, somente o nome da macro deve constar na diretiva **#undef**; não devemos incluir a lista de argumentos.

A diretiva #include

A diretiva **#include** causa a inclusão de outro arquivo em nosso programa-fonte. Na verdade, o compilador substitui a diretiva **#include** de nosso programa pelo conteúdo do arquivo indicado, antes de compilar o programa.

A linha

```
#include <stdio.h>
```

solicita ao compilador que inclua o arquivo **stdio.h** em nosso programa antes de compilá-lo.

Além do uso dos sinais de < e >, a diretiva **#include** aceita uma segunda sintaxe:

```
#include "stdio.h"
```

Quando usamos os sinais de < e >, o arquivo é procurado somente na pasta **include**. Quando usamos aspas duplas, o arquivo é procurado primeiramente na pasta atual e depois, se não for encontrado, na pasta **include**.

Arquivos de inclusão

Os *arquivos de inclusão* (também chamados *arquivos de cabeçalho*) são textos escritos em caracteres ASCII normais, criados geralmente para incorporar definições de constantes, macros, protótipos de funções, definições de tipos de dados complexos e declarações de variáveis externas.

Você pode verificar o conteúdo desses arquivos utilizando qualquer processador de textos. O arquivo **conio.h**, por exemplo, contém o protótipo das funções **getch()** e **getche()**, e por esse motivo é incluído nos programas que fazem uso destas funções.

Vários arquivos de inclusão são fornecidos com seu compilador; eles contêm o protótipo das funções de biblioteca e as definições de tipos do próprio sistema. Você pode criar outros arquivos de inclusão, oganizando definições de constantes e macros num arquivo separado. Assim, toda vez que um programa tiver de utilizar tais definições, bastará incluir o nome do arquivo por meio da diretiva **#include**.

Suponha que você tenha escrito várias fórmulas matemáticas para calcular as áreas de diversas figuras:

```
#define PI                       3.14159
#define A_CIRC(raio)             (PI*(raio)*(raio))
#define A_RET(base,altura)       ((base)*(altura))
#define A_TRI(base,altura)       ((base)*(altura)/2)
#define A_ELIP(raio1,raio2)      (PI*(raio1)*(raio2))
#define A_TRAP(alt,lad1,lad2)    ((alt)*((lad1)+(lad2))/2)
```

O texto acima pode ser gravado com o nome **areas.h** e todo programa que fizer uso destas macros deve simplesmente conter a diretiva:

```
#include "areas.h"
```

As possibilidades do uso de **#define** e **#include** podem ser bastante criativas. Analise o programa a seguir:

```
#include "pascal.h"
program
   begin
         write("Isto é linguagem C ??");
end
```

Isso parece familiar, um pequeno programa em Pascal. O segredo está no arquivo **pascal.h** a seguir.

```
#include <stdio.h>
#define program  void main()
#define begin    {
#define write(x) printf(x)
#define end      }
```

COMPILAÇÃO CONDICIONAL

O pré-processador oferece diretivas que permitem a compilação condicional de um programa. Elas facilitam o desenvolvimento do programa e a escrita de códigos com maior portabilidade de uma máquina para outra ou de um ambiente a outro. São elas:

As DIRETIVAS #if, #ifdef, #ifndef, #elif, #else E #endif

Cada diretiva **#if** deve terminar com a diretiva **#endif**. Entre **#if** e **#endif** pode ser colocado qualquer número de **#elif**, mas só se permite uma única diretiva **#else**. A diretiva **#else** é opcional e, se estiver presente, deve ser a última anterior a **#endif**. Observe o exemplo:

```
#define DEBUG    1
....
....

#if       DEBUG == 1
          printf("\nERRO = %d", erro1);
#elif     DEBUG == 2
          printf("\nERRO = %d", erro2);
#else
          printf("\nERRO não documentado");
#endif

Outro exemplo:

#if       CORES > 5
          #define SOMBRA 1
          #if    COR_FUNDO == 1
                 #include "corfundo.h"
          #else
                 #include "semfundo.h"
          #endif
#else
```

```
            #define SOMBRA 0
            #if    CGA == 1
                   #include "cga.h"
            #else
                   #include "mono.h"
            #endif
#endif
```

Para testar constantes definidas com **#define** que não tenham valor nenhum, podemos utilizar **#ifdef** e **#ifndef**. Por exemplo:

```
#define VERSAO_DEMO

....
....

#ifdef     VERSAO_DEMO
           #define     NUM_REC      20
#else
           #define     NUM_REC      MAXINT
#endif
```

O exemplo anterior mostra como um único programa-fonte pode gerar dois executáveis diferentes: se a diretiva que define **versao_demo** for inserida, o executável poderá manipular somente 20 registros e estará criada a versão demo de seu programa. Caso essa diretiva não esteja presente, o programa poderá manipular o número máximo de registros.

Veja outro exemplo:

```
#ifdef     REDE
           #define PASSWORD
           #include "redes.h"
#else
           #include "monouso.h"
#endif
```

A diretiva **#ifndef** verifica a não-definição da constante. Por exemplo:

```
#ifndef    WINDOWS
           #define VERSAO        "Versão UNIX"
#else
           #define VERSAO        "Versão Windows"
#endif
```

O OPERADOR defined

Uma alternativa ao uso de **#ifdef** e **#ifndef** é o operador **defined**.

```
#if defined(UNIX) && !defined(INTEL)
    ....
    ....
#endif
```

A diretiva #error

A diretiva **#error** provoca uma mensagem de erro do compilador em tempo de compilação.

```
#if      TAMANHO > TAMANHO1
#error   "Tamanho incompatível"
#endif
```

Revisão

1. As funções existem para decompor um problema em problemas menores, simplificando e organizando o programa como um todo.

2. Toda função C tem a mesma sintaxe que a função **main()**.

3. A instrução que solicita ao programa a execução de uma função é conhecida como *chamada à função*.

4. Todas as funções C, exceto as que forem do tipo **int**, devem ser declaradas. A declaração de uma função é denominada *protótipo da função*.

5. O protótipo de uma função informa o tipo da função, o número e os tipos de seus argumentos.

6. O tipo de uma função é definido pelo valor retornado por meio do comando **return**.

7. O comando **return** encerra a execução da função e pode retornar um único valor para a função que chama.

8. A *passagem de argumentos por valor* é o mecanismo por meio do qual uma função recebe argumentos, em variáveis criadas por ela, para armazenar os valores enviados. É feita uma cópia dos valores passados.

9. Uma função é dita *recursiva* se, em seu corpo, estiver presente uma instrução de chamada a ela própria.

10. A *classe de armazenamento* de uma variável informa visibilidade, tempo de vida, lugar da memória em que será alocada e seu valor inicial.

11. Em C, há quatro *classes de armazenamento*: **auto**, **extern**, **static** e **register**. A classe **auto** é a *padrão*.

12. A palavra **extern** não é usada para criar variáveis externas e sim para informar ao compilador que a variável em questão foi criada em outro módulo.

13. A classe **static**, usada com variáveis externas ou funções, tem o sentido de privacidade. Variáveis e funções estáticas externas são acessadas somente pelas funções escritas abaixo delas e no mesmo programa-fonte.

14. As variáveis das classes **auto** ou **register** são criadas em tempo de execução, enquanto as das classes **static** ou **extern**, em tempo de compilação.

15. Todas as variáveis e as funções C têm dois atributos: um tipo e uma classe de armazenamento.

16. Há três lugares num programa C em que você pode declarar variáveis: fora de qualquer função (serão conhecidas por todas as funções definidas depois delas); logo após a abertura da chave (indicando o início de um bloco; serão conhecidas somente dentro deste bloco); e antes da abertura da chave que ini-

cia uma função (declarações dos argumentos da função).

17. Sempre que duas variáveis tiverem o mesmo nome, mas endereços de memória diferentes, elas não serão as mesmas variáveis.

18. O *pré-processador* C é um programa contido no compilador que altera o programa-fonte antes da compilação.

19. *Diretivas* são as instruções que o pré-processador executa.

20. Linhas normais de um programa são instruções para o microprocessador; diretivas do pré-processador são instruções para o compilador.

21. A diretiva **#define** é usada para definir constantes ou macros.

22. A diretiva **#undef** cancela a mais recente definição criada com **#define**.

23. A diretiva **#include** causa a inclusão de outro arquivo em nosso programa-fonte.

24. As diretivas **#if**, **#ifdef**, **#ifndef**, **#elif**, **#else** e **#endif** permitem compilação condicional.

25. O operador **defined** é uma alternativa ao uso de **#ifdef** e **#ifndef**.

26. A diretiva **#error** permite a apresentação de uma mensagem de erro do compilador em tempo de compilação.

Exercícios

1. Quais das seguintes razões são válidas para escrever funções?

    a) funções usam menos memória do que se repetirmos o mesmo código várias vezes;
    b) rodar mais rápido;
    c) dar um nome a um bloco de código;
    d) funções fornecem um meio de encapsular alguma computação numa caixa preta, que pode ser usada sem preocupação quanto a seus detalhes internos;
    e) dividir uma tarefa em pequenas unidades;
    f) funções mantêm variáveis protegidas das outras partes do programa;
    g) ajudar a organizar o programa;
    h) reduzir o tamanho do programa;
    i) para que outros programadores possam usá-las.

2. Verdadeiro ou Falso: Uma função pode ser útil mesmo se você não enviar nada a ela e ela não lhe retornar nenhuma informação.

3. Quais das seguintes instruções constituem uma chamada à função **sorte**?

    a) sorte = 5;
    b) int sorte() { return rand(); }
    c) x = sorte();
    d) int y = sorte() % 10;

4. Qual é a diferença entre definir e declarar uma função?

5. O que são parâmetros de uma função?

   a) a parametrização das variáveis recebidas;
   b) as variáveis da função que recebem os valores da função que chama;
   c) os valores retornados da função;
   d) as variáveis visíveis somente pela função que chama.

6. O protótipo de uma função:

   a) pode ser escrito em qualquer lugar do programa;
   b) deve preceder a definição da função e toda chamada a ela;
   c) pode ser suprimido se a função for definida antes de ser chamada;
   d) é uma instrução que pertence ao corpo da função.

7. O tipo de uma função:

   a) é definido pelos argumentos que ela recebe;
   b) é definido pelo valor retornado pelo comando **return**;
   c) é sempre **void**;
   d) pode ser qualquer um, exceto **void**.

8. O comando **return**:

   a) é de uso obrigatório em todas as funções;
   b) termina a execução da função;
   c) retorna para o início da função;
   d) pode retornar um único valor à função que chama.

9. Verdadeiro ou Falso: Você pode retornar quantos valores desejar de uma função ao programa chamador usando o comando **return**.

10. Argumentos de funções podem ser:

    a) constantes;
    b) variáveis;
    c) chamadas a funções;
    d) expressões;
    e) protótipos de funções.

11. Quando argumentos são passados para uma função:

    a) a função cria novas variáveis para recebê-los;
    b) a função acessa as mesmas variáveis da função que chama;
    c) a função pode alterar as variáveis da função que chama;
    d) a função não pode alterar as variáveis da função que chama.

12. Uma função que não recebe argumentos é do tipo:

    a) **int**;
    b) **void**;

c) **float**;
d) Não é possível identificar o tipo da função somente com essa informação.

13. Uma função que não retorna nenhum valor é do tipo:

    a) **int**;
    b) **void**;
    c) **float**;
    d) Não é possível identificar o tipo da função somente com essa informação.

14. A função a seguir é correta?

    ```
    float celsius(float fahr);
    {
      float c;
      c = (fahr - 32.0) * 5.0/9.0;
      return c;
    }
    ```

15. Verdadeiro ou Falso: Funções podem ser definidas dentro de outras funções, conforme as necessidades do programa.

16. Verdadeiro ou Falso: As variáveis habitualmente usadas em funções C são acessíveis a todas as outras funções.

17. Quais das seguintes razões são válidas para o uso de argumentos em funções?

    a) indicar à função onde localizar ela mesma na memória;
    b) transmitir informações à função para que ela possa operá-las;
    c) retornar informações provenientes da função ao programa que chama;
    d) especificar o tipo da função;

18. Este programa é correto? Por quê?

    ```
    #include <stdio.h>
    void main()
    {
      float x,y;
      scanf("%f %f",&x,&y);
      printf("%f\n", mul(x,y));
    }

    float mul(a,b)
    float a,b;
    {
    return (a*b);
    }
    ```

19. Uma função *recursiva*:

    a) é definida dentro de outra função;
    b) contém grandes recursos;

c) contém uma chamada a ela mesma;
d) solicita recursos de outros programas.

20. As funções *recursivas*:

a) poupam memória;
b) poupam tempo de execução;
c) aumentam a legibilidade do programa;
d) usam mais memória.

21. A classe de armazenamento de uma variável determina:

a) tamanho, endereço e classificação;
b) tempo de vida, visibilidade e inicialização;
c) valor armazenado, nível de declaração e forma de armazenamento;
d) valores default, palavras-chave e automatização.

22. As variáveis das classes _____ e _____ são criadas em tempo de compilação.

23. As variáveis das classes _____ e _____ são criadas em tempo de execução.

24. A palavra-chave **extern**:

a) solicita que a variável seja criada em tempo de execução;
b) cria variáveis externas;
c) informa ao compilador que a variável foi criada em outro fonte;
d) determina que a variável em questão manterá o valor zero.

25. Verdadeiro ou Falso:

a) variáveis externas são visíveis até mesmo a códigos de outros arquivos;
b) variáveis estáticas externas são visíveis até mesmo a códigos de outros arquivos;
c) variáveis externas ou estáticas podem ser declaradas em qualquer lugar do programa;
d) variáveis estáticas podem ser alteradas por qualquer função.

26. As variáveis das classes **static** e **extern** são inicializadas com o valor _____, por falta de inicialização explícita.

27. As variáveis das classes **auto** e **register** são inicializadas com o valor _____, por falta de inicialização explícita.

28. Quais das seguintes instruções são incorretas:

a) auto   int x = rand();
b) static   int x = rand();
c) extern   int x = rand();
d) register int x = rand();

29. A principal tarefa do pré-processador é:

a) auxiliar no desenvolvimento do programa-fonte;
b) aumentar a velocidade de execução;
c) converter programas para outra linguagem;
d) processar o programa em diversas máquinas.

30. Explique as semelhanças e as diferenças entre o uso da diretiva **#define** e do qualificador **const** para definir constantes.

31. O que é macro?

a) Uma diretiva **#define** que admite argumentos;
b) Uma diretiva **#define** que substitui o uso de qualquer função;
c) Uma diretiva **#define** que facilita a escrita de funções;
d) Uma diretiva **#define** que retorna um valor.

32. A macro seguinte é correta?

```
#define TROCA(a,b){int t; t=a; a=b; b=t;}
```

33. Escreva uma macro que tenha o valor 1 se o seu argumento for um número ímpar, e o valor 0, se for par.

34. Escreva uma macro que encontre o maior entre seus três argumentos.

35. Escreva uma macro que tenha valor 1 se o seu argumento for um caractere entre 0 e 9, e o valor 0 se não for.

36. Escreva uma macro que converta um dígito ASCII entre 0 e 9 a um valor numérico entre 0 e 9.

37. O código abaixo é correto para calcular o custo de um pacote postal? Tal custo é igual a uma taxa fixa vezes a soma da altura, largura e comprimento do pacote:

```
#define SOMA3(alt,larg,comp) alt+larg+comp
. . .
custo = taxa * SOMA3(a,1,c);
```

38. Um número primo é qualquer inteiro positivo divisível apenas por si próprio e por 1. Escreva uma função que receba um inteiro positivo e, se este número for primo, retorne 1, caso contrário, 0.

39. A famosa conjetura de Goldbach diz que todo inteiro par maior que 2 é a soma de dois números primos. Testes extensivos foram feitos sem contudo ser encontrado um contra-exemplo. Escreva um programa que mostre que a afirmação é verdadeira para todo número par entre 700 e 1.100. O programa deve imprimir cada número e os primos correspondentes. Use a função do exercício anterior.

40. Escreva uma função que receba o ano como argumento e retorne 1 se for um ano bissexto e 0 se não for. Um ano é bissexto se for divisível por 4, mas não por 100. Um ano também é bissexto se for divisível por 400.

41. Gregoriana para juliana: Dados *dia, mês* e *ano* de uma data gregoriana, escreva uma função que converta essa data para a data juliana correspondente. Utilize a seguinte fórmula:

```
Data Juliana =(1461*(ano + 4800 +(mes − 14)/12))/4 +
   (367 *(mes − 2 − 12 *((mes − 14)/12)))/12 −
   (3 * ((ano + 4900 + (mes − 14)/12)/100))/4 +
   Dia − 32075
```

42. Dia da semana: Escreva uma função que receba dia, mês e ano e calcule o dia da semana em que caiu essa data. Para isso, basta transformar a data gregoriana em juliana (utilize a função escrita no exercício anterior) e calcular o resto da divisão da data juliana por 7. A função deverá retornar um número entre 0 e 6, indicando os seguintes resultados:

```
0 - Segunda-feira
1 - Terça-feira
2 - Quarta-feira
3 - Quinta-feira
4 - Sexta-feira
5 - Sábado
6 - Domingo
```

43. Juliana para gregoriana: Escreva uma função que converta uma data juliana em data gregoriana. A função deverá encontrar o dia, mês e ano correspondente à data juliana que ela recebe como argumento e retornar um número do tipo **long** no formato aaaammdd. O algoritmo é o seguinte:

```
B = DataJuliana + 68569
N = (4 * B)/146097
B = B−((146097 * N + 3)/4)
K = 4000 * (B + 1))/1461001
B = B−(1461 * K)/4 + 31
J =(80 * B)/2447
Dia = B − (2447 * J)/80
B = (J / 11)
Mes = J + 2 − (12 * B)
Ano = 100 * (N − 49) + K + B
```

44. Páscoa: Escreva uma função que receba um ano como argumento e retorne o dia e o mês (mmdd) em que cai o feriado da páscoa. O algoritmo é o seguinte:

```
A=Ano%19
B=Ano/100
C=Ano%100
D=B/4
E=B%4
F=(B+8)/25
```

```
G=(B-F+1)/3
H=(19*A+B-D-G+15)%30
I=C/4
K=C%4
L=(32+2*E+2*I-H-K)%7
M=(A+11*H+22*L)/451
Mes =(H+L-7*M+114)/31    [3=Março, 4=Abril]
Dia=((H+L-7*M+114)%31)+1
```

45. Utilize a função do exercício anterior e escreva funções que retornem os feriados móveis:

Sexta-feira Santa: Data da Páscoa − 2
Terça-feira de Carnaval: Data da Páscoa − 47
Corpus Christi: Data da Páscoa + 60

46. Escreva um programa que solicite ao usuário um ano e imprima o calendário desse ano. Utilize as funções dos dois exercícios anteriores.

47. Escreva uma função recursiva chamada **potencia()** que aceite dois argumentos inteiros positivos **i** e **j**. A função retorna **i** elevado a potência **j**. Por exemplo: potência(2,3) é igual a 8. Use a seguinte definição:

i elevado à potência **j** é igual a **i** elevado à potência **j−1** vezes **i**.

48. Escreva uma função recursiva de nome **soma()** que receba um número inteiro positivo **n** como argumento e retorne a soma dos **n** primeiros números inteiros. Por exemplo, se a função receber **n=5**, deverá retornar 15, pois

15 = 1 + 2 + 3 + 4 + 5

49. Escreva uma função recursiva que receba como argumento o número do termo de uma seqüência de Fibonacci e retorne o seu valor. Por exemplo: se o argumento for 7, a função retornará 13. Use a seguinte definição:

Os dois primeiros termos da seqüência têm valor igual a 1. Cada um dos próximos termos vale a soma dos dois anteriores.

6

O teclado, o driver ansi.sys e o redirecionamento

- O teclado
- As teclas de código ASCII
- As teclas de código estendido
- O driver **ansi.sys**
- Controlando o vídeo e o cursor
- Os atributos de caracteres
- O arquivo **ansi.h** e o programa *Tiro ao alvo*
- Redefinição de teclas usando **ansi.sys**
- O redirecionamento

Neste capítulo, mudaremos nosso enfoque sobre a linguagem C para estudarmos sua interação com o computador IBM-PC. Isso não significa que já cobrimos tudo sobre essa linguagem; levantaremos mais aspectos sobre ela em outros capítulos.

Você já conheceu bastante a respeito de C para poder explorar algumas características de certos periféricos do computador. É o que trataremos a seguir, em três grandes tópicos:

1. O código ASCII estendido do IBM-PC, que permite ao programador identificar as teclas de funções, as teclas de controle de cursor e as teclas com combinações especiais.
2. O driver de console **ansi.sys**, o qual, por meio de códigos, permite: alterar as cores do cursor e dos caracteres do vídeo; movimentar o cursor na horizontal, para cima e para baixo por várias linhas; imprimir textos em piscante e outras características gráficas similares; imprimir textos em 16 cores de fundo diferentes e oito cores de frente; alterar o modo gráfico; e programar teclas para estabelecer atalhos para instruções complexas.
3. O redirecionamento, que pode ser usado para que os programas tenham habilidade de ler e gravar arquivos.

O TECLADO

O teclado é formado por um controlador cuja tarefa principal é vigiar as teclas e informar às rotinas internas da máquina sempre que uma delas for pressionada ou solta. Se alguma tecla for pressionada por mais de meio segundo, o controlador começa a repetir a ação por determinado período. Possui ainda uma memória chamada *buffer*, que pode armazenar vários caracteres antes que sejam lidos.

Em conjunto com as suas rotinas internas, o teclado nos dá um modo de transmitirmos à memória do computador praticamente todos os caracteres de códigos ASCII; o único que não pode ser transmitido diretamente é o 0 (zero), pois é reservado para indicar caracteres não ASCII.

AS TECLAS DE CÓDIGO ASCII

O teclado gera letras, números e caracteres de pontuação por meio dos 256 códigos ASCII (0 a 255). Cada um desses caracteres ocupa um byte de memória e é enviado pelas rotinas internas para a memória do computador. Entretanto, há um grande número de teclas e de combinações de teclas que não são representadas por um byte. Como exemplo, as de função F1 a F10, setas e a combinação de teclas com Alt.

AS TECLAS DE CÓDIGO ESTENDIDO

Há uma segunda coleção de 256 teclas e de combinação de teclas por meio do uso do código estendido, que consiste em dois bytes: o primeiro sendo sempre 0 (zero) e o segundo, um número indicando uma tecla particular ou uma combinação delas.

Quando uma tecla que não pertence ao conjunto normal de caracteres ASCII é pressionada (F1, por exemplo), primeiramente é enviado um zero para a memória do teclado e, em seguida, seu código específico. Assim, quando uma tecla não ASCII é pressionada, dois caracteres são mandados.

O programa que espera ler caracteres de códigos estendidos do teclado deve verificar se o primeiro caractere lido tem o valor zero e, então, reconhecer que existe um segundo caractere que representa um código estendido e tem uma interpretação particular e diferente dos códigos ASCII.

Como nenhum caractere ASCII é representado por zero, não há confusão: quando zero é lido, o caractere seguinte sempre pertencerá ao código estendido.

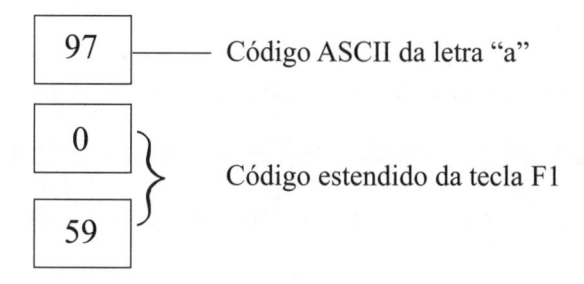

```
┌─────┐
│ 97  │────── Código ASCII da letra "a"
└─────┘

┌─────┐
│  0  │⎫
└─────┘⎬ Código estendido da tecla F1
┌─────┐⎭
│ 59  │
└─────┘
```

EXPLORANDO O CÓDIGO ESTENDIDO

O programa seguinte permite explorar o código estendido do teclado. Basicamente, imprime o código de qualquer tecla pressionada, tanto o código de um caractere ASCII de um byte como os códigos dos dois bytes de caracteres de código estendido.

```c
/* teclas.c */
/* Imprime código das teclas pressionadas */
/* Reconhece o código estendido do teclado */
#include <stdio.h>
#include <stdlib.h>
#include <conio.h> /* Para getch() */

int main()
{
   char tecla1, tecla2;
   while((tecla1=getch())!='X')
         if(tecla1==0)
            {
               tecla2=getch();
               printf("%3d %3d\n",tecla1,tecla2);
            }else
               printf("%3d\n",tecla1);
   system("pause");
   return 0;
}
```

O laço **while** lê caracteres do teclado por meio de **getch()** enquanto não for pressionado X. O corpo do laço compara o caractere lido com zero e, se o for, reconhece que se trata de código estendido. Então lê a segunda parte do código usando **getch()** novamente e imprime o valor numérico das duas partes. Se o primeiro caractere não for zero, o programa deduz que é um caractere ASCII e imprime seu código decimal.

Aqui está uma simples execução do programa:

```
0   59
97
0   75
```

O primeiro código mostrado aqui é o da tecla F1, o segundo refere-se à tecla "a" e o terceiro à seta esquerda.

A tabela seguinte mostra o código estendido que pode ser obtido pressionando-se uma das teclas. Ela apresenta o segundo byte do código, pois o primeiro é sempre zero.

Tabela de código estendido se pressionada uma tecla	
Segundo byte em decimal	Tecla que gera o código
59	F1
60	F2
61	F4
62	F5
63	F6
64	F7
65	F8
66	F9
67	F10
71	Home
72	Seta ↑
73	PgUP
75	Seta ←
77	Seta →
79	End
80	Seta ↓
81	PgDown
82	Insert
83	Delete

Vários outros códigos podem ser acessados com o uso de combinações de teclas com Alt, Ctrl ou Shift, e essas combinações são mostradas na próxima tabela.

Tabela de código estendido se pressionadas duas teclas	
Segundo byte em decimal	Teclas que geram o código
15	Shift + Tab
16 a 25	Alt + Q,W,E,R,T,Y,U,I,O,P
30 a 38	Alt + A,S,D,F,G,H,J,K,L
44 a 50	Alt + Z,X,C,V,B,N,M
84 a 93	Shift + F1 a F10
94 a 103	Ctrl + F1 A F10
104 a 113	Alt + F1 A F10
114	Ctrl + Print Screen
115	Ctrl + ←
116	Ctrl + →
117	Ctrl + End
118	Ctrl + Page Down
119	Ctrl + Home
120 a 131	Alt + 1, 2, 3, 4, 5, 6, 7, 8, 9, 0, -, =
132	Ctrl + Page Up

INTERPRETANDO O CÓDIGO ESTENDIDO DO TECLADO

Em linguagem C, uma das maneiras de escrever códigos que interpretem teclas do código estendido é por meio do comando **switch**, como será mostrado no programa seguinte:

```
/* codesten. */
/* Código estendido do teclado */
#include <stdio.h>
#include <stdlib.h>
#include <conio.h>

int main()
{
   char t1, t2;
   while((t1=getch())!='X')
        if(t1==0)
        {
             t2=getch();
```

```
                switch(t2)
                {
                    case 59: printf("Tecla F1\n");break;
                    case 60: printf("Tecla F2\n");break;
                    case 75: printf("Seta esquerda\n");break;
                    case 77: printf("Seta direita\n");break;
                    default: printf("Algum outro código \n");
                }
            }else
                printf("Código normal: %3d = %c\n",t1,t2);
    system("pause");
    return 0;
}
```

O programa usa um comando **switch** para analisar, interpretar e imprimir o código das teclas.

O driver ansi.sys

Na inicialização do *prompt de comandos* (console), o Windows instala, por meio de suas rotinas internas, o acesso a vários dispositivos a ele ligados, como impressoras, dispositivos de discos, vídeo etc. Entretanto, existem alguns dispositivos chamados *drivers* que não estão incluídos nas rotinas internas do Windows: são fornecidos em arquivos separados, gravados na pasta **system32**. Um desses arquivos é o driver **ansi.sys**.

Ansi significa "American National Standards Institute"; o arquivo **ansi.sys** utiliza o código padronizado, elaborado e aprovado pelo Ansi.

Esse driver intercepta todo caractere enviado para o vídeo e todo o caractere digitado no teclado. Se algum código interceptado for uma seqüência especial de caracteres que identificam um comando para o driver, ele é passado para sua parte de processamento de comando. Tudo o que não for comando é simplesmente repassado para a rotina regular de vídeo ou teclado, que o trata de maneira habitual.

O driver **ansi.sys** é um controlador de dispositivos baseado no sistema operacional MS-DOS e poderá ser utilizado somente nesse contexto. O Windows não suporta seqüências **ansi** nas aplicações Win32. Para compilar e executar programas que utilizam seus recursos é necessário que o compilador seja baseado em MS-DOS. Como exemplo, podemos usar o Turbo C++, da Borland, ou o Pacific C, da HtSoft.

Instalando o driver ansi.sys

Para que a console possa incorporar e utilizar as facilidades oferecidas pelo driver **ansi.sys**, é necessária a sua instalação.
Adicione a instrução:

```
device=c:\windows\system32\ansi.sys
```

equivalente a:

```
device=%SystemRoot%\system32\ansi.sys
```

no arquivo **config.nt** da pasta **system32**. Verifique se o arquivo **ansi.sys** está nessa pasta.

CONTROLANDO O VÍDEO E O CURSOR

O driver **ansi.sys** fornece um grupo de comandos de controle de tela que incluem mover o cursor, limpar a tela, definir os atributos de vídeo (cor, reverso, intensificado, piscante etc.), e alterar o modo texto para gráfico e vice-versa. Há comandos para guardar a posição atual do cursor, de modo que ele possa ser deslocado para imprimir alguma informação e depois retornar à posição original.

Os comandos de **ansi.sys** são identificados por uma seqüência especial de caracteres, sempre iniciadas por um caractere "escape", (lB hexa) seguido por colchete esquerdo (5B hexa), conforme a tabela seguinte:

Controle do cursor	
Esc[%d;%dH ou Esc[%d;%df	Move o cursor para a linha %d, coluna %d
Esc[A	Move o cursor uma linha acima
Esc[%dA	Move o cursor %d linhas acima
Esc[B	Move o cursor uma linha abaixo
Esc[%dB	Move o cursor %d linhas abaixo
Esc[C	Move o cursor uma coluna à direita
Esc[%dC	Move o cursor %d colunas à direita
Esc[D	Move o cursor uma coluna à esquerda
Esc[%dD	Move o cursor %d colunas à esquerda
Esc[s	Salva a posição atual do cursor
Esc[u	Restaura a posição do cursor
Funções de limpar	
Esc[2J	Limpa a tela e posiciona o cursor no canto esquerdo superior do vídeo
Esc[K	Limpa até o final da linha

Eis um programa para mostrar o uso de controle do cursor por meio de duas seqüências de códigos **ansi**:

```
/* diag.c */
/* Move o cursor na diagonal */
#include <stdio.h>
#include <stdlib.h>
#include <conio.h>
int main()
{
   printf("\x1B[2J");
   while(getche()!='.')
           printf("\x1B[B");
   system("pause");
   return 0;
}
```

Uma execução do programa provocaria a seguinte saída em tela:

```
V
 I
  V
   I
    A
     N
      E
       .
```

Usando #define para definir seqüência escape

As seqüências de escapes são difíceis de ler e entender. Um bom costume é defini-las por meio da diretiva **#define**, dando a elas um nome mais significativo.

Vamos reescrever **diag.c** para que utilize **#define**:

```
/* diag1.c */
/* Move o cursor na diagonal */
#include <stdio.h>
#include <stdlib.h>
#include <conio.h>
#define C_DESCE "\x1B[B"

int main()
{
   printf("\x1B[2J");
   while(getche()!='.')
           printf(C_DESCE);
   system("pause");
   return 0;
}
```

Controle do cursor por meio do teclado

Agora, como já conhecemos o código estendido das teclas e sabemos como controlar o cursor, podemos juntar as duas coisas para controlar o cursor por meio das setas. Aqui está um programa que permite a você desenhar simples figuras na tela:

```c
/* desenha.c */
/* Move o cursor pela tela */
#include <stdio.h>
#include <stdlib.h>
#include <conio.h>

#define LIMPA "\x1B[2J"
#define C_ESQ "\x1B[D"
#define C_DIR "\x1B[C"
#define C_SOBE "\x1B[A"
#define C_DESCE "\x1B[B"
#define SETA_ESQ 75
#define SETA_DIR 77
#define SETA_SOBE 72
#define SETA_DESCE 80
#define DUPLO_H 205
#define DUPLO_V 186
int main()
{
    int tecla;

    printf(LIMPA);

    while((tecla = getch())==0) /* Código estendido */
    {
        tecla = getch(); /* Segundo byte */
        switch(tecla)
        {
            case SETA_ESQ:
                printf(C_ESQ);    putch(DUPLO_H);break;
            case SETA_DIR:
                printf(C_DIR);    putch(DUPLO_H);break;
            case SETA_SOBE:
                printf(C_SOBE);   putch(DUPLO_V);break;
            case SETA_DESCE:
                printf(C_DESCE);  putch(DUPLO_V);break;
        }
        printf(C_ESQ);
    }
    system("pause");
    return 0;
}
```

Um exemplo de execução é:

O programa limpa a tela e posiciona o cursor no seu canto esquerdo, e então espera até que seja pressionada alguma das quatro setas para começar o desenho. Termina quando uma tecla de código ASCII é pressionada.

Esse programa usa um comando **switch** para interpretar a tecla pressionada. Para cada uma das quatro teclas de controle do cursor, este é primeiro movido na direção correspondente usando **printf()** e, em seguida, o caractere gráfico apropriado é impresso usando a função **putch()**.

Movendo o cursor para uma posição específica

Podemos tanto mover o cursor uma linha ou uma coluna por vez, como movê-lo diretamente para qualquer localização da tela, usando uma seqüência de escape um pouco mais complexa. Esta é iniciada pela sequência de escape usual **\xlB**, seguida pelo colchete esquerdo, por um número representando a linha onde queremos que o cursor seja posicionado, um ponto-e-vírgula, um número que representa a coluna desejada e, finalmente, a letra minúscula "f".

O programa seguinte mostra esta seqüência em uso:

```
/* poscur.c */
/* Mostra posição do cursor */
#include <stdio.h>
#include <stdlib.h>
#include <conio.h>

#define LIMPA printf("\x1B[2J")
#define POS_C(lin,col) printf("\x1B[%d;%df",lin,col)
```

```c
#define APAG_L printf("\x1B[K")

int main()
{
   int lin=1,col=1;
   LIMPA;
   while(lin >=0)
   {
        POS_C(23,1);
        APAG_L;
        printf("Digite linha e coluna na forma 10,40 : ");
        scanf("%d,%d",&lin,&col);
        if(lin<0) break;
        POS_C(lin,col);
        printf("*(%d,%d)",lin,col);
   }
   system("pause");
   return 0;
}
```

Uma execução do programa terá a seguinte saída:

```
                                    *(2,35)
                 *(3,15)
                                            *(4,40)
     *(5,5)
                              *(6,30)
                   *(7,20)

            *(9,10)
 *(10,2)
                                                    *(11,56)
                                     *(13,42)


 *(15,60)


          *(18,10)


Digite linha e coluna na forma 10,40: -1,2
```

Esse programa limpa a tela com a seqüência \x1B[2J e entra no laço **while**, em que espera que o usuário entre com um par de coordenadas.

A instrução:

```
POS_C(23,1);
```

fixa a linha 23 para a entrada do par de coordenadas pelo usuário.

A seqüência escape \x1B[K apaga desde a posição do cursor até o fim da linha; finalmente é impresso um asterisco na posição fornecida e também o número da linha e a coluna correspondente.

Os atributos de caracteres

Cada caractere impresso no vídeo ocupa dois bytes da memória. Um byte contém o código ASCII do caractere e o outro contém o seu atributo.

O atributo de um caractere é a sua aparência, por exemplo: piscante, intensificado, cor de frente, cor de fundo, reverso etc. Ele pode ser escolhido usando-se a seqüência de escape de **ansi.sys**. A seqüência seguinte ao caractere escape usual e ao colchete consiste em um número seguido pela letra "m". Aqui está a lista de números e seu efeito no vídeo:

Atributos de caracteres	
0	Cancela atributos. Vídeo normal branco sobre preto.
1	Intensificado.
4	Azul.
5	Piscante.
7	Reverso (preto sobre branco).
8	Invisível (preto sobre preto).

Quando um atributo particular é impresso, todos os caracteres impressos em seguida terão o efeito daquele atributo até que seja escolhido algum outro.

O próximo programa mostra o uso de atributos de caracteres:

```c
/* atrib.c */
/* Troca atributos de caracteres */
#include <stdio.h>
#include <stdlib.h>
#include <conio.h>

#define NORMAL "\x1B[0m"
#define INTEN  "\x1B[1m"
#define AZUL   "\x1B[4m"
#define PISCA  "\x1B[5m"
#define REV    "\x1B[7m"

int main()
{
   printf("\n\n");
   printf("Normal %s Piscante %s Normal \n\n",PISCA,NORMAL);
   printf("Normal %s Negrito %s Normal \n\n",INTEN,NORMAL);
   printf("Normal %s Azul %s Normal \n\n",AZUL,NORMAL);
```

```
        printf("Normal %s Reverso %s Normal \n\n",REV,NORMAL);
        printf(" %s %s Reverso e Piscante %s",PISCA,REV,NORMAL);
        system("pause");
        return 0;
}
```

O arquivo ansi.h e o programa *Tiro ao alvo*

Agora vamos juntar os conhecimentos que temos da linguagem C e do controle do vídeo e escrever um programa um pouco mais sofisticado. O programa **tiroalvo.c** simula um jogo de tiro ao alvo.

Antes de apresentar a listagem do programa, vamos criar um arquivo com as seqüências de escape para posterior inclusão. Daremos o nome de **ansi.h**.

O arquivo ansi.h

```
#define LIMPA printf("\x1B[2J")
#define POS_C(lin,col) printf("\x1B[%d;%df",lin,col)
#define APAG_L printf("\x1B[K")
#define C_ESQ printf("\x1B[D")
#define C_DIR printf("\x1B[C")
#define C_SOBE printf("\x1B[A")
#define C_DESCE printf("\x1B[B")
#define C_ESQN(n) printf("\x1B[%dD",n)
#define C_DIRN(n) printf("\x1B[%dC",n)
#define C_SOBEN(n) printf("\x1B[%dA",n)
#define C_DESCEN(n) printf("\x1B[%dB",n)
#define NORMAL printf("\x1B[0m")
#define INTEN printf("\x1B[1m")
#define AZUL printf("\x1B[4m")
#define PISCA printf("\x1B[5m")
#define REV printf("\x1B[7m")
```

O programa tiroalvo.c

Veja a listagem do nosso tiro ao alvo:

```
/* tiroalvo.c */
/* Usa controle de tela ansi.sys */
#include <stdio.h>
#include <stdlib.h>
#include <conio.h>

#include "Ansi.h"

#define BEEP printf("\x7")
#define SOBE 72
#define DESCE 80
/* Protótipos */
void atualiza(int ,int ,int);
```

```c
void posin(int);
void linha_dir(void);
int alvo(void);
void dispara(int);
void bum(int);
void apagalvo(int);
/* Fim dos protótipos */

int main ()
{
   int municao=15,disparos=0,pontos=0,i,j;
   NORMAL; LIMPA;
   POS_C(12,26);printf("*** TIRO AO ALVO ***");
   POS_C(15,15) ;
   printf("UTILIZE AS SETAS PARA MOVIMENTAR O ATIRADOR");
   POS_C(18,21);printf("E QUALQUER OUTRA PARA DISPARAR.");
   POS_C(23,20);printf("PRESSIONE <ENTER> PARA CONTINUAR");
   getch();LIMPA;
   POS_C(24,4);REV;printf("MUNIÇÃO: ");
   POS_C(24,31);printf("DISPAROS: ");
   POS_C(24,59);printf("PONTOS: ");
   NORMAL;
   atualiza(municao,disparos,pontos);
   while(municao) {
         linha_dir();            /* Imprime linha direita */
         i= alvo();              /* Imprime alvo          */
         j=22;posin(j);          /* Posição inicial       */
         while(getch()==0)
         {       /* Usuário joga até atirar */
               switch(getch())
               {
                     case SOBE: j=(j<2) ? 22:j-1;break;
                     case DESCE: j=(j>21) ? 1:j+1;break;
               }
               posin(j);
         }
         disparos++; municao--;
         dispara(j);              /* Simula disparo */
         if(j==i+1)
         {                                   /* Acertou */
               bum(i+1) ;
               pontos++;
               municao=((pontos%5)==0) ? municao+2:municao;
         }
         apagalvo(i);
         atualiza(municao,disparos,pontos);
   }
   POS_C(10,25);printf("* * * FIM * * *");
   getch();
   system("pause");
   return 0;
}
```

```c
void atualiza(int m,int d,int p)
{
   REV;PISCA;
   POS_C(24,13);printf(" %02d",m);
   if(!m) BEEP;
   POS_C(24,40);printf(" %03d",d);
   POS_C(24,66);printf(" %03d",p);
   NORMAL;
}
void posin(int j)
{
   REV;
   POS_C(j,78);printf("\xDB");
   NORMAL;
}
void linha_dir()
{
   int i;
   for(i=1;i<23;i++)
   {
        POS_C(i,78);
        printf("\xDB");
   }
}
int alvo()
{
   int i;
   i=rand()%21;
   POS_C(i , 1) ;printf("\xDB") ;
   POS_C(i+2, 1);printf("\xDB") ;
   return i;
}
void dispara(int j)
{
   int i;
   for(i=76; i>0 ; i-=2)
   {
        delay(40);
        POS_C(j,i);printf("\xDC");
        POS_C(j,i);printf(" ");
   }
}
void bum(int j)
{
   int i;
   for(i=0;i<15;i++)
   {
        delay(40);
        POS_C(j,i);printf("BUUUMMM!!!");
        delay(40);
        POS_C(j,i);printf("          ");
   }
}
```

```
void apagalvo(int j)
{
   POS_C(j,1)  ;printf(" ") ;
   POS_C(j+2,1);printf(" ");
}
```

O programa fornece uma interação com o usuário, que será descrita em cinco passos:

1. Limpa a tela, apresenta algumas explicações sobre seu uso e aguarda até que uma tecla seja pressionada.
2. mprime a tela inicial. A função **atualiza()** é chamada para imprimir a munição disponível, o número de disparos efetuados e o número de pontos. Quando a munição for zero, toca um sinal sonoro e o programa termina.
3. É o início do programa propriamente dito, composto por um laço **while** que controla a munição. Esse laço inicia sua execução imprimindo uma linha na coluna 78 por meio da função **linha_dir()**. O alvo é composto por dois caracteres e é impresso pela função **alvo()** numa linha aleatória e na coluna 1.
4. O programa entra no laço **while** aninhado, que aguarda o usuário jogar e atualiza a posição do cursor pela função **posin()**.
5. O usuário já jogou. O programa incrementa disparos, decrementa munição e simula um disparo por meio da função **dispara()**. Se o alvo foi acertado, a função **bum()** é chamada e a variável **pontos** é incrementada. A cada vez que o usuário faz cinco pontos, a munição é acrescida de dois. O alvo é apagado pela função **apagalvo()** e a linha de dados é atualizada pela chamada a função **atualiza()**.

REDEFINIÇÃO DE TECLAS USANDO ansi.sys

Voltemos nossa atenção para outra habilidade fornecida pelo arquivo **ansi.sys**: atribuir diferentes textos para as teclas de função.

A atribuição de textos às teclas de função permite-lhe configurar seu teclado conforme suas necessidades mais rotineiras. Por exemplo, se você escreveu vários programas em C, pode querer listar os nomes de seus códigos-fonte no vídeo por meio do seguinte comando:

```
dir *.c
```

Esse texto pode ser atribuído a uma tecla de função. Assim, se você precisar dele várias vezes, deverá apenas pressionar a tecla de função reprogramada sem ter de redigitá-lo. A vantagem será superior para os textos maiores, como:

```
type  \word\Viviane\Junho\receita.doc
```

A seguir está um programa que redefine a tecla de função que você escolher com o texto **dir *.c** :

```c
/* progfunc.c */
/* Atribui um texto a tecla de função escolhida */
#include <stdio.h>
#include <stdlib.h>
#include <conio.h>      /* Para getche() */

int main()
{
   int tecla;
   printf("Número da tecla de função a ser programada: ");
   scanf("%d",&tecla);
   printf("\x1B[0;%d;\"%s\";13p",tecla+58,"dir *.c");

   system("PAUSE");
   return 0;
}
```

Sem dúvida, a parte mais difícil desse programa é a seqüência de escape na última instrução **printf()**.

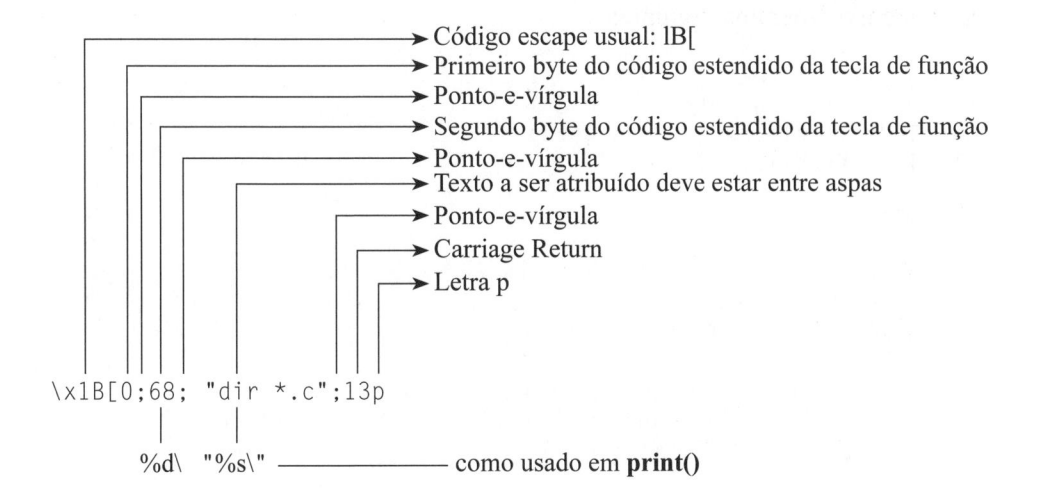

```
                        ┌─► Código escape usual: lB[
                        ├─► Primeiro byte do código estendido da tecla de função
                        ├─► Ponto-e-vírgula
                        ├─► Segundo byte do código estendido da tecla de função
                        ├─► Ponto-e-vírgula
                        ├─► Texto a ser atribuído deve estar entre aspas
                        ├─► Ponto-e-vírgula
                        ├─► Carriage Return
                        └─► Letra p

\x1B[0;68; "dir *.c";13p
      │    │
     %d\  "%s\"  ─────────── como usado em print()
```

Observações: Aspas em C são representadas por \". Visto que queremos usar uma variável para representar o código da tecla de função, ela deve ser acrescida de 58 para obtermos o código estendido correspondente.

O uso do driver **ansi.sys** não é a maneira mais rápida de movimentar o cursor, e requer que o arquivo **ansi.sys** esteja presente na memória.

Existem maneiras mais rápidas e convenientes de obter as capacidades oferecidas por esse driver; entretanto, são um pouco mais difíceis de serem programadas. Mais adiante, neste livro, estudaremos como fazê-lo.

O REDIRECIONAMENTO

Quando o sistema operacional entra em operação, inicializa dois dispositivos acoplados ao seu micro: o teclado, tido como entrada padrão, e o vídeo, tido como saída padrão. Se um programa ou uma função ler de algum lugar, sem especificar qual é esse lugar, o sistema operacional irá disponibilizar a entrada padrão. Do mesmo modo, para gravar em algum lugar, o sistema disponibiliza a saída padrão.

Você pode informar ao ambiente que altere a entrada ou a saída padrão para qualquer arquivo do seu computador. Esse processo é chamado *redirecionamento*. Por exemplo: você pode informar ao sistema operacional que o seu programa lerá os dados de entrada de um arquivo em disco e não do teclado.

Há duas maneiras de fazer um programa trabalhar com arquivos em disco: uma é o uso explícito de funções que abrem, fecham, lêem ou gravam em arquivos; outra é usar redirecionamento em programas desenhados para trabalhar com o teclado e o vídeo. Esse recurso é limitado em vários aspectos, mas de uso muito mais simples.

LEITURA REDIRECIONADA

Considere o programa seguinte:

```
/* maiusc.c */
/* Converte para letras maiúsculas */
#include <stdio.h> /* Para getchar(), EOF */
#include <stdlib.h>

int main()
{
   int ch;
   /* EOF é uma constante definida no arquivo stdio.h */
   while ((ch=getchar()) != EOF) /* Ctrl+Z para terminar */
   {
        /* Converte para letras maiúsculas */
        printf("%c",(unsigned char) (ch >= 'a' && ch <='z' ?
        ch - 'a' + 'A' : ch));
   }

   return 0;
}
```

A função **getchar()** lê da entrada padrão e termina a leitura quando é encontrado o fim do arquivo. A função **getchar()** só processa os caracteres lidos quando a tecla [ENTER] é pressionada (entrada buferizada). A função **printf()** imprime na saída padrão.

Vamos ver o que ocorre quando executamos o programa no prompt de comando da console ou por meio do menu iniciar do Windows.

```
C:\MeusProjetos\Debug>Maius   <    maius.c
```

```
/* MAIUSC.C */
/* CONVERTE PARA LETRAS MAIÚSCULAS */
#INCLUDE <STDIO.H> /* PARA GETCHAR(), EOF */
#INCLUDE <STDLIB.H>

INT MAIN()
{
        INT CH;
        /* EOF É UMA CONSTANTE DEFINIDA NO ARQUIVO STDIO.H */
        WHILE ((CH=GETCHAR())!= EOF) /*Ctrl+Z para terminar */
        {
                /* CONVERTE PARA LETRAS MAIÚSCULAS */
                PRINTF("%C",(UNSIGNED CHAR) (CH >= 'A' && CH <='Z' ?
                CH - 'A' + 'A' : CH));
        }

        RETURN 0;
}
```

O seu arquivo **maius.c** foi convertido para letras maiúsculas e impresso no vídeo.

O símbolo **<** é um operador de redirecionamento. Ele proporciona a leitura dos dados do arquivo **maius.c** pelo programa **maius.exe**. O programa não sabe que a entrada vem de um arquivo em vez de vir pelo teclado; ele simplesmente lê da entrada padrão indicada pelo sistema operacional. Por meio do operador de redirecionamento, especificamos que a entrada padrão será o arquivo **maius.c**.

IMPRESSÃO REDIRECIONADA

Vamos executar novamente o nosso programa **maius.exe**, redirecionando a entrada e a saída de dados. O comando para isso é:

```
C:\MeusProjetos\Debug>Maius   <    maius.c   >   maius.txt
```

O símbolo **>** é um operador de redirecionamento. Ele causa a criação de um novo arquivo em disco chamado **maius.txt** em que será gravada a impressão em maiúsculo.

Para ver o arquivo criado, digite o seguinte comando no prompt da console:

```
C:\MeusProjetos\Debug>Type maius.txt
```

O sistema define alguns nomes para os periféricos do computador. Um deles é PRN para a impressora. A saída pode ser redirecionada para a impressora usando o seu nome. Por exemplo:

```
C:\MeusProjetos\Debug>Maius   <    maius.c   >   PRN
```

Esse comando irá imprimir o arquivo **maius.c**, em maiúsculo, na impressora.

Você pode testar a execução do programa **natal.exe** (imprime uma árvore de Natal), do Capítulo 3, por meio do seguinte comando:

```
C:\MeusProjetos\Debug>Natal  >   PRN
```

e verá sua árvore sendo impressa pela impressora.

INDICANDO O FIM DO ARQUIVO

O sistema operacional envia a informação de fim de arquivo para os nossos programas quando encontra o caractere **\x1A**, que pode ser obtido pressionando-se Ctrl + Z.

CODIFICANDO ARQUIVOS

Podemos usar redirecionamento para codificar uma mensagem ou decodificá-la.

```
/* code.c */
/* Codifica um arquivo */
/* Para usar com redirecionamento */
#include <stdio.h> /* Para getchar(), EOF */
#include <stdlib.h>

int main()
{
   int ch;
   /* EOF é uma constante definida no arquivo stdio.h */
   while ((ch=getchar()) != EOF) /* Ctrl + Z para terminar */
        printf("%c",(unsigned char) (ch + 1));

   return 0;
}
```

Utilize um processador de textos e crie o arquivo **mensag.txt** contendo a sua mensagem. Execute o programa **code.exe** com a seguinte linha de comando:

```
C:\MeusProjetos\Debug>Code <  Mensag.txt  >  MensCod.txt
```

DECODIFICANDO ARQUIVOS

Vamos agora escrever um programa para decodificar um arquivo codificado por **code.exe**.

```
/* decode.c */
/* Decodifica arquivo codificado por code.exe */
/* Para ser usado com redirecionamento */
#include <stdio.h> /* Para getchar(), EOF */
#include <stdlib.h>

int main()
{
   int ch;
   /* EOF é uma constante definida no arquivo stdio.h */
   while ((ch=getchar()) != EOF) /* Pressione Ctrl + Z para terminar */
   {
```

```
            /* Converte para letras maiúsculas */
            printf("%c",(unsigned char) (ch - 1));
      }

      return 0;
}
```

Digite:

```
C:\MeusProjetos\Debug>Decode < MensCod.txt > MensDec.txt
```

Revisão

1. O conjunto normal de caracteres é formado pela tabela ASCII, que consiste em 256 códigos de 1 byte cada um.

2. O código estendido do teclado oferece uma segunda coleção de 256 caracteres de 2 bytes cada um, sendo que o primeiro sempre terá o valor zero.

3. O arquivo **ansi.sys** é fornecido com o sistema operacional e pode ser incorporado aos atributos da console por meio do arquivo-texto **config.nt**.

4. **ansi.sys** é um exemplo de dispositivo instalável para ambientes MS-DOS. Permite o controle da posição do cursor, do vídeo e do teclado.

5. A palavra ANSI é uma sigla que significa American National Standards Institute, e o arquivo **ansi.sys** utiliza o código padronizado, elaborado e aprovado pelo ANSI.

6. O redirecionamento é um meio de alterar os dispositivos associados pelo sistema operacional aos arquivos chamados *entrada padrão* e *saída padrão*.

7. A impressão de um programa pode ser redirecionada para outro dispositivo que não seja o vídeo, e a entrada de dados pode ser redirecionada de outro dispositivo que não seja o teclado.

Exercícios

1. A finalidade do código estendido do teclado é:
    a) ler caracteres de línguas estrangeiras;
    b) ler caracteres digitados por meio da combinação de uma tecla ASCII com as teclas Alt ou Ctrl;
    c) ler as teclas de função e as teclas de controle de cursor;
    d) ler caracteres gráficos.

2. Quantos códigos estendidos existem (incluindo os que não são usados)?

3. Quantos bytes são usados para representar um código estendido do teclado?

4. Verdadeiro ou Falso: Os códigos estendidos do teclado representam somente teclas únicas como F1.

5. Qual dos seguintes códigos representa a tecla F1?
    a) 97
    b) 1 78
    c) \xDB
    d) 0 59

6. **ansi.sys** é:
    a) um raro arquivo infectado;
    b) um arquivo instalável para controlar os dispositivos de entrada e saída;
    c) um arquivo que permite a utilização do código estendido do teclado;
    d) um arquivo que permite o controle do cursor e do vídeo;
    e) um arquivo que sempre procura pelo sistema operacional quando inicia sua execução.

7. **Config.nt** é:
    a) um arquivo que sempre procura pelo sistema operacional quando inicia sua execução;
    b) um arquivo que contém instruções para modificar a console;
    c) um arquivo que pode pedir ao sistema operacional que instale ansi.sys;
    d) nenhuma das anteriores.

8. Para que um programa possa reconhecer as seqüências de escape **ansi.sys**, é necessário que seja compilado com compiladores baseados em MS-DOS. Quais são os compiladores que criam programas baseados em MS-DOS?

9. Todas as seqüências de escapes de **ansi.sys** começam por:
    a) \x[
    b) [
    c) \x1B
    d) \x1B[

10. A seqüência de escapes que limpa a tela é _____

11. Verdadeiro ou Falso: O cursor pode ser movido para qualquer localização do vídeo somente se incrementarmos uma linha ou uma coluna.

12. Verdadeiro ou Falso: Usando seqüências de escapes de **ansi.sys**, qualquer frase pode ser atribuída a qualquer tecla de função.

13. Redirecionamento é:

   a) enviar a saída do programa para algum lugar que não seja o vídeo;
   b) obter um programa de algum lugar sem ser de arquivos .EXE;
   c) obter a entrada de um programa de algum lugar que não seja do teclado;
   d) substituir a entrada ou saída padrão por outro periférico.

14. Escreva um programa que solicita ao usuário a digitação de uma frase, use **getche()** para que seja impressa no vídeo. Se o usuário pressionar a seta esquerda, o programa deve apagar um caractere à esquerda do cursor, assim toda a frase pode ser apagada, um caractere por vez.

15. Escreva um programa que lê um programa-fonte em C usando redirecionamento, e determina se o programa está com as chaves balanceadas; isto é, se o número de chaves abertas é o mesmo que o número de chaves fechadas.

16. Escreva um programa que copia um programa-fonte em C em outro arquivo em disco, trocando toda ocorrência de letras maiúsculas por minúsculas. Use redirecionamento.

17. Escreva um programa que copia um programa-fonte em C em outro arquivo em disco, trocando todo caractere de tabulação pelos espaços correspondentes. Use redirecionamento.

7

Matrizes

- Declaração da matriz
- Referenciação do elemento da matriz
- Matrizes de outros tipos de elementos
- Verificação de limites
- Inicialização de matrizes
- Matrizes de mais de uma dimensão
- Matrizes como argumentos de funções
- Matrizes são passadas para funções por referência
- A ordenação bolha
- Strings
- As funções para manipulação de strings
- Aritmética com endereços
- Outras funções para manipulação de strings
- Matrizes de strings
- Um programa que imprime um cartão de Natal

Matriz é uma coleção de variáveis de mesmo tipo que compartilham um mesmo nome.

Imagine o seguinte problema: calcular a média aritmética das notas de prova de cinco alunos. Você poderia escrever o seguinte programa:

```c
/* notas.c */
/* Calcula a média de cinco notas (não usa matriz) */
#include <stdio.h>
#include <stdlib.h>

int main()
{
   int nota0, nota1, nota2, nota3, nota4;
   float media;

   printf("Digite a nota do aluno 1 "); scanf("%d",&nota0);
   printf("Digite a nota do aluno 2 "); scanf("%d",&nota1);
   printf("Digite a nota do aluno 3 "); scanf("%d",&nota2);
   printf("Digite a nota do aluno 4 "); scanf("%d",&nota3);
   printf("Digite a nota do aluno 5 "); scanf("%d",&nota4);

   media = (nota0 + nota1 + nota2 + nota3 + nota4) / 5.0;
   printf("Média das notas: %.2f\n", media);

   system("PAUSE");
   return 0;
}
```

Imagine agora se você pretendesse encontrar a média aritmética das notas de uma classe com 50 alunos, ou da escola toda, com 2 mil alunos? Seria uma tarefa bastante volumosa!

É evidente que precisamos de uma maneira conveniente para referenciar tais coleções de dados similares. *Matriz* é o tipo de dado oferecido por C para esse propósito, pois é um conjunto de variáveis de mesmo tipo e referenciadas por um único nome. Cada variável é diferenciada por meio de um número chamado *índice*. Os colchetes são usados para conter o *índice*.

```c
/* notas.c */
/* Calcula a média de cinco notas (usa matriz) */
#include <stdio.h>
#include <stdlib.h>

int main()
{
   int notas[5];
   int i;
   float media = 0.0;

      for(i=0 ; i < 5 ; i++)
   {
        printf("Digite a nota do aluno %d ", i+1);
        scanf("%d",&notas[i]);
        media += notas[i];
      }
```

```
    media /= 5.0;
    printf("Média das notas: %.2f\n", media);

    system("PAUSE");
    return 0;
}
```

Veja um exemplo da execução do programa:

```
Digite a nota do aluno 1 : 75
Digite a nota do aluno 2 : 55
Digite a nota do aluno 3 : 60
Digite a nota do aluno 4 : 80
Digite a nota do aluno 5 : 90
Média das notas: 70.00
```

DECLARAÇÃO DA MATRIZ

Em C, matrizes precisam ser declaradas como quaisquer outras variáveis, para que o compilador conheça o tipo de seus elementos e reserve espaço de memória suficiente para armazená-las.

Os elementos da matriz são guardados numa seqüência contínua de memória, isto é, um seguido ao outro, o que não ocorre quando criamos variáveis separadas.

O que diferencia a declaração de uma matriz da de qualquer outra variável é a parte que acompanha seu nome, isto é, o par de colchetes ([e]) que envolve um número inteiro, indicando o tamanho da matriz.

A instrução

```
int notas[5];
```

informa que a matriz **notas** é formada por cinco elementos do tipo **int**. Por definição, uma matriz é composta por elementos de um único tipo.

O valor que dimensiona a matriz, na sua declaração, deve ser uma constante inteira. Assim, não podemos dimensionar uma matriz por meio de uma variável.

REFERENCIAÇÃO DOS ELEMENTOS DA MATRIZ

Cada um dos elementos da matriz é referenciado individualmente por meio de um número inteiro, entre colchetes, após o nome da matriz. Quando referencia um elemento, esse número tem um significado diferente daquele da declaração da matriz, o qual indica sua dimensão. Ao referenciarmos um elemento da matriz, sua posição é especificada por esse número.

Os elementos são sempre numerados por índices iniciados por zero. Por exemplo, a instrução

```
notas[2] = 90;
```

atribui o valor 90 ao terceiro elemento da matriz, pois a numeração começa em zero. O último elemento possui um índice de uma unidade menor que a dimensão da matriz.

O índice utilizado para referenciar elementos de uma matriz pode ser o valor de uma variável inteira ou uma constante. Em nosso programa, utilizamos a variável **i** como índice.

Observe a instrução

```
scanf("%d",&notas[i]);
```

Quando escrevemos **notas[i]**, estamos escrevendo o nome de uma variável do tipo **int** como outra qualquer. Assim, em todo lugar em que podemos utilizar o nome de uma variável **int**, podemos usar **notas[i]**.

MATRIZES DE OUTROS TIPOS DE ELEMENTOS

O fato de uma matriz ser composta por uma série de elementos de um único tipo permite a escolha de qualquer tipo de variável para ela. Suponhamos que você queira que as notas dos seus alunos fiquem no intervalo de 0 a 10 e que não seja desprezada a parte fracionária. A solução seria usar uma matriz de elementos do tipo **float**.

```c
/* notasf.c */
/* Calcula a média das notas de 5 alunos usando matriz float */
#include <stdio.h>
#include <stdlib.h>

#define TAMANHO 5 /* Não podemos usar const */

int main()
{
    float notas[TAMANHO] , media=0.0;
    int i;

    for(i=0 ; i < TAMANHO ; i++)
    {
        printf("Digite a nota do aluno %d ", i+1);
        scanf("%f",&notas[i]);
        media += notas[i];
    }
    media /= 5.0;
    printf("Média das notas: %.2f\n", media);

    system("PAUSE");
    return 0;
}
```

Eis um exemplo da execução do programa:

```
Digite a nota do aluno 1 : 7.5
Digite a nota do aluno 2 : 5.5
Digite a nota do aluno 3 : 6.2
```

```
Digite a nota do aluno 4 : 8.4
Digite a nota do aluno 5 : 9.1
Média das notas: 7.34
```

O programa apresenta um novo detalhe: o uso da diretiva **#define** para criar a constante que dimensiona a matriz e controla o limite do laço:

```
#define TAMANHO 5
```

Usar **#define** no lugar de um número constante facilita a alteração do tamanho da matriz. Se você desejar calcular a média das notas de mais alunos, somente uma linha do programa deve ser alterada. Por exemplo, para calcular a média das notas de 30 alunos, devemos alterar somente a instrução de declaração da constante:

```
#define TAMANHO 30
```

UM NÚMERO DESCONHECIDO DE ELEMENTOS

Nos exemplos anteriores, utilizamos um número fixo de notas. Como faríamos se não conhecêssemos de antemão quantos itens entrariam na matriz?

O programa seguinte aceita até 50 notas e pode ser facilmente modificado para aceitar qualquer número de notas.

```
/* notasf.c */
/* Calcula a média das notas de qualquer número de alunos */
#include <stdio.h>
#include <stdlib.h>

#define TAMANHO 50

int main()
{
    float notas[TAMANHO] , media=0.0;
    int i=0,j;
    do
    {
         printf("Digite a nota do aluno %d ", i+1);
         scanf("%f",&notas[i]);
    } while(notas[i++] >= 0.0);

    i--; /* Remove o item de término */

    for(j=0 ; j < i ; j++)
         media += notas[j];

    media /= i;
    printf("Média das notas: %.2f\n", media);

    system("PAUSE");
    return 0;
}
```

Veja um exemplo da execução do programa:

```
Digite a nota do aluno 1 : 71.3
Digite a nota do aluno 2 : 80.9
Digite a nota do aluno 3 : 89.2
Digite a nota do aluno 4 : -1
Média das notas: 80.47
```

O laço **for** foi substituído pelo laço **do-while**. Esse laço repete a solicitação da nota ao usuário, armazenando-a na matriz **notas[]**, até que seja fornecido um valor menor que zero.

Quando o último item for digitado, a variável **i** terá alcançado um valor acima do total de itens. Isso é verdadeiro, pois é contado o número negativo de finalização da entrada. Assim, devemos subtrair 1 do valor contido em **i** para encontrar o número correto de itens.

Verificação de limites

A nossa matriz foi dimensionada em 50 e este número permite a entrada de até 50 notas. Suponhamos que o usuário decida inserir mais de 50 notas. Como expulsar os dados excedentes?

A linguagem C não realiza verificação de limites em matrizes, por isso nada impede que você vá além do fim de uma matriz.

Se você transpuser o fim da matriz durante uma operação de atribuição, os valores sobressalentes irão se sobrepor a outros dados da memória. Estes valores serão armazenados em seqüência, seguindo os elementos da matriz na memória. Como não foi reservado espaço para guardá-los, eles irão se sobrepor a outras variáveis ou até mesmo a uma parte do código do próprio programa que por acaso esteja nesta memória. Isso acarretará resultados imprevisíveis, e nenhuma mensagem de erro do compilador avisará o que está ocorrendo.

> Em linguagem C, não há sistema que avise quando o limite de uma matriz for excedido.

Providenciar a verificação do limite de uma matriz é responsabilidade do programador. A solução é não permitir que o usuário digite dados acima do limite em elementos da matriz. Para isso, modificaremos o laço **do-while**, do programa anterior, como segue:

```
do
{
    if(i >= TAMANHO)
    {
        printf("BUFFER LOTADO.\n";
        i++;
```

```
            break;  /* Sai do laço do-while */
        }
        printf("Digite a nota do aluno %d ", i+1);
        scanf("%f",&notas[i]);
    } while(notas[i++] >= 0.0);
```

Com esta modificação, quando **i** atingir 50, que é um acima do último índice da matriz, a mensagem *"BUFFER LOTADO."* será impressa e o comando **break** fará com que o controle saia do laço **do-while** e passe para a segunda parte do programa.

INICIALIZAÇÃO DE MATRIZES

Você pode fornecer valores a cada elemento da matriz na mesma instrução da sua declaração. Veja um exemplo que calcula o número de dias transcorridos do início do ano até a data especificada pelo usuário. O programa verifica se o ano é ou não bissexto.

```
/* numdias.c */
/* Imprime o número de dias do ano até a data especificada */
#include <stdio.h>
#include <stdlib.h>

int main()
{
    int dmes[12]={ 31,28,31,30,31,30,31,31,30,31,30,31};

    int dia, mes, ano, total, i;

    printf("Digite a data no formato DD/MM/AAAA: ");

    /* %*c lê caractere do teclado e não atribui a nada */
    scanf("%d%*c%d%*c%d", &dia, &mes, &ano);

    if((((!(ano%4) && ano%100)) || !(ano%400))
            dmes[1]=29;  /* Ano bissexto */

    total=dia;

    for(i=0; i < mes-1; i++)
            total+=dmes[i];

    printf("Total de dias transcorridos desde o início do ano: %d\n",
            total);

    system("PAUSE");
    return 0;
}
```

Veja dois exemplos da execução do programa:

```
Digite a data no formato DD/MM/AAAA: 14/6/1994
Total de dias transcorridos desde o início do ano: 165
```

```
Digite a data no formato DD/MM/AAAA: 1/3/1992
Total de dias transcorridos desde o início do ano: 61
```

O programa inicializa a matriz **dmes[]** na instrução:

```
int dmes[12]={31,28,31,30,31,30,31,31,30,31,30,31};
```

A lista de valores é colocada entre chaves e os valores são separados por vírgulas. Eles são atribuídos na seqüência em que são escritos, isto é, **dmes[0]** terá o valor inicial **31**, **dmes[1]** terá o valor inicial **28** e assim por diante.

Observe que há um ponto-e-vírgula após fechamento das chaves, na inicialização da matriz. Em C, as estruturas de programação como laços, funções e comandos de decisão não admitem um ponto-e-vírgula após a chave de seus blocos de código, enquanto as estruturas de dados sempre terminam por ponto-e-vírgula após a chave de fechamento.

Matrizes só podem ser inicializadas se forem criadas em tempo de compilação. Assim, para inicializar uma matriz, ela deve ser da classe **static** ou **extern**. Se uma matriz for criada dentro de uma função e inicializada sem que seja escrito explicitamente **static**, o compilador se encarregará de criá-la como **static** ou apresentará um erro.

```
static int dmes[12]={ 31,28,31,30,31,30,31,31,30,31,30,31};
```

A instrução de declaração de uma matriz inicializada pode suprimir a dimensão da matriz, restando apenas um par de colchetes vazios:

```
int dmes[]={ 31,28,31,30,31,30,31,31,30,31,30,31};
```

Se nenhum número for dado para dimensionar a matriz, o compilador contará o número de valores inicializadores e o fixará como dimensão da matriz.

Caso você especifique a dimensão da matriz e use menos inicializadores que esse tamanho, os elementos não inicializados conterão zeros. Se for colocado um número de inicializadores maior que o necessário, o compilador emitirá um erro.

Lamentavelmente, em C, não há como especificar a repetição de um inicializador nem inicializar um elemento no meio de uma matriz sem o fazer com todos os anteriores.

MATRIZES DE MAIS DE UMA DIMENSÃO

Os elementos de uma matriz podem ser de qualquer tipo, incluindo matrizes. Os exemplos vistos até agora são de matrizes de uma dimensão, isto é, matrizes nas quais os elementos são de tipos simples. Diremos que uma matriz é de **duas dimensões** quando seus elementos forem matrizes de uma dimensão.

Na verdade, em C, o termo **duas dimensões** não faz sentido, pois todas as matrizes são armazenadas na memória de forma linear. Usaremos esse termo para indicar matrizes em que os elementos são outras matrizes.

Com dois pares de colchetes, obtemos uma matriz de duas dimensões, e com cada par de colchetes adicionais obtemos matrizes com uma dimensão a mais.

Para ilustrar esse conceito, apresentaremos um programa que usa uma matriz de duas dimensões para criar 50 combinações para a loteria (sena).

```c
/* loteria.c */
/* Imprime 50 combinações de jogos para a Sena */
#include <stdio.h>
#include <stdlib.h>
#define JOGOS 50
#define N 6

int main()
{
   int matriz[JOGOS][N], k, j;

   for(k = 0; k < JOGOS; k++)
     for(j=0 ; j < N; j++)
         matriz[k][j]=rand()%60+1; /* Número aleatório 1 a 60 */

   for(k = 0; k < JOGOS; k++)
   {
         printf("Combinação %2d:    ", k+1);
         for(j = 0; j < N; j++)/* Imprime as dezenas na tela */
                  printf("%2d  ",matriz[k][j]);
         printf("\n");
   }
   system("PAUSE");
   return 0;
}
```

Eis uma execução do programa:

```
Combinação  1:     42   48   35   41   30    5
Combinação  2:     19   19   23   45    6    6

              . . .

Combinação 49:      3   26   29   47   58   58
Combinação 50:     53   33   30   55   42   30
```

O próximo exemplo usa uma matriz de duas dimensões para criar uma grade do jogo-da-velha.

Inicialmente, a matriz é preenchida com pontos. Depois, o programa forma um ciclo por meio de um laço **while** no qual a matriz é impressa, verifica se algum jogador já ganhou ou se houve empate, solicita ao jogador que digite um par de coordenadas e finalmente atribui o caractere '**o**' ou '**x**' ao elemento da matriz correspondente às coordenadas entradas.

Executando esse programa, você verá como trabalha um sistema de coordenadas de duas dimensões. Digite pares de números como (0 0), (1 2), (2 2) etc. A coordenada horizontal, ou seja, o número da linha, é fornecida primeiro. Não esqueça de que os índices começam em zero.

```c
/* jogodavelha.c */
/* Jogo-da-velha. Mostra matriz de duas dimensões */
#include <stdio.h>
#include <stdlib.h>

int main()
{
    unsigned char m[3][3]; /* Matriz de duas dimensões */
    int lin, col, j=0;

    const int TRUE = 1;
    const char O='o', X ='x';

    printf("Digite coordenadas na forma lin col :\n");

    for(lin=0; lin < 3 ; lin++)
         for(col=0; col < 3; col++)
            m[lin][col]='.';

    while(TRUE)
    {
         for(lin=0; lin < 3 ; lin++)
         {
             for(col=0; col < 3; col++)
                  printf("%c ", m[lin][col]);
             printf("\n");
         }

         /* Verifica se o primeiro jogador ganhou */
         if((m[0][0]==O && m[0][1]==O && m[0][2]==O)||
            (m[1][0]==O && m[1][1]==O && m[1][2]==O)||
            (m[2][0]==O && m[2][1]==O && m[2][2]==O)||
            (m[0][0]==O && m[1][0]==O && m[2][0]==O)||
            (m[0][1]==O && m[1][1]==O && m[2][1]==O)||
            (m[0][2]==O && m[1][2]==O && m[2][2]==O)||
            (m[0][0]==O && m[1][1]==O && m[2][2]==O)||
            (m[0][2]==O && m[1][1]==O && m[2][0]==O))
         {
             printf("\aVocê ganhou, primeiro jogador!!!\n");
             break;
         }

         /* Verifica se o segundo jogador ganhou */
         if((m[0][0]==X && m[0][1]==X && m[0][2]==X)||
            (m[1][0]==X && m[1][1]==X && m[1][2]==X)||
            (m[2][0]==X && m[2][1]==X && m[2][2]==X)||
            (m[0][0]==X && m[1][0]==X && m[2][0]==X)||
            (m[0][1]==X && m[1][1]==X && m[2][1]==X)||
            (m[0][2]==X && m[1][2]==X && m[2][2]==X)||
            (m[0][0]==X && m[1][1]==X && m[2][2]==X)||
            (m[0][2]==X && m[1][1]==X && m[2][0]==X))
         {
             printf("\aVocê ganhou, segundo jogador!!!\n");
             break;
         }
```

```
            if(j==9)
            {
                    printf("\aEmpatou!!!\n");
                    break;
            }

            printf("Coordenadas: ");
            scanf("%d%d", &lin, &col);

            if(m[lin][col] == '.')  /* Casa livre? */
            {
                    if(j%2) m[lin][col]=X;
                    else m[lin][col]=O;
                    j++;
            }
    }

    system("PAUSE");
    return 0;
}
```

Veja uma execução do programa:

```
Digite coordenadas na forma lin col :
. . .
. . .
. . .
Coordenadas: 0 0
o . .
. . .
. . .
Coordenadas: 0 1
o x .
. . .
. . .
Coordenadas: 1 1
o x .
. o .
. . .
Coordenadas: 0 2
o x x
. o .
. . .
Coordenadas: 2 2
o x x
. o .
. . o
Você ganhou, primeiro jogador!!!
```

INICIALIZAÇÃO DE MATRIZES DE DUAS DIMENSÕES

As matrizes de duas dimensões são inicializadas da mesma maneira que as de dimensão única, isto é, os elementos são colocados entre as chaves depois do sinal de igual e separados por vírgulas. Como cada elemento de uma matriz de duas dimensões é por sua vez uma matriz, então cada elemento deve estar entre chaves e os elementos internos devem ser separados por vírgulas.

Como exemplo, vamos reescrever o programa **jogodavelha.c** inicializando a matriz com pontos.

```
/* jogodavelha.c */
/* Jogo-da-velha. Mostra matriz de duas dimensões inicializada */
#include <stdio.h>
#include <stdlib.h>

int main()
{
    const char pt='.';
    unsigned char m[3][3]= /* Matriz de 2 dimensões inicializada */
            {{pt, pt, pt}, {pt, pt, pt}, {pt, pt, pt}};

    int lin, col, j=0;

    const int TRUE = 1;
    const char O='o', X ='x';

    printf("Digite coordenadas na forma lin col :\n");

    while(TRUE)
    {
            for(lin=0; lin < 3 ; lin++)
            {
                    for(col=0; col < 3; col++)
                        printf("%c ", m[lin][col]);
                    printf("\n");
            }

            /* Verifica se o primeiro jogador ganhou */
            if((m[0][0]==O && m[0][1]==O && m[0][2]==O)||
               (m[1][0]==O && m[1][1]==O && m[1][2]==O)||
               (m[2][0]==O && m[2][1]==O && m[2][2]==O)||
               (m[0][0]==O && m[1][0]==O && m[2][0]==O)||
               (m[0][1]==O && m[1][1]==O && m[2][1]==O)||
               (m[0][2]==O && m[1][2]==O && m[2][2]==O)||
               (m[0][0]==O && m[1][1]==O && m[2][2]==O)||
               (m[0][2]==O && m[1][1]==O && m[2][0]==O))
            {
                    printf("\aVocê ganhou, primeiro jogador!!!\n");
                    break;
            }

            /* Verifica se o segundo jogador ganhou */
            if((m[0][0]==X && m[0][1]==X && m[0][2]==X)||
               (m[1][0]==X && m[1][1]==X && m[1][2]==X)||
               (m[2][0]==X && m[2][1]==X && m[2][2]==X)||
               (m[0][0]==X && m[1][0]==X && m[2][0]==X)||
               (m[0][1]==X && m[1][1]==X && m[2][1]==X)||
```

```
                    (m[0][2]==X && m[1][2]==X && m[2][2]==X)||
                    (m[0][0]==X && m[1][1]==X && m[2][2]==X)||
                    (m[0][2]==X && m[1][1]==X && m[2][0]==X))
                {
                    printf("\aVocê ganhou, segundo jogador!!!\n");
                    break;
                }

                if(j==9)
                {
                    printf("\aEmpatou!!!\n");
                    break;
                }

                printf("Coordenadas: ");
                scanf("%d%d", &lin, &col);

                if(m[lin][col] == '.')  /* Casa livre? */
                {
                    if(j%2) m[lin][col]=X;
                    else m[lin][col]=O;
                    j++;
                }
            }
    }

    system("PAUSE");
    return 0;
}
```

A matriz **m[]** tem três elementos: **m[0]**, **m[1]** e **m[2]**. Cada elemento de **m[]** é, por sua vez, uma matriz de três elementos do tipo **char**. Assim, **m[0]**, **m[1]** e **m[2]** são nomes de matrizes de elementos do tipo **char**.

Para inicializar uma matriz, devemos colocar a lista de elementos em ordem, entre chaves e separados por vírgulas, exatamente como fizemos ao inicializar uma matriz de uma dimensão:

```
unsigned char m[3][3]=  /* Matriz de 2 dimensões inicializada */
{{pt, pt, pt}, {pt, pt, pt}, {pt, pt, pt}};
```

> A lista de valores usada para inicializar a matriz apresenta constantes separadas por vírgulas e envoltas por chaves.

Inicialização de matrizes de três dimensões

Uma matriz de três dimensões é aquela em que cada elemento é uma matriz de duas dimensões. Observe o fragmento de programa a seguir que inicializa uma matriz de três dimensões:

```
        int tresd[3][2][4] =
    {
        {
                    {1,2,3,4},
                    {5,6,7,8}
        },
        {
                    {7,9,3,2},
                    {4,6,8,3}
        },
        {
                    {7,2,6,3},
                    {0,1,9,4}
        }
    };
```

A matriz **tresd[]** tem três elementos: **tresd[0]**, **tresd[1]** e **tresd[2]**. Cada um de seus elementos é uma matriz de duas dimensões.

Como você representaria o único valor zero da declaração anterior?

O primeiro índice é **[2]**, pois o zero pertence ao terceiro grupo. O segundo índice é **[1]**, pois o zero está na segunda matriz do terceiro grupo. O terceiro índice é **[0]**, pois é o primeiro dos quatro números.

Então:

```
tresd[2][1][0] == 0
```

Matrizes como argumentos de funções

Temos visto exemplos da passagem de vários tipos de variáveis como argumentos de funções. As matrizes também podem ser passadas como argumento para uma função.

O programa seguinte é uma variação do programa **notasf.c**, que usa uma função para calcular a média aritmética dos valores de uma matriz.

```c
/* notas.c */
/* Mostra passagem de matrizes para funções como argumento */
#include <stdio.h>
#include <stdlib.h>
#define TAMANHO 50

float media(float[], int);/* Protótipo */

int main()
{
   float notas[TAMANHO] , m;
   int i=0;

   do
   {
```

```
            printf("Digite a nota do aluno %d ", i+1);
            scanf("%f",&notas[i]);
    } while(notas[i++] >= 0.0);

    i--; /* Remove o item de término */

    m = media(notas, i);

    printf("Média das notas: %.2f\n", m);

    system("PAUSE");
    return 0;
}
/* Calcula a média dos valores da matriz */
float media(float lista[], int tamanho)
{
    int i;
    float m=0.0;
    for(i=0; i < tamanho ; i++) m += lista[i];
    return   m/tamanho ;
}
```

A primeira parte deste programa lê a lista das notas enquanto não for digitada uma nota negativa. O único elemento novo deste programa é a instrução:

```
m = media(notas, i);
```

Ela é uma chamada à função **media()**, que retorna a média das notas armazenadas na matriz.

A parte interessante a ser considerada aqui é como foi passada a matriz para a função: usamos unicamente o nome da matriz.

Para referenciar um elemento da matriz já sabemos que a sintaxe é **notas[i]**; mas o que representa o nome da matriz sem colchetes?

> O nome de uma matriz, desacompanhado de colchetes, representa o endereço de memória em que a matriz foi armazenada.

O nome de uma variável simples representa o valor nela contido; entretanto, o nome de uma matriz representa seu endereço de memória. Esse endereço é o do primeiro elemento da matriz. Em outras palavras, **notas** é o endereço de **notas[0]**, que é uma variável do tipo **float**.

Assim, a função **media()** recebe o endereço de uma variável **float** e não um valor. Devemos declarar esse endereço corretamente. O tipo **float[]** indica o endereço de uma variável **float**.

O bom entendimento de endereços tornar-se-á imprescindível quando estudarmos ponteiros. Analisaremos detalhadamente esse assunto no capítulo de ponteiros.

MATRIZES SÃO PASSADAS PARA FUNÇÕES POR REFERÊNCIA

As matrizes são consideradas um tipo de dado bastante grande, pois são formadas por diversas variáveis. Por causa disso, em linguagem C, determina-se ser mais eficiente existir uma única cópia da matriz na memória, sendo, portanto, irrelevante o número de funções que a acessem. Assim, não são passados os valores contidos na matriz, somente o seu endereço de memória.

O que ocorre quando o endereço de uma matriz é passado para uma função como argumento?

A função usa o endereço para acessar os elementos da matriz original, criada na função que chama. Isso significa que as alterações que a função efetuar nos elementos da matriz afetarão a matriz original.

> Ao passar o nome de uma matriz para uma função não se cria uma nova cópia da matriz; a passagem é por referência.

ORDENAÇÃO DOS VALORES DE UMA MATRIZ

No exemplo anterior, a função **media()** não altera os valores dos elementos da matriz. Vamos analisar um programa que ordena os valores de uma matriz e observar que a mudança da ordem é feita na matriz original, criada em **main()**.

```
/* ordenanum.c */
/* Ordena os valores da matriz */
#include <stdio.h>
#include <stdlib.h>
#define TAMANHO 50

void ordena(int[], int);/* Protótipo */

int main()
{
   int Tab[TAMANHO], i, j;

   for(i=0; i<TAMANHO ; i++)
   {
        printf("Digite número ou zero para terminar: ");
        scanf("%d", &Tab[i]);

        if(!Tab[i]) break;
   }

   ordena(Tab, i);

   for(j=0; j < i ; j++)
        printf("%d\n", Tab[j]);
   system("PAUSE");
   return 0;
}
```

```
/* Ordena os valores da matriz */
void ordena(int lista[], int tamanho)
{
   int i, j, temp;
   for(i=0; i < tamanho - 1 ; i++)
       for(j=i+1 ; j < tamanho ; j++)
           if(lista[i] > lista[j])
           {
               temp = lista[j];
               lista[j] = lista[i];
               lista[i] = temp;
           }
}
```

Veja um exemplo da execução do programa:

```
Digite número ou zero para terminar: 46
Digite número ou zero para terminar: 25
Digite número ou zero para terminar: 73
Digite número ou zero para terminar: 58
Digite número ou zero para terminar: 33
Digite número ou zero para terminar: 18
Digite número ou zero para terminar: 0
18
25
33
46
58
73
```

A ORDENAÇÃO BOLHA

O processo de ordenação utilizado na função **ordena()** merece alguma explanação.

A função começa considerando a primeira variável da matriz, **lista[0]**. O objetivo é colocar o menor item da lista nessa variável. Assim, a função percorre cada um dos itens seguintes a fim de encontrar o menor deles. Sempre que encontra um item menor, eles são trocados. Terminada a operação, segue-se o próximo item: **lista[1]**. Esse item deverá conter o próximo menor valor. Novamente, são realizadas as comparações e trocas. O processo continua até que a lista toda esteja ordenada.

O processo de ordenação é feito por meio de dois laços. O laço mais externo determina qual elemento da matriz será usado como base de comparação. O laço mais interno compara cada item seguinte com o de base e, quando encontra um item menor que o de base, faz a troca. A troca é feita no corpo do **if** por meio de uma variável temporária.

Esse método é chamado de **ordenação bolha**. Sua popularidade vem de sua simples utilização. No entanto, existem outros algoritmos, e alguns mais eficientes.

A função **main()** imprime os valores dos elementos da matriz após o retorno da função **ordena()**. Observe como a matriz foi efetivamente alterada.

MATRIZES DE DUAS DIMENSÕES COMO ARGUMENTO DE FUNÇÕES

Para ilustrar o uso de uma matriz de duas dimensões passada como argumento para uma função, escreveremos um programa para avaliar a eficiência dos funcionários de uma loja quanto ao número de peças vendidas por cada um deles em três meses.

O primeiro índice da matriz indica o número de funcionários da loja e o segundo, o número de meses a serem considerados.

```c
/* histograma.c */
/* Mostra matriz de duas dimensões como argumento de função */
#include <stdio.h>
#include <stdlib.h>
#define MES 3
#define FUNC 5

void histograma(int [][MES], int); /* Protótipo */

int main()
{
   int pecas[FUNC][MES], i, j;

   for(i=0; i<FUNC ; i++)
        for(j=0; j<MES ; j++)
        {
             printf("Funcionário: %d\tmês %d: ", i+1, j+1);
             scanf("%d", &pecas[i][j]);
        }
   histograma(pecas,FUNC);
   system("PAUSE");
   return 0;
}
/* Imprime um histograma horizontal */
void histograma(int pecas[][MES], int nfunc)
{
   const float MAXBARRA=50.0;
   int max=0,temp=0, i, j, tam;

   for(i=0; i<nfunc; i++)
   {
        for(j=0; j<MES ; j++)
           temp += pecas[i][j];
        if(max < temp)       max=temp;
   }

   temp=0;
   for(i=0 ; i<nfunc; i++)
   {
        for(j=0; j<MES ; j++) temp += pecas[i][j];
        printf("%2d - %5d:", i+1, temp);

        tam = (int)((float)temp/(float)max*MAXBARRA);

        for(j=0; j<tam; j++) printf("*");
```

```
        printf("\n");
    }
}
```

Eis um exemplo da execução do programa:

```
Funcionário 1 mês 1: 1144
Funcionário 1 mês 2: 1200
Funcionário 1 mês 3: 1200
Funcionário 2 mês 1: 800
Funcionário 2 mês 2: 630
Funcionário 2 mês 3: 750
Funcionário 3 mês 1: 2345
Funcionário 3 mês 2: 2400
Funcionário 3 mês 3: 2567
Funcionário 4 mês 1: 1789
Funcionário 4 mês 2: 1876
Funcionário 4 mês 3: 1654
Funcionário 5 mês 1: 3456
Funcionário 5 mês 2: 3214
Funcionário 5 mês 3: 2999

1 -  3544:******
2 -  5724:**********
3 - 13036:***********************
4 - 18355:********************************
5 - 28024:**************************************************
```

O método de passagem do endereço da matriz para a função é idêntico ao da passagem de uma matriz de uma dimensão, não importando quantas dimensões tenha a matriz, visto que sempre passamos o seu endereço.

```
histograma(pecas,nfunc);
```

Entretanto, a declaração da matriz na função e no seu protótipo é um tanto misteriosa:

```
int pecas[][MES]
```

Por que só estamos informando a segunda dimensão da matriz?

Como não há verificação de limites, uma matriz com a primeira dimensão de qualquer valor pode ser passada para a função chamada. Mas uma função que recebe uma matriz bidimensional deverá ser informada do comprimento da segunda dimensão para poder operar com declarações do tipo:

```
pecas[2][1]
```

pois, para encontrar a posição de memória em que **pecas[2][1]** está guardada, a função multiplica o primeiro índice (**2**) pelo número de elementos da segunda dimensão (MES) e adiciona o segundo índice (**1**), para finalmente somar ao endereço da matriz (**pecas**).

Caso o comprimento da segunda dimensão não seja conhecido, será impossível saber onde estão os valores.

Nesse ponto, você já está apto a trabalhar com matrizes. Você sabe como declarar matrizes de diferentes dimensões e tipos, como inicializar matrizes, como referenciar um elemento particular da matriz e como passar uma matriz para uma função.

A próxima seção deste capítulo mostrará um uso especial de matrizes: manipulação de cadeias de caracteres (strings), que são apenas um tipo de matriz.

STRINGS

O uso mais importante de matrizes é aplicado à criação de tipos de dados para armazenar e manipular textos como palavras, nomes e sentenças.

String é uma matriz do tipo **char**, que armazena um texto formado de caracteres e sempre terminado pelo caractere zero ('0'). Em outras palavras, *string* é uma série de caracteres, em que cada um ocupa um byte de memória, armazenado em seqüência e terminado por um byte de valor zero ('0'). Cada caractere é um elemento independente da matriz e pode ser acessado por meio de um índice.

STRINGS CONSTANTES

Sempre que o compilador encontra qualquer coisa entre aspas duplas, ele reconhece que se trata de uma string constante.

Ao longo desse livro, já mostramos vários exemplos de strings constantes. Veja mais um exemplo:

```
printf("%s", "Saudações!");  /* String constante */
```

Na memória, a cadeia de caracteres "Saudações!" é armazenada da seguinte forma:

	/ \ / \ / \ / \ / \ / \ / \
1449	
1450	S
1451	a
1452	u
1453	d
1454	a
1455	ç
1456	õ
1457	e

1458	s
1459	!
1460	\0
1461	

/ \ / \ / \ / \ / \ / \ / \

Observe que o caractere '\0', também chamado NULL, tem o valor zero decimal, e não é o mesmo que o caractere '\0', com valor 48 decimal.

A terminação com zero é importante, pois é a única maneira de as funções reconhecerem onde é o fim da string.

STRINGS VARIÁVEIS

Um dos modos de se ler strings do teclado é por meio da função **scanf()**, pelo formato %s. O exemplo seguinte mostra como definir uma string variável para receber um nome pelo teclado.

```
/* str1.c */
/* Mostra o uso de strings */
#include <stdio.h>
#include <stdlib.h>

int main()
{
   char nome[80];
   printf("Digite o seu nome: ");
   scanf("%s", nome);
   printf("Saudações, %s.\n", nome);
   system("PAUSE");
   return 0;
}
```

Veja a saída:

```
Digite o seu nome: Victorine Viviane Mizrahi
Saudações, Victorine.
```

AS FUNÇÕES PARA MANIPULAÇÃO DE STRINGS

A FUNÇÃO scanf()

A instrução

```
scanf("%s", nome);
```

lê cada caractere digitado e os armazena a partir do endereço **nome**. O processo termina quando um caractere branco é encontrado. Nesse ponto é incluído automaticamente o caractere '\0' na próxima posição livre da matriz. Observe que você não poderá ultrapassar o limite estipulado na criação da matriz e deverá prever espaço para o caractere '\0'.

A função **scanf()** entende um espaço em branco como término da entrada. O resultado é que não existe uma forma de digitar um texto de múltiplas palavras. Assim, somente o primeiro nome foi armazenado.

Você deve ter notado que não usamos o operador **&** precedendo o segundo argumento de **scanf()**. Já que o nome de uma matriz é o seu endereço inicial, seria errado utilizar o operador de endereço junto a ele. A expressão **nome** é equivalente a **&nome[0]**.

A função **scanf()** é principalmente usada para ler uma mistura de tipos de dados numa mesma instrução. Por exemplo, se em cada linha de entrada quisermos ler o código de um material do estoque, o seu número no estoque e o seu preço, **scanf()** se adapta perfeitamente.

A função gets()

A função **gets()**, como protótipo no arquivo **stdio.h**, é mais conveniente para a leitura de textos. O seu propósito é unicamente ler uma cadeia de caracteres do teclado enquanto não for pressionada a tecla [ENTER]. Todos os caracteres são armazenados na string e é incluído o caractere NULL no final.

Caracteres brancos, como espaços e tabulações, são perfeitamente aceitáveis como parte da cadeia. Veja o programa modificado:

```
/* str2.c */
/* Mostra leitura de string com gets() */
#include <stdio.h>
#include <stdlib.h>

int main()
{
    char nome[80];
    printf("Digite o seu nome: ");
    gets(nome); /* Lê texto do teclado */
    printf("Saudações, %s.\n", nome);
    system("PAUSE");
    return 0;
}
```

Eis uma execução do programa:

```
Digite o seu nome: Victorine Viviane Mizrahi
Saudações, Victorine Viviane Mizrahi.
```

Impressão de strings com puts()

A função **puts()** é o complemento da função **gets()** e é bem fácil de usar. O propósito de **puts()** é imprimir uma única string por vez. O endereço dessa string deve ser enviado para **puts()** como argumento. O próximo exemplo ilustra seu uso.

```
/* str3.c */
/* Mostra impressão de string com puts() */
#include <stdio.h>
#include <stdlib.h>

int main()
{
   char nome[80];
   printf("Digite o seu nome: ");
   gets(nome); /* Lê texto do teclado */
   puts("Saudações, "); /* Imprime texto no vídeo */
   puts(nome);
   puts("puts() pula de linha sozinha");
   puts(&nome[4]);
   system("PAUSE");
   return 0;
}
```

Eis uma execução do programa:

```
Digite o seu nome: Victorine Viviane Mizrahi
Saudações,
Victorine Viviane Mizrahi
puts() pula de linha sozinha
orine Viviane Mizrahi
```

A função **puts()** reconhece o '\0' como o fim da string. Observe que cada string impressa por **puts()** termina por um caractere de nova linha. Portanto, se você desejar imprimir duas strings na mesma linha, a solução é usar **printf()**.

As duas instruções seguintes têm o mesmo efeito:

```
printf("%s\n ",nome);
puts(nome);
```

Inicialização de strings

Lembre-se de que qualquer matriz pode ser inicializada, contanto que seja da classe **extern** ou **static**. Essa característica vale também para **strings** que são matrizes do tipo **char**.

```
char nome[]={'A', 'n', 'a', '\0'};
```

O compilador oferece uma forma de inicialização equivalente, mas consideravelmente mais simples:

```
char nome[]= "Ana";

/* str4.c */
/* Mostra o uso de strings inicializadas */
#include <stdio.h>
#include <stdlib.h>
```

```
int main()
{
   char salute[]="Saudações, ";
   char nome[80];
   printf("Digite o seu nome: ");
   gets(nome);
   printf("%s%s\n", salute, nome);
   system("PAUSE");
   return 0;
}
```

Veja uma execução do programa:
```
Digite o seu nome: Victorine Viviane Mizrahi
Saudações, Victorine Viviane Mizrahi
```

Aritmética com endereços

Já sabemos que o nome de uma matriz é um endereço, que corresponde ao endereço do primeiro elemento da matriz. Em outras palavras, **salute** é o endereço de **salute[0]**, que é uma variável do tipo **char**. Ou seja, **salute** é o endereço de uma variável do tipo **char**.

O que significa **salute + 1**? O número **1** desta soma tem uma unidade estranha: significa um byte, se o endereço for de uma variável **char**; 4 bytes (ou o tamanho da palavra de sua máquina), se o endereço for de uma variável **int**; 4 bytes, se o endereço for de uma variável **float**; e assim por diante. Portanto, se somarmos **1** ao endereço de uma matriz de elementos do tipo **int**, estaremos obtendo o endereço da próxima variável **int** da memória, ou o próximo elemento da matriz. Em regra geral, se **M** é o nome de uma matriz e **i** é uma variável do tipo **int**, então

```
M + i
```

é equivalente a **&M[i]**.

Utilizando esse conceito, podemos extrair uma substring de uma string somando ao seu endereço um número inteiro que indique o byte onde começará nossa substring. Veja o exemplo:

```
/* str5.c */
/* Mostra o uso da aritmética com endereços */
#include <stdio.h>
#include <stdlib.h>

int main()
{
   char salute[]="Saudações, ";
   char nome[80];
   printf("Digite o seu nome: ");
   gets(nome);
   printf("%s%s\n", salute, nome + 5);
   system("PAUSE");
   return 0;
}
```

Eis uma execução do programa:

```
Digite o seu nome: Victorine Viviane Mizrahi
Saudações, rine Viviane Mizrahi
```

Outras funções de manipulação de strings

Os compiladores oferecem, em suas bibliotecas, várias funções para trabalhar com strings. A seguir, analisaremos algumas delas.

A função strlen()

A função **strlen()**, declarada no arquivo **string.h**, recebe como argumento o endereço de uma **string** e retorna o seu tamanho (o número de caracteres armazenados na string).

O programa seguinte examina cada posição de memória ocupada pela string e imprime o que tiver encontrado.

```
/* str6.c */
/* Mostra o uso de strlen() */
#include <stdio.h>
#include <stdlib.h>
#include <string.h>

int main()
{
   int len, i;
   char nome[80];

   printf("Digite o seu nome: ");
   gets(nome);

   len=strlen(nome);

   for(i=0; i<len + 4; i++)
        printf("Endereço = %u\tChar   = %c\tDec    = %d\n",
               (unsigned)(nome+i), nome[i], (int)nome[i]);

   system("PAUSE");
   return 0;
}
```

Veja uma execução do programa:

```
Digite o seu nome: André
Endereço = 65444        Char   = A      Dec    = 65
Endereço = 65445        Char   = n      Dec    = 110
Endereço = 65446        Char   = d      Dec    = 100
Endereço = 65447        Char   = r      Dec    = 114
Endereço = 65448        Char   = é      Dec    = 130
Endereço = 65449        Char   =        Dec    = 0
Endereço = 65450        Char   = <      Dec    = 60
Endereço = 65451        Char   = #      Dec    = 35
Endereço = 65452        Char   = @      Dec    = 64
```

Imprimimos quatro caracteres além do final da string. O primeiro é o NULL, que não aparece, pois tem valor zero; já os outros são caracteres considerados lixo.

Em nosso programa, a instrução:

```
len=strlen(nome);
```

atribui o valor 5 à variável **len** se o nome "**André**" for inserido. Observe que **strlen()** não conta o caractere NULL.

A função strcat()

A função **strcat()**, declarada no arquivo **string.h**, concatena uma cadeia de caracteres a outra, ou seja, acrescenta uma cadeia de caracteres ao final de outra. Ela recebe como argumentos dois endereços de variáveis do tipo **char** e concatena a segunda na primeira. A segunda cadeia não é alterada.

Cuidado! Essa função não verifica se a primeira cadeia tem espaço suficiente para que a segunda cadeia seja adicionada ao seu final.

```
/* somastr.c */
/* Mostra o uso de strcat() */
#include <stdio.h>
#include <stdlib.h>
#include <string.h>

int main()
{
   char salute[100]="Saudações, ";
   char nome[80];

   printf("Digite o seu nome: ");
   gets(nome);

   strcat(salute, nome);

   printf("%s\n", salute);

   system("PAUSE");
   return 0;
}
```

Eis a saída:

```
Digite o seu nome: Victorine Viviane Mizrahi
Saudações, Victorine Viviane Mizrahi
```

A função strcmp()

Suponhamos que você queira comparar uma cadeia de caracteres digitada pelo usuário com alguma string interna do programa e decida escrever o seguinte programa:

```
/* errado.c */
/* Mostra a comparação entre strings */
#include <stdio.h>
#include <stdlib.h>
#include <string.h>

int main()
{
   char resposta[]="BRANCO";
   char resp[40];

   printf("Qual é a cor do cavalo branco de Napoleão?");
   gets(resp);

   while (resp != resposta)
   {
        printf("Resposta errada. Tente de novo.\n");
        gets(resp);
   }
   printf("Correto!\n");
   system("PAUSE");
   return 0;
}
```

Este programa não trabalhará corretamente, pois **resp** e **resposta** são endereços de variáveis **char**, então a expressão

```
while(resp != resposta)
```

realmente não pergunta se as duas cadeias são diferentes e sim se os dois endereços são diferentes. Como **resp** e **resposta** são endereços distintos, o laço **while** é infinito.

Para comparar os caracteres contidos nas duas cadeias, é necessário utilizar uma função. A função **strcmp()**, declarada no arquivo **string.h**, recebe dois endereços de strings e retorna um número inteiro, que indica a diferença numérica do primeiro caractere diferente da primeira cadeia em relação ao da segunda. Então, se este número for:

```
< 0        string1 é menor que string2
0          string1 é igual a string2
> 0        string1 é maior que string2
```

Nesse contexto, "menor que" ou "maior que" indica que, se string1 e string2 forem colocados em ordem alfabética (de dicionário), o que aparecer primeiro é o menor.

Vamos reescrever o programa anterior corretamente.

```
/* napoleao.c */
/* Mostra o uso de strcmp() */
#include <stdio.h>
#include <stdlib.h>
#include <string.h>

int main()
{
   char resposta[]="BRANCO";
   char resp[40];
```

```
        printf("Qual é a cor do cavalo branco de Napoleão?");
        gets(resp);

        while (strcmp(resp,resposta) != 0)
        {
                printf("Resposta errada. Tente de novo.\n");
                gets(resp);
        }
        printf("Correto!\n");
        system("PAUSE");
        return 0;
}
```

Veja um exemplo que imprime o valor retornado por **strcmp()** em várias situações.

```
/* strcmp.c */
/* Testa a função strcmp() */
#include <stdio.h>
#include <stdlib.h>
#include <string.h>
int main()
{
   printf("%d\n", strcmp("A", "A"));
   printf("%d\n", strcmp("A", "B"));
   printf("%d\n", strcmp("B", "A"));
   printf("%d\n", strcmp("C", "A"));
   printf("%d\n", strcmp("casas", "casa"));

   system("PAUSE");
   return 0;
}
```

Eis a saída:

```
 0
-1
 1
 1
 1
```

A função strcpy()

A função **strcpy()**, declarada no arquivo **string.h**, recebe dois endereços de strings e copia o conteúdo da segunda na primeira.

Para ilustrar o seu uso, escreveremos uma função que apaga um caractere de uma cadeia de caracteres.

```
/* strdel.c */
/* Mostra o uso de strcpy() */
#include <stdio.h>
#include <stdlib.h>
#include <string.h>

void strdel(char[], int); /* Protótipo */
```

```c
int main()
{
   char str[] = "Carrta";

   printf("%s\n", str);
   strdel(str,2);
   printf("%s\n", str);

   system("PAUSE");
   return 0;
}
/* Apaga um caractere de uma cadeia */
void strdel(char str[], int pos)
{
   strcpy(str+pos, str+pos+1);
}
```

Veja a saída:

```
Carrta
Carta
```

A função **strdel()** move, em um espaço à esquerda, todos os caracteres que estão à direita do que está sendo apagado. Para essa movimentação, a função utiliza **strcpy()**.

As funções strncat(), strncmp() e strncpy()

Essas funções são semelhantes às que acabamos de analisar. A diferença é que elas trabalham com um número fixo de caracteres. Todas recebem um terceiro argumento indicando o número de caracteres a processar. Por exemplo, a função **strncat()** concatena **n** caracteres da segunda cadeia na primeira; **strncmp()** compara **n** caracteres das cadeias; e **strncpy()** copia **n** caracteres da segunda cadeia para a primeira.

Matrizes de strings

No decorrer deste capítulo, vimos vários exemplos de matrizes bidimensionais. Como uma string é uma matriz, uma matriz de strings é na realidade uma matriz de matrizes, ou uma matriz de duas dimensões.

O nosso programa de exemplo é uma melhoria do programa **diasemana.c** do capítulo de comandos de decisão. Ele solicita que seja digitada uma data e imprime o dia da semana.

```c
/* diasemana1.c */
/* Imprime o dia da semana a partir de uma data */
/* Mostra o uso de uma matriz de strings */
#include <stdio.h>
#include <stdlib.h>
#include <string.h>
#include <conio.h>      /* Para getche() */

int dsemana(int, int, int); /* Protótipo */
```

```c
int main()
{
   char diasemana[7][14]= {"Domingo",
                           "Segunda-feira",
                           "Terça-feira",
                           "Quarta-feira",
                           "Quinta-feira",
                           "Sexta-feira",
                           "Sábado"
                          };
   int dia, mes, ano;
   const char ESC = 27;
   do
   {
        printf("Digite a data na forma dd mm aaaa: ");
        scanf("%d%d%d", &dia, &mes, &ano);
        printf("%s\n", diasemana [ dsemana(dia,mes,ano)]);
        printf("ESC para terminar ou ENTER para recomeçar\n");
   } while (getch() != ESC);

   system("PAUSE");
   return 0;
}
/ * Encontra o dia da semana a partir de uma data */
/ * Retorna 0 para domingo, 1 para segunda-feira etc. */
int dsemana(int dia, int mes, int ano)
{
   int dSemana = ano + dia + 3 * (mes - 1) - 1;
   if(mes < 3)
        ano--;
   else
        dSemana -= (int)(0.4*mes+2.3);
   dSemana += (int)(ano/4) - (int)((ano/100 + 1)*0.75);
   dSemana %= 7;
   return dSemana;
}
```

Observe como a matriz de strings é inicializada. Cada nome entre aspas é uma matriz de uma dimensão.

UM PROGRAMA QUE IMPRIME UM CARTÃO DE NATAL

O próximo programa usa as funções de manipulação de strings para imprimir um lindo cartão de Natal.

Eis a listagem:

```c
/* cartao.c */
/* Imprime um cartão de Natal */
#include <stdio.h>
#include <stdlib.h>
#include <string.h>
```

```c
#include <conio.h>      /* Para getche() */

int main()
{
    char Nome[81], Mensagem[39], sEsquerdo, sDireito, Contorno[42];
    int Tamanho, Lado1=0, me=20, Direito, ns, i, fim, Lado, j;

    printf("\nDestinatário: "); gets(Nome);
    printf("\nMensagem dentro da árvore: "); gets(Mensagem);
    Tamanho=strlen(Mensagem);
    printf("\nSinal interno direito:");   sDireito=getche();
    printf("\nSinal interno esquerdo:");  sEsquerdo=getche();
    Direito=38-Tamanho; Contorno[0]='/'; ns=Direito/2;
    for(i=1; i<=ns ; i++) Contorno[i]=sEsquerdo;
    strcpy(&Contorno[i], Mensagem);
    fim=strlen(Contorno);
    for(i=fim; i < fim+ns ;i++) Contorno[i]=sDireito;
    Contorno[i]='\\'; Contorno[i+1]='\0'; fim=strlen(Contorno);

    /* Impressão da árvore */
    printf("\n");
    for(i=0; i < (80-strlen(Nome))/2; i++) printf(" ");
    printf("%s\n\n\n",Nome);
    for(i=1; i<=36; i++)
    {
         Lado=i-Lado1;
         for(j=1; j <= me+20-Lado; j++) printf(" ");
         for(j=0;j<Lado ;j++) printf("%c",Contorno[j]);
         printf("%s\n",&Contorno[fim-Lado]);
         if(!(i%4)) Lado1=Lado1+2;
    }
    for(i=0;i<me-1;i++) printf(" ");
    printf("%c",'/');
    for(i=0;i<20;i++) printf("%c",sEsquerdo);
    for(i=0;i<20;i++) printf("%c",sDireito);
    printf("%c\n",'\\');
    for(i=0;i<4;i++)
    {
         for(j=0;j<me+18;j++) printf(" ");
         printf("|  |\n");
    }
    printf("\n\n");
    for(i=0;i<me+15;i++) printf(" ");
    printf("FELIZ NATAL\n");
    for(i=0;i<me+11;i++) printf(" ");
    printf("E UM PRÓSPERO 2009!\n");
    system("PAUSE");
    return 0;
}
Destinatário: Sr. Maurício
Mensagem dentro da árvore: FELIZ NATAL E SALVE 2009
Sinal interno direito:>
Sinal interno esquerdo:,
```

Sr. Maurício

```
           /\
          /,>\
         /,,>>\
        /,,,>>>\
         /,,>>\
        /,,,>>>\
       /,,,,>>>>\
      /,,,,,>>>>>\
       /,,,,>>>>\
      /,,,,,>>>>>\
     /,,,,,,>>>>>>\
    /,,,,,,,>>>>>>>\
     /,,,,,,>>>>>>\
    /,,,,,,,>>>>>>>\
    /,,,,,,F9>>>>>>>\
   /,,,,,,,FE09>>>>>>>\
    /,,,,,,,F9>>>>>>>\
   /,,,,,,,FE09>>>>>>>\
   /,,,,,,,FEL009>>>>>>>\
  /,,,,,,,,FELI2009>>>>>>>\
   /,,,,,,,FEL009>>>>>>>\
  /,,,,,,,,FELI2009>>>>>>>\
  /,,,,,,,FELIZ 2009>>>>>>>\
 /,,,,,,,,FELIZ E 2009>>>>>>>\
  /,,,,,,,FELIZ 2009>>>>>>>\
 /,,,,,,,,FELIZ E 2009>>>>>>>\
  /,,,,,,,FELIZ NVE 2009>>>>>>>\
 /,,,,,,,,FELIZ NALVE 2009>>>>>>>\
  /,,,,,,,FELIZ NVE 2009>>>>>>>\
 /,,,,,,,,FELIZ NALVE 2009>>>>>>>\
 /,,,,,,,,FELIZ NATALVE 2009>>>>>>>\
 /,,,,,,,,FELIZ NATASALVE 2009>>>>>>>\
 /,,,,,,,,FELIZ NATALVE 2009>>>>>>>\
 /,,,,,,,,FELIZ NATASALVE 2009>>>>>>>\
 /,,,,,,,,FELIZ NATAL SALVE 2009>>>>>>>\
/,,,,,,,,FELIZ NATAL E SALVE 2009>>>>>>>\
/,,,,,,,,,,,,,,,,,,,,,>>>>>>>>>>>>>>>>>>>\
                  | |
                  | |
                  | |
                  | |
```

FELIZ NATAL
E UM PRÓSPERO 2009!

Revisão

1. Matriz é um tipo de dado que armazena uma coleção de variáveis de um mesmo tipo.

2. Cada elemento de uma matriz é diferenciado por meio de um índice, entre colchetes, colocado após o nome dela. Os índices de matrizes começam em zero.

3. Os elementos de uma matriz são armazenados em seqüência contínua de memória, um seguido ao outro.

4. O número que dimensiona uma matriz na sua declaração deve ser uma constante, enquanto o índice de acesso a um elemento da matriz pode ser uma variável.

5. Uma matriz pode conter elementos de qualquer tipo, contanto que todos tenham o mesmo tipo.

6. Em linguagem C, não há sistema que avise quando o limite de dimensionamento de uma matriz foi excedido.

7. Matrizes podem ser das classes **auto**, **extern** ou **static**, mas não **register**. Matrizes podem ser inicializadas somente se forem criadas em tempo de compilação, isto é, elas devem ser da classe **static** ou **extern**.

8. O termo "mais de uma dimensão" indica matrizes em que os elementos são matrizes.

9. O nome de uma matriz é o endereço de memória de seu primeiro elemento.

10. Matrizes são passadas como argumento para funções por referência.

11. String é uma matriz do tipo **char**.

12. Toda string, em C, termina pelo caractere "\0".

13. A função **gets()** lê uma cadeia de caracteres do teclado e os armazena numa string.

14. Quando somamos 1 ao endereço de uma matriz, estamos somando o tamanho em bytes do tipo de seus elementos. Assim, **M + i** é o endereço do elemento **M[i]**.

15. A função **strlen()** retorna o tamanho de uma string.

16. A função **strcat()** concatena uma string a outra. Em outras palavras, acrescenta uma string ao final de outra.

17. A função **strcmp()** compara duas strings.

18. A função **strcpy()** copia uma string em outra.

19. As funções **strncat()**, **strncmp()** e **strncpy()** são diferentes das anteriores por operarem sobre um número fixo de caracteres, e não sobre a string toda.

20. Uma matriz de strings é uma matriz de duas dimensões.

Exercícios

1. Uma matriz é uma coleção de variáveis de:

   a) diferentes tipos de dados distribuídos pela memória;
   b) tipos de dados similares distribuídos pela memória;
   c) tipos de dados similares em seqüência na memória;
   d) diferentes tipos de dados em seqüência na memória.

2. Em uma declaração de matriz, devem ser especificados o t_____, o n_____ e o t_____ da matriz.

3. A declaração da matriz seguinte é correta?

   ```
   int mat(25);
   ```

4. Qual é o elemento da matriz referenciado por esta expressão?

   ```
   mat[4]
   ```

5. Qual é a diferença entre os números "3" destas duas instruções?

   ```
   int mat[3];
   mat[3] = 5;
   ```

   a) o primeiro especifica um elemento particular e o segundo, um tipo;
   b) o primeiro especifica um tamanho e o segundo, um elemento particular;
   c) o primeiro especifica um elemento particular e o segundo, o tamanho da matriz;
   d) os dois especificam elementos da matriz.

6. O que faz a combinação das instruções seguintes?

   ```
   #define LIM  50
   char coleta[LIM];
   ```

   a) torna LIM um índice;
   b) torna LIM uma variável;
   c) torna **coleta[]** uma matriz do tipo LIM;
   d) torna **coleta[]** uma matriz de tamanho LIM.

7. Se uma matriz é declarada como:

   ```
   float preco[MAX];
   ```

   a instrução abaixo é correta para acessar todos os elementos da matriz?

   ```
   for(int j=0; j <= MAX ; j++)
   scanf("%f", preco[j]);
   ```

8. A instrução seguinte é correta para inicializar uma matriz de uma dimensão?

    ```
    int matriz = {1,2,3,4};
    ```

9. O que acontecerá se você colocar tantos valores em uma matriz, na sua inicialização, a ponto de o seu tamanho ser ultrapassado?

    a) nada;
    b) possível mau funcionamento do sistema;
    c) uma mensagem de erro do compilador;
    d) outros dados podem ser sobrepostos.

10. O que acontecerá se você colocar, em uma matriz, tão poucos valores na sua inicialização que o seu tamanho não seja atingido?

    a) nada;
    b) possível mau funcionamento do sistema;
    c) uma mensagem de erro do compilador;
    d) os elementos não atingidos serão preenchidos com zeros.

11. O que acontecerá se você atribuir um valor a um elemento da matriz cujo índice ultrapasse o tamanho da matriz?

    a) o elemento conterá o valor zero;
    b) nada;
    c) outros dados serão sobrepostos;
    d) mau funcionamento do sistema.

12. A inicialização abaixo é correta?

    ```
    int matriz[3][3] = {  {1,2,3},
                          {4,5,6},
                          {7,8,9}      };
    ```

13. Na matriz da questão 12, como poderíamos referenciar o elemento de valor 4?

14. Se uma matriz foi declarada como:

    ```
    int matriz[12];
    ```

    o que representa a palavra *matriz*?

15. Se você não inicializar uma matriz, o que os seus elementos conterão?

    a) zeros;
    b) valores indeterminados;
    c) números em ponto flutuante;
    d) caracteres "\0".

16. Quando uma matriz é passada para uma função como argumento, o que realmente é passado?

   a) o endereço da matriz;
   b) os valores dos elementos da matriz;
   c) o endereço do primeiro elemento da matriz;
   d) o número de elementos da matriz.

17. Verdadeiro ou Falso: Quando uma função recebe uma matriz do tipo **int** passada como argumento, coloca os valores da matriz em uma posição separada de memória, conhecida somente por essa função.

18. Em que uma string é semelhante a uma matriz?

   a) ambas são matrizes de caracteres;
   b) a matriz é um tipo de string;
   c) acessam funções do mesmo modo;
   d) a string é um tipo de matriz.

19. Quais das seguintes afirmações são corretas?

   a) **scanf()** encerra a leitura de uma string quando encontra um espaço em branco;
   b) **scanf()** lê um número fixo de caracteres de uma string;
   c) **scanf()** termina a leitura de uma string somente quando é pressionada a tecla [ENTER];
   d) **scanf()** não lê strings.

20. Uma string é:

   a) uma lista de caracteres;
   b) uma coleção de caracteres;
   c) uma matriz de caracteres;
   d) um conjunto de caracteres.

21. "A" é um _____ enquanto 'A' é um _____.

22. O que é a expressão seguinte?

   "Mesopotamia\n"

   a) uma variável string;
   b) uma string matriz;
   c) uma string constante;
   d) uma string de caracteres.

23. Uma string é terminada pelo caractere _____, que é chamado de _____.

24. A função _____ é projetada especificamente para ler uma string do teclado.

25. Se você tem declarado uma string como:

   char nome[10];

   e em seu programa você solicita que o usuário forneça o seu nome, o máximo de caracteres que ele deverá digitar é _____.

26. Qual é a função mais apropriada para ler a string **str** do teclado?
   a) scanf();
   b) gets();
   c) printf();
   d) puts();

27. Assuma a seguinte inicialização:

   char str[] = "Brasileira";

   Como você se refere à string "leira" ?

28. Que expressão você usaria para encontrar o comprimento da string **str**?

29. Escreva a função de protótipo:

   void strupr(char[]);

   que converta uma string em letras maiúsculas.

30. Escreva a função de protótipo:

   void strlwr(char[]);

   que converta uma string em letras minúsculas.

31. Escreva a função de protótipo:

   int strchr(char[], char);

   que procure a primeira ocorrência do caractere **ch** em **str**. A função retorna um número inteiro indicando o índice do caractere, se for encontrado, ou −1, em caso contrário.

32. Escreva uma função de protótipo:

   int stricmp(char[], char[]);

   que compare duas cadeias de caracteres independentemente de letras maiúsculas ou minúsculas e retorne a diferença ASCII dos primeiros caracteres diferentes, ou zero se as cadeias forem iguais.

33. Escreva uma função de protótipo:

    ```
    void strnset(char[], char, int);
    ```

    que inicialize a string com **n** vezes o caractere **ch**.

34. Escreva uma função de protótipo:

    ```
    void strinv(char[]);
    ```

    que inverta os caracteres de uma string. Por exemplo: se a string for "ABCDEF", deve ser convertida para "FEDCBA".

35. Escreva uma função de protótipo:

    ```
    int replace(char[], char, char);
    ```

    que substitua todo caractere recebido no segundo argumento (**atual**) de **str** pelos caracteres recebidos no terceiro argumento (**novo**). A função retorna o número de substituições.

36. Escreva uma função de protótipo:

    ```
    void strins(char[], char, int);
    ```

    que insira o caractere **ch** na posição **pos** da string **str**.

37. Escreva uma função de protótipo:

    ```
    void strinss(char[], char[], int);
    ```

    que insira a string **str2** em **str1** na posição **pos**. Utilize a função do exercício anterior.

38. Escreva uma função de protótipo:

    ```
    void left(char[], char[], int);
    ```

    que copie os **n** primeiros caracteres da primeira string na segunda. Utilize a função **strncpy()**.

39. Escreva uma função de protótipo:

    ```
    void right(char[], char[], int);
    ```

    que copie os **n** últimos caracteres da primeira string na segunda. Utilize a função **strncpy()**.

40. Escreva uma função de protótipo

    ```
    void mid(char[], char[], int, int);
    ```

que copie os **n** caracteres (quarto argumento) a partir da posição **inicio** (terceiro argumento) da string **origem** (primeiro argumento) na string **dest** (segundo argumento) Utilize a função **strncpy()**.

41. Escreva as funções de protótipo:

```
void LTrim(char[]);
void RTrim(char[]);
void Trim(char[]);
```

que eliminem os caracteres em branco iniciais (**LTrim()**), finais (**RTrim()**) e iniciais e finais (**Trim()**).

42. Escreva uma função de protótipo:

```
void justify(char[],int, int);
```

que acrescente brancos ao final de **str**, de forma que fique com tamanho **n** (terceiro argumento) se **modo** (segundo argumento) for igual a zero; insira brancos no início e no final de **str**, de forma que fique com tamanho **n** e os caracteres fiquem centralizados se **modo** for igual a um; e, finalmente, insira caracteres brancos no início de **str**, de forma que fique com tamanho **n** se **modo** for igual a dois.

43. Escreva uma função de protótipo:

```
int strblank(char[]);
```

que verifique se **str** é uma string em branco. A função retorna o primeiro caractere não branco ou zero se a string for formada somente por caracteres brancos.

8

Novos tipos de dados com struct, typedef, union e enum

- Criando novos tipos de dados com **struct**
- Novos nomes para os tipos existentes: **typedef**
- Usando **typedef** com **struct**
- Inicializando estruturas
- Atribuições entre estruturas
- Operações entre estruturas
- Estruturas aninhadas
- Passando estruturas para funções
- Funções que retornam uma estrutura

- Matrizes de estruturas
- Estruturas com campos **bit**
- As funções **atoi()** e **atof()**
- A função **exit()**
- Usando **typedef** para tipo de funções
- Tipos de dados enumerados: **enum**
- Usando **typedef** com **enum**
- Uniões
- Usando **typedef** com **union**
- Inicializando **union**
- Uniões de estruturas
- O operador **sizeof**
- O operador de endereços (&) com **union**
- Uniões anônimas

Talvez você já tenha deparado com um problema de programação no qual deseje agrupar sob um único nome um conjunto de tipos de dados não similares. Seu primeiro impulso seria, provavelmente, usar uma matriz.

Como matrizes requerem que todos os seus elementos sejam do mesmo tipo, você, certamente, forçaria a resolução do problema selecionando uma matriz para cada tipo de dado, mas o resultado tornaria o programa ineficiente na maneira de manejar os dados.

O problema de agrupar dados desiguais em C é resolvido pelo uso de *estruturas*.

Estruturas são tipos de variáveis que agrupam dados geralmente desiguais; ao passo que matrizes agrupam dados similares. Os itens de dados da estrutura são chamados de *membros*, e os da matriz, de *elementos*. Em algumas linguagens de programação, *estruturas* são chamadas de *registros*.

O exemplo tradicional de uma *estrutura* é o registro de uma folha de pagamento: um funcionário é descrito por um conjunto de atributos, tais como nome (**string**), o número do seu departamento (**inteiro**), salário (**float**), e assim por diante. Possivelmente, haverá outros funcionários, e você vai querer que seu programa os guarde, formando uma matriz de *estruturas*.

Neste capítulo, exploraremos a criação de novos tipos de dados por meio de *estruturas* e *uniões*.

Você já conhece os cinco tipos de dados simples que estão predefinidos no compilador (**char**, **int**, **float**, **double** e **void**), os quais representam um único item de informação. Com base nesses tipos, podemos definir tipos complexos, que possibilitem agrupar um conjunto de variáveis de tipos diferentes sob um único nome.

CRIANDO NOVOS TIPOS DE DADOS COM struct

Por meio da palavra-chave **struct** definimos um novo tipo de dado. Definir um tipo de dado significa informar ao compilador seu nome, tamanho em bytes e forma como deve ser armazenado e recuperado da memória.

Após ter sido definido, o novo tipo existe e pode ser utilizado para criar variáveis de modo similar a qualquer tipo simples.

O exemplo a seguir cria um tipo de dado que pode armazenar as informações de um aluno da escola.

Observe a listagem:

```c
/* tipoaluno.c */
/* Cria uma estrutura para armazenar dados de um aluno */
#include <stdio.h>
#include <stdlib.h>

struct Aluno           /*Início da definição da estrutura */
{
   int nmat;           /* Número da matrícula */
   float nota[3];      /* Notas */
   float media;        /* Média */
};                     /* Fim da definição */
```

```
int main()
{
    struct Aluno Jose;  /* Declara uma variável do tipo struct Aluno */

    Jose.nmat     = 456;
    Jose.nota[0]  = 7.5;
    Jose.nota[1]  = 5.2;
    Jose.nota[2]  = 8.4;
    Jose.media    = (Jose.nota[0] + Jose.nota[1] +
                     Jose.nota[2])/3.0;

    printf("Matrícula: %d\n", Jose.nmat);
    printf("Média    : %.2f\n", Jose.media);

    system("PAUSE");
    return 0;
}
```

Veja a saída:

```
Matrícula: 456
Média    : 7.03
```

DEFININDO A ESTRUTURA

A definição da estrutura informa como ela é organizada e quais são seus membros.

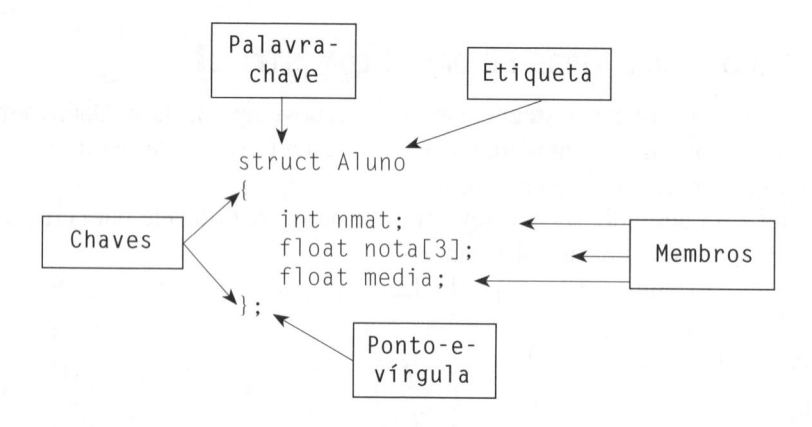

```
                  Palavra-
                   chave           Etiqueta

                struct Aluno
                {
                    int nmat;
     Chaves         float nota[3];         Membros
                    float media;
                };
                        Ponto-e-
                        vírgula
```

A definição de uma estrutura não cria nenhuma variável, somente informa ao compilador as características de um novo tipo de dado. Não há nenhuma reserva de memória. A palavra **struct** indica que um novo tipo de dado está sendo definido e a palavra **Aluno** será sua etiqueta. O nome do nosso novo tipo de dados é **struct Aluno**.

No nosso exemplo, definimos o tipo **struct Aluno** antes de **main()**, o que permite um acesso global a todas as funções definidas no programa. Poderíamos colocar essa definição dentro de uma função, restringindo o acesso às instruções do mesmo bloco e escritas abaixo dela.

Capítulo 8 Novos tipos de dados com **struct, typedef, union** e **enum** ▪ 225

```c
/* tipoaluno.c */
/* Cria uma estrutura para armazenar dados de um aluno */
#include <stdio.h>
#include <stdlib.h>

int main()
{
    struct Aluno              /*Início da definição da estrutura */
    {
            int nmat;         /* Número da matrícula */
            float nota[3];    /* Notas */
            float media;      /* Média */
    };                        /* Fim da definição */

    struct Aluno Jose; /* Declara variável do tipo struct Aluno */

    Jose.nmat     = 456;
    Jose.nota[0]  = 7.5;
    Jose.nota[1]  = 5.2;
    Jose.nota[2]  = 8.4;
    Jose.media    = (Jose.nota[0] + Jose.nota[1]
                     Jose.nota[2])/3.0;

    printf("Matrícula: %d\n", Jose.nmat);
    printf("Média    : %.2f\n", Jose.media);

    system("PAUSE");
    return 0;
}
```

> Uma estrutura é um tipo de dado cujo formato é definido pelo programador.

▪ DECLARANDO UMA VARIÁVEL DO TIPO DEFINIDO

A instrução

```c
struct Aluno Jose;
```

declara uma variável de nome **Jose** do tipo **struct Aluno**. Essa declaração reserva espaço de memória suficiente para armazenar todos os membros da estrutura: 4 bytes para **nmat**, 12 bytes para a matriz **nota** e 4 bytes para **media**.

Os membros de uma variável estrutura são armazenados em seqüência contínua de memória.

▪ NOVOS NOMES PARA OS TIPOS EXISTENTES: typedef

Declarações com **typedef** não produzem novos tipos de dados. Criam apenas novos nomes (sinônimos) para os tipos existentes.

Sintaxe:

```
typedef  tipo-existente sinônimo;
```

Observe o fragmento de código a seguir:

```
typedef unsigned char BYTE; /* Cria o sinônimo BYTE */
typedef unsigned int uint;  /* Cria o sinônimo uint */

int main()
{
   BYTE ch; /* Declara uma variável do tipo BYTE */
   uint x;  /* Declara uma variável do tipo uint */
   unsigned char chmm; /* Os tipos originais podem ser usados */
```

Usando typedef com struct

Com estruturas, podemos utilizar **typedef** de três formas:

```
struct Aluno
{
   int nmat;
   float nota[3];
   float media;
};

typedef struct Aluno Aluno;

Aluno Jose;    /* Declara uma variável do tipo Aluno */
```

Outro modo é criar um sinônimo na mesma instrução de definição da estrutura:

```
typedef struct Aluno
{
   int nmat;
   float nota[3];
   float media;
} Aluno;

Aluno Jose;    /* Declara uma variável do tipo Aluno */
```

E podemos ainda não informar a etiqueta da estrutura:

```
typedef struct
{
   int nmat;
   float nota[3];
   float media;
} Aluno;

Aluno Jose;    /* Declara uma variável do tipo Aluno */
```

Observe a similaridade entre a declaração de variáveis de tipos simples e de variáveis de tipos definidos pelo usuário:

```
Aluno Jose;
int val;
```

Acessando os membros da estrutura

Uma vez criada a variável estrutura, seus membros podem ser acessados por meio do *operador ponto*.

A instrução

```
Jose.nmat = 456;
```

atribui o valor 456 ao membro **nmat** da variável **Jose**.

> O *operador ponto* conecta o nome de uma variável estrutura a um membro dela.

A linguagem C trata os membros de uma estrutura como quaisquer outras variáveis simples. Por exemplo, **Jose.nmat** é o nome de uma variável do tipo **int** e pode ser utilizada em todo lugar em que se use variáveis desse tipo.

Combinando declarações

No exemplo anterior, definimos a estrutura e declaramos a variável em duas instruções distintas. Essas duas instruções podem ser combinadas em uma.

```
struct Aluno              /* Início da definição da estrutura */
{
      int nmat;           /* Número da matrícula */
      float nota[3];      /* Notas */
      float media;        /* Média */
} Jose;   /*Cria a variável Jose do tipo Aluno */
```

Podemos declarar quantas variáveis quisermos:

```
struct Aluno              /* Início da definição da estrutura */
{
      int nmat;           /* Número da matrícula */
      float nota[3];      /* Notas */
      float media;        /* Média */
} Jose, Ana, Joao; /* Cria variáveis tipo Aluno */
```

A etiqueta pode ser suprimida:

```
struct                      /* Início da definição da estrutura */
{
        int nmat;           /* Número da matrícula */
        float nota[3];      /* Notas */
        float media;        /* Média */
} Jose, Ana, Joao;          /* Cria variáveis tipo Aluno */
```

Observe que a etiqueta, na definição da estrutura, pode ser suprimida caso nenhuma outra variável venha a ser declarada mais adiante. Separadas por vírgulas, diversas variáveis podem ser declaradas de uma única vez.

A combinação da definição da estrutura com a declaração das variáveis torna a escrita mais compacta, entretanto menos clara e menos flexível.

Inicializando estruturas

A inicialização de estruturas é semelhante à inicialização de uma matriz.

Uma variável do tipo estrutura só pode ser inicializada se criada em tempo de compilação; assim, deve ser das classes **extern** ou **static**.

Veja um exemplo:

```
typedef struct
{
    int dia;
    char mes[10];
    int ano;
} Data;
static Data natal = {25,"dezembro",2001};
static Data aniversario = {30, "julho" ,1995};
```

Se as variáves inicializadas não forem declaradas como **static**, a maioria dos compiladores não apresentará nenhum erro e criará as variáveis desse tipo automaticamente. As variáveis **natal** e **aniversario** são inicializadas na mesma instrução de suas declarações. Os valores a serem atribuídos a seus membros devem ser colocados na ordem em que foram definidos na estrutura, separados por vírgulas e entre chaves.

Definindo e inicializando na mesma instrução

No exemplo anterior, definimos a estrutura e declaramos a variável inicializadas em duas instruções distintas. Quando não utilizamos a palavra **typedef**, essas duas instruções podem ser combinadas em uma.

```
struct Data
{
int dia;
    char mes[10];
    int ano;
} natal = {25,"dezembro",2001},
aniversario = {30, "julho" ,1995};
```

Atribuições entre estruturas

Uma variável estrutura pode ser atribuída a outra do mesmo tipo por meio de uma atribuição simples:

```
static Data aniversario = {30, "julho" , 2008};
Data Andre;

Andre = aniversario;
```

Certamente, constatamos que essa é uma estupenda capacidade quando pensamos a respeito dela: todos os valores dos membros da estrutura estão realmente sendo atribuídos de uma única vez aos correspondentes da outra.

Uma expressão de atribuição tão simples não poderia ser usada para matrizes, que devem ser atribuídas elemento a elemento.

Note que a atribuição só é permitida entre estruturas do mesmo tipo. Se for atribuída uma variável de um tipo a outra de outro tipo, o compilador acusará um erro.

Operações entre estruturas

Para exemplificar o modo de executar operações entre estruturas, vamos montar um tipo de dado que armazene o número de peças vendidas por uma loja num determinado dia e o valor total da venda. Em seguida, criaremos duas variáveis com os dados de dois dias e uma terceira variável para armazenar o total de vendas.

```
typedef struct
{
   int pecas;
   float preco;
} Venda;

Venda    A = {20 , 110.0}, B = {3 , 16.5}, Total;
```

Você poderia pensar em adicionar os valores das variáveis **A** e **B** por meio de uma instrução simples, como:

```
Total = A + B;/* ERRADO */
```

Em linguagem C, operações simples como a soma não estão definidas para tipos criados com a palavra **struct**. A soma deve ser efetuada membro a membro:

```
Total.pecas = A.pecas + B.pecas;
Total.preco = A.preco + B.preco;
```

Estruturas aninhadas

Exatamente como podemos ter matrizes em que cada elemento é outra matriz, podemos definir estruturas com membros que sejam outras estruturas.

```c
/* structninho.c */
/* Mostra estruturas aninhadas */
#include <stdio.h>
#include <stdlib.h>

typedef struct
{
   int dia;
   char mes[10];
   int ano;
} Data;

typedef struct
{
   int pecas;
   float preco;
   Data diavenda;
} Venda;

int main()
{
   static Venda A = { 20, 110.0, {7,"novembro",2001} };

   printf("Peças: %d\n", A.pecas);
   printf("Preço: %d\n", A.preco);
   printf("Data : %d de %s de %d\n",
          A.diavenda.dia, A.diavenda.mes, A.diavenda.ano);
   system("PAUSE");
   return 0;
}
```

Eis a saída:

```
Peças: 20
Preço: 110.00
Data : 7 de novembro de 2001
```

Nesse exemplo, adicionamos um membro do tipo **Data** à estrutura **Venda**, e criamos a variável **A** do tipo **Venda**.

A variável **A** tem três membros, dos quais um é estrutura do tipo **Data**. Portanto, **A.diavenda** é o nome de uma variável do tipo **Data**, e para acessar seus membros devemos aplicar o operador ponto outra vez.

Logicamente, esse processo não pára nesse nível; podemos ter uma estrutura dentro de outra quantas vezes desejarmos.

Inicializando estruturas aninhadas

A variável **A** foi inicializada na instrução:

```
static Venda A = { 20, 110.0, {7,"novembro",2001} };
```

Observe que o membro **diavenda**, por ser uma estrutura, é inicializado com seus membros entre chaves e separados por vírgulas.

Passando estruturas para funções

As estruturas podem ser passadas como argumentos de funções da mesma forma que variáveis simples. O nome de uma estrutura em C não é um endereço, portanto pode ser passada por valor.

Funções que retornam uma estrutura

A linguagem C permite que as funções retornem uma estrutura completa para outra função. Vamos exemplificar com uma função que recebe duas estruturas como argumento e retorna uma estrutura com a soma dos argumentos.

```c
/* structv.c */
/* Mostra passagem de estruturas para funções por valor */
/* Mostra uma função que retorna uma estrutura */
#include <stdio.h>
#include <stdlib.h>

typedef struct Venda
{
   int pecas;
   float preco;
} Venda;

Venda TotalVendas(Venda C, Venda D);/* Protótipo */

int main()
{
   Venda A, B, Total;

   printf("Venda A\n=======\n");
   printf("Insira o número de peças: ");
   scanf("%d", &A.pecas);
   printf("Insira o preço: ");
   scanf("%f", &A.preco);

   printf("\nVenda B\n=======\n");
   printf("Insira o número de peças: ");
   scanf("%d", &B.pecas);
   printf("Insira o preço: ");
   scanf("%f", &B.preco);
   Total = TotalVendas(A,B);/* Estruturas como argumento e retorno */

   printf("\n\nVenda Total\n===========");
   printf("\nTotal de peças: %d." , Total.pecas);
   printf("\nPreço total   : %.2f\n" , Total.preco);

   system("PAUSE");
   return 0;
}
```

```
Venda TotalVendas(Venda C, Venda D)
{
    Venda T;
    T.pecas = C.pecas + D.pecas;
    T.preco = C.preco + D.preco;
    return T;
}
```

Veja a saída:

```
Venda A
=======
Insira o número de peças: 58
Insira o preço: 123.4

Venda B
=======
Insira o número de peças: 350
Insira o preço: 45678.9


Venda Total
===========
Total de peças: 408
Preço total   : 45802.30
```

O protótipo da função **TotalVendas()** e as instruções de seu corpo tratam as variáveis argumentos como se trata qualquer tipo simples. A função cria as novas variáveis **C** e **D** para conter cópia dos valores das variáveis **A** e **B** de **main()**, enviadas como argumento, como faria com qualquer tipo de variável simples passada por valor. Então, as variáveis **C** e **D** não são as mesmas das de **main()**; a função poderia alterá-las sem contudo alterar as originais.

MATRIZES DE ESTRUTURAS

Certamente, uma lista de peças e preços é composta por várias vendas (provavelmente mais de duas). Cada venda é descrita por uma variável do tipo **Venda**. Para tratar de várias vendas, é perfeitamente correto pensar em uma matriz de estruturas.

O programa seguinte, além de realizar nosso objetivo de criar uma matriz de estruturas, em que cada elemento da matriz representa uma venda, proporcionará uma interface simples com o usuário, constituída da escolha entre duas opções assinaladas pelas letras "E" e "L".

Se o usuário pressionar "E", o programa permitirá a entrada das informações de uma venda. Caso pressione "L", o programa listará todas as vendas e imprimirá os totais.

Vamos ainda aumentar as informações de cada venda, acrescentando a data da venda.

Usaremos duas novas funções de biblioteca C, **atoi()** e **atof()**. A primeira recebe o endereço de uma variável **char** (**string**) como argumento e a converte em um número inteiro correspondente à cadeia recebida. Por exemplo, se enviarmos "1234" ela retorna o número inteiro 1234. A segunda faz a mesma coisa, mas com variáveis **float**.

```c
/* matrizstruct.c */
/* Mostra uma matriz de estruturas */
#include <stdio.h>   /* Para gets(), printf(), scanf() */
#include <stdlib.h>  /* Para system(), atoi(), atof(), exit() */
#include <conio.h>   /* Para getch() */

#define ESC 27
#define TRUE 1

typedef struct
{
    int dia;
    char mes[10];
    int ano;
} Data;

typedef struct
{
    Data diavenda;
    int pecas;
    float preco;
} Venda;

void listavenda(void); /* Protótipo */
void novavenda(void);  /* Protótipo */

Venda vendas[50]; /* Cria matriz de estruturas */
Venda Total={{0,"",0},0,0.0}; /* Cria variável do tipo Venda */

int n=0;

int main()
{
    char ch;
    while(TRUE)
    {
        printf("Digite E para entrar uma venda\n");
        printf("       L para listar as vendas\n");
        printf("       ESC para terminar\n");

        ch=getche();
        printf("\n");
        switch(ch)
        {
            case 'E':
                novavenda();
                break;
            case 'L':
                listavenda();
                break;
            case ESC:/*ESC não pode ser declarado com const */
                exit(0);
```

```c
                        default :
                            printf("Opção inválida!!\n");
                }

        }
        system("PAUSE");
        return 0;
}
void novavenda()
{
    char temp[80];
    printf("Dia: "); gets(temp);
    vendas[n].diavenda.dia=atoi(temp);
    printf("Mês: "); gets(vendas[n].diavenda.mes);
    printf("Ano: "); gets(temp);
    vendas[n].diavenda.ano=atoi(temp);
    printf("Peças: ");gets(temp);
    vendas[n].pecas=atoi(temp);
    printf("Preço: ");gets(temp);
    vendas[n].preco=atof(temp);
    Total.pecas += vendas[n].pecas;
    Total.preco += vendas[n++].preco;
}

void listavenda()
{
    int i;
    if(!n)
    {
            printf("Lista vazia.\n");
            return;
    }

    printf("\n\nRelatório\n");
    for (i=0; i<n; i++)
    {
            printf("%2d de %10s de %4d", vendas[i].diavenda.dia,
                    vendas[i].diavenda.mes, vendas[i].diavenda.ano);
            printf("%10d", vendas[i].pecas);
            printf("%20.2f\n", vendas[i].preco);
    }
    printf("\nTotal");
    printf("%29d", Total.pecas);
    printf("%20.2f\n\n", Total.preco);
}
```

A seguir, mostraremos uma simples execução do programa:

```
Digite E para entrar uma venda
       L para listar as vendas
       ESC para terminar
E
Dia: 10
```

```
Mês: Janeiro
Ano: 2007
Peças: 20
Preço: 234.567
Digite E para entrar uma venda
       L para listar as vendas
       ESC para terminar
E
Dia: 16
Mês: Fevereiro
Ano: 2007
Peças: 32
Preço: 345.789
Digite E para entrar uma venda
       L para listar as vendas
       ESC para terminar
E
Dia: 12
Mês: Maio
Ano: 2007
Peças: 45
Preço: 98.07
Digite E para entrar uma venda
       L para listar as vendas
       ESC para terminar
L


Relatório
10 de     janeiro de 2007          20               234.57
16 de     fevereiro de 2007        32               345.79
12 de         maio de 2007         45                98.07

Total                              97               678.43
```

DECLARANDO A MATRIZ DE ESTRUTURAS

O processo de declaração de uma matriz de estruturas é perfeitamente análogo ao de declaração de qualquer outro tipo de matriz. A instrução

```
Venda vendas[50];
```

declara **vendas** como sendo uma matriz de 50 elementos. Cada elemento da matriz é uma estrutura do tipo **Venda**. Então, **vendas[0]** é a primeira estrutura do tipo **Venda**, **vendas[1]** é a segunda estrutura do tipo **Venda**, e assim por diante.

O nome **vendas** é o de uma matriz (portanto um endereço) em que os elementos são estruturas. Observe que, a partir dessa instrução, o compilador providencia espaço contínuo de memória para armazenar 50 estruturas do tipo **Venda**.

Para simplificar, declaramos a matriz como externa, assim todas as funções do programa poderão acessá-la.

Acessando membros da matriz de estruturas

Membros individuais de cada estrutura são acessados aplicando-se o operador ponto seguido do nome da variável, que, nesse caso, é um elemento da matriz.

```
vendas[n].preco
```

Observe que o subscrito da matriz é associado a **vendas** e não ao membro. A expressão acima refere-se ao membro **preco** da n-ésima estrutura da matriz.

O esquema global desse programa pode ser aplicado a uma grande variedade de situações, como o controle de um estoque, em que cada variável poderá conter dados sobre um item do estoque, como número do material, preço, tipo, número de peças do estoque etc.

Estruturas com campos bit

Com a palavra **struct** podemos definir tipos de dados para manipulação de bits. O conjunto de membros consiste nos bits de um **char**, **short** ou **long**.

Cada membro é formado por um ou mais bits do inteiro. A estrutura nomeia os membros e determina seus tamanhos.

Um caractere é impresso na memória de vídeo da console, ocupando dois bytes. O primeiro byte é para o seu código ASCII, e o segundo, para um atributo (cor, piscante, reverso etc.). Como exemplo, vamos apresentar um tipo de dado que possa armazenar o caractere e seu atributo:

```
typedef struct
{
   unsigned short CodAscii: 8;      /* Bits 0 e 7 */
   unsigned short CorFrente: 3;     /* Bits 8 a 10 */
   unsigned short Intenso: 1;       /* Bits 11 */
   unsigned short CorFundo: 3;      /* Bit 12 a 14 */
   unsigned short Piscante: 1;      /* Bit 15 */
} Int16Bits;

int main()
{
   Int16Bits A;

   A.CodAscii  = 'A';
   A.CorFrente = 3;    /* Branco para a cor de frente */
   A.Intenso = 1;      /* Intensifica a cor de frente */
   A.CorFundo = 0;     /* Preto para a cor de fundo */
   A.Piscante = 1;     /* Escolhe atributo piscante */
   ...
```

As funções atoi() e atof()

Decidimos apresentar duas novas funções da biblioteca C para que você as conheça. A função **atoi()**, com protótipo no arquivo **stdlib.h**, recebe o endereço de uma string como argumento e o converte para um valor inteiro. Caso a string não contenha um número válido, ela retornará zero. Espaços em branco iniciais são ignorados.

A função **atof()**, com protótipo no arquivo **stdlib.h**, recebe o endereço de uma string como argumento e o converte a um valor **double**. Caso a string não contenha um número válido, ela retornará zero. Espaços em branco iniciais são ignorados.

A função exit()

A função **exit()** da biblioteca padrão, com protótipo no arquivo **stdlib.h**, permite o término imediato do programa e passa o controle ao sistema operacional.

> A função **exit()** finaliza o programa.

O seu argumento é um número inteiro que é retornado ao sistema operacional e pode ser acessado por meio do subcomando **ERRORLEVEL** de um programa .BAT. O arquivo .BAT pode conter uma linha como:

```
IF ERRORLEVEL 1 GOTO ERR1
```

o que provoca uma mudança de operação, dependendo do valor de retorno indicado pelo término do programa.

O zero costuma ser usado para indicar o término normal do programa.

Usando typedef para tipo de funções

O exemplo seguinte cria o tipo **FuncType()** para uma função que não retorna nada e recebe um **float** e um **int** como argumentos, nessa ordem:

```
typedef void FuncType(float, int);
```

Após essa instrução, a próxima declaração é válida:

```
FuncType MinhaFunc;
```

E é equivalente à seguinte instrução:

```
void MinhaFunc(float, int);
```

Tipos de dados enumerados: enum

Os tipos definidos com **enum**, chamados tipos enumerados, consistem num conjunto de constantes inteiras, em que cada uma delas é representada por um nome.

Tipos enumerados são usados quando conhecemos o conjunto de valores que uma variável pode assumir. A variável desse tipo é sempre **int** e, para cada um dos valores do conjunto, atribuímos um nome significativo.

A palavra **enum** enumera a lista de nomes automaticamente, dando-lhes números em seqüência (0, 1, 2 etc.). A vantagem é que utilizamos esses nomes no lugar de números, o que torna o programa mais claro.

Vamos escrever um fragmento de programa que define o tipo enumerado e cria uma variável desse tipo para guardar o mês.

```
enum Mes {Jan=1, Fev, Mar, Abr, Mai, Jun, Jul, Ago, Set, Out,
Nov, Dez};

int main()
{
   enum Mes m1,m2,m3; /* Cria duas variáveis do tipo enum Mes */

   m1 = Abr;          /* Atribui valores */
   m2 = Jun;

   m3 = m2-m1;        /* Operações aritméticas permitidas */
   if(m1 < m2)        /* Comparações permitidas */
```

A palavra **enum** define um conjunto de nomes (cada um deles com um valor inteiro), enumera esses nomes a partir de zero (default) ou, como em nosso programa, a partir do primeiro valor fornecido.

Se fornecermos um valor a alguns nomes e não a outros, o compilador atribuirá o próximo valor inteiro aos que não tiverem valor.

Uma variável de um tipo enumerado pode ter qualquer valor listado na definição. Não podemos atribuir valores não listados.

```
m1 = sabado;/* ERRADO. É ilegal */
```

Tipos enumerados são tratados internamente como inteiros; portanto, qualquer operação possível com inteiros é permitida com eles.

Usando **typedef** com **enum**

```
typedef enum {Jan=1,Fev,Mar,Abr,Mai,Jun,Jul,Ago,Set,Out,Nov,Dez}
Mes;

int main()
{
   Mes m1,m2,m3; /* Agora o nome do tipo é Mes */

   m1 = Abr; /* Atribui valores */
   m2 = Jun;

   m3 = m2-m1;     /* Operações aritméticas permitidas */
   if(m1 < m2)     /* Comparações permitidas */
```

Outros exemplos:

```
typedef enum {Feminino, Masculino} sexo;
typedef enum {OFF, ON} chave;
```

Se o modo como o compilador atribui valores não se adapta ao que você quer, poderá especificar os seus próprios valores:

```
typedef enum {Norte=50, Sul=80, Leste=92, Oeste=100} Direcao;
```

UNIÕES

A sintaxe de definição de novos tipos de dados por meio da palavra **union** é idêntica à da palavra **struct**. Entretanto, uma **union** utiliza um mesmo espaço de memória a ser compartilhado com diferentes membros, enquanto uma **struct** aloca um espaço diferente de memória para cada membro.

Em outras palavras, uma **union** é o meio pelo qual um pedaço de memória é tratado ora como uma variável de um certo tipo, ora como outra variável de outro tipo. Uniões podem ser usadas para poupar memória.

Quando você declara uma variável de um tipo **union**, automaticamente é alocado um espaço de memória suficiente para conter o seu maior membro.

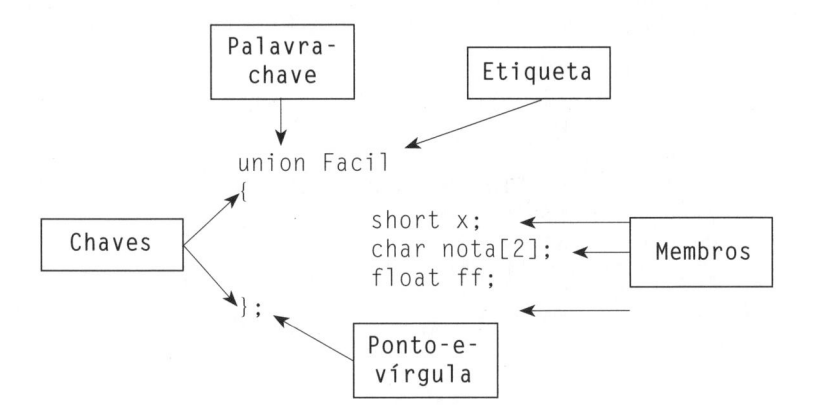

```
         Palavra-
          chave           Etiqueta
             ↓              ↙
          union Facil
           {
Chaves →          short x;
                  char nota[2];  ← Membros
                  float ff;
           };
              ↖
           Ponto-e-
           vírgula
```

Veja um exemplo:

```c
/* union1.c */
/* Mostra o uso de uniões */
#include <stdio.h>
#include <stdlib.h>
#include <string.h> /* Para strcpy() */
union Numero
{
   char str[30];
   int i;
   float f;
};
```

```c
union Numero x; /* Cria variável */

enum DataType
{
   StrType, IntType, FloatType
} Tipo; /* Cria variável */

void StrTipo(char n[])
{
   Tipo=StrType;
   strcpy(x.str, n);
}
void FloatTipo(float n)
{
   Tipo=FloatType;
   x.f=n;
}
void IntTipo(int n)
{
   Tipo=IntType;
   x.i=n;
}

void Print()
{
   switch(Tipo)
   {
         case StrType:
               printf("Str = %s\n", x.str);
               break;
         case IntType:
               printf("Int = %d\n", x.i);
               break;
         case FloatType:
               printf("Float = %.2f\n", x.f);
               break;
   }
}

int main()
{
   float y = 34.56;
   int z = 345;

   StrTipo("VVB-Treinamento de Pessoal");
   Print();
   IntTipo(z);
   Print();
   FloatTipo(y);
   Print();

   system("PAUSE");
   return 0;
}
```

A seguir, a saída do programa:

```
Str = VVB - Treinamento de Pessoal
Int = 345
Float = 35
```

Uniões são tipos de dados que armazenam um único membro por vez. Os membros de uma **union** representam os diversos tipos de dados que ela pode conter.

Usando **typedef** com **union**

A sintaxe de **union** é a mesma de **struct**. Assim, podemos usar **typedef**.

```
typedef union
{
   char str[30];
   int i;
   float f;
} Numero;

Numero x; /* Cria variável */
```

Combinando declarações

Podemos combinar a definição da **union** com a declaração da variável.

```
union Numero
{
   char str[30];
   int i;
   float f;
} x; /* Cria variável */
```

Podemos declarar quantas variáveis quisermos:

```
union Numero
{
   char str[30];
   int i;
   float f;
} x, y, z; /* Cria variáveis */
```

A etiqueta pode ser suprimida:

```
union
{
   char str[30];
   int i;
   float f;
} x; /* Cria variável */
```

Inicializando union

Estruturas e matrizes **static** ou **extern** podem ser inicializadas quando são definidas; desse modo, seria razoável pensar que o mesmo é permitido para uniões. Uma união tem um único membro ativo em qualquer tempo e seria conveniente pensar na seguinte inicialização:

```
/* Inicializacao ilegal */
static union
{
   int idade;
   float salario;
} uInit = {123.456};
```

O compilador deveria ser capaz de entender que estamos inicializando a variável **uInit** por meio do membro **float salário**. Entretanto, muitos compiladores não permitem a inicialização de uniões e, quando permitem, ela é aplicada apenas ao primeiro membro declarado.

Nesse caso, se você quer inicializar **uInit.salário,** a declaração da união deve ser modificada:

```
/* Inicializacao permitida */
static union
{
      float salario; /* Deve ser definido primeiro */
      int idade;
} uInit = {123.456};
```

Uniões de estruturas

Uma união pode ter membros de qualquer tipo, até mesmo estruturas ou outras uniões. Uma união também pode ser membro de uma estrutura.

Veja um exemplo:

```
/* unionstruct.c */
/* Mostra união de estruturas */
#include <stdio.h>
#include <stdlib.h>

int main(void)
{
   struct doisint
   {
         int n1;
         int n2;
   };

   union intflo
   {
         struct doisint x;
         float    f;
   }unex;
```

```
    printf("sizeof(union intflo) = %d\n", sizeof(union intflo));
    unex.x.n1 = 734;
    unex.x.n2 = 333;

    printf("unex.x.n1      = %d\n" , unex.x.n1);
    printf("unex.x.n2      = %d\n" , unex.x.n2);

    unex.f = 345.22;

    printf("unex.f         = %.2f\n", unex.f);

    system("PAUSE");
    return 0;
}
```

A saída será:

```
sizeof(union intflo) = 8
unex.x.n1       = 734
unex.x.n2       = 333
unex.f          = 345.22
```

Observe que o operador ponto foi usado duas vezes para acessar os membros da estrutura interna **x**.

Vamos mostrar o uso de uma estrutura de campos bits como membro de uma **union**. Eis um exemplo que permite converter um caractere em seu correspondente em binário:

```
/* binario.c */
/* Mostra união com estrutura */
/* Imprime um caractere em binário */
#include <stdio.h>
#include <stdlib.h>

typedef struct
{
   /* Cada membro com um bit de tamanho */
   unsigned char bit0: 1; /* bit 0 */
   unsigned char bit1: 1; /* bit 1 */
   unsigned char bit2: 1; /* bit 2 */
   unsigned char bit3: 1; /* bit 3 */
   unsigned char bit4: 1; /* bit 4 */
   unsigned char bit5: 1; /* bit 5 */
   unsigned char bit6: 1; /* bit 6 */
   unsigned char bit7: 1; /* bit 7 */
} Bits;

typedef union
{
   unsigned char ch;
   Bits x;
} Binario;

int main(void)
{
```

```
        Binario B;
        printf("Digite um caractere: ");
        B.ch  = getchar();
        printf("O caractere digitado é: %c\n", B.ch);
        printf("O valor em binário correspondente é: ");

        printf("%d", B.x.bit7);
        printf("%d", B.x.bit6);
        printf("%d", B.x.bit5);
        printf("%d", B.x.bit4);
        printf("%d", B.x.bit3);
        printf("%d", B.x.bit2);
        printf("%d", B.x.bit1);
        printf("%d", B.x.bit0);
        printf("\n");

        system("PAUSE");
        return 0;
}
```

A seguir, a saída do programa:

```
Digite um caractere: A
O caractere digitado é: A
O valor em binário correspondente é: 01000001
```

O OPERADOR sizeof

Uma variável de um tipo **union** tem o tamanho do maior membro. Para verificar isso, usaremos um novo operador C: **sizeof**.

O operador **sizeof** opera sobre o nome de um tipo de dado ou sobre o nome de uma variável e resulta o seu tamanho em bytes. Veja um exemplo:

```
/* sizeof.c */
/* Mostra o uso do operador sizeof() */
#include <stdio.h>
#include <stdlib.h>

union Numero
{
   char str[32];
   int i;
   float f;
} x; /* Cria variável */

int main(void)
{
   printf("%d\n", sizeof(union Numero));
   printf("%d\n", sizeof(x));

   system("PAUSE");
   return 0;
}
```

Eis a saída:

```
32
32
```

A expressão

```
sizeof(union Numero)
```

é equivalente a

```
sizeof(x)
```

e resulta o tamanho do tipo union **Numero**.

O OPERADOR DE ENDEREÇOS (&) COM union

O endereço de memória de cada membro de uma união é o mesmo, visto que todos compartilham o mesmo espaço. Podemos verificar isso utilizando o operador de endereços.

```
/* endereco.c */
/* Mostra o uso do operador de endereço */
#include <stdio.h>
#include <stdlib.h>

typedef union
{
   int i;
   float f;
   double d;
} Num;

int main(void)
{
   Num exemplo;

   printf("\n\n");
   printf("Endereço de i = %08X\n" , &exemplo.i);
   printf("Endereço de f = %08X\n" , &exemplo.f);
   printf("Endereço de d = %08X\n" , &exemplo.d);
   printf("Endereço de x = %08X\n" , &exemplo );

   system("PAUSE");
   return 0;
}
```

Veja a saída:

```
Endereço de i = 0012FE5C
Endereço de f = 0012FE5C
```

```
Endereço de d  = 0012FE5C
Endereço de x  = 0012FE5C
```

No programa, usamos o operador de endereços com cada um dos membros da união e também com o próprio nome da variável união.

A expressão

```
&exemplo
```

resulta o endereço do primeiro byte ocupado pela variável **exemplo**.

UNIÕES ANÔNIMAS

Uniões anônimas são uniões definidas sem a especificação do nome do tipo. Eis um exemplo:

```
/* unionan.c */
/* Mostra o uso de uniões anônimas */
#include <stdio.h>
#include <stdlib.h>
#include <string.h>    /* Para strcpy() */

enum DataType { StrType, IntType, FloatType};

typedef struct
{
   enum DataType Tipo;
   union
   {
        char str_valor[30];
        int int_valor;
        float float_valor;
   };
} UniaoLiteral;

void Print(UniaoLiteral);

int main()
{
   UniaoLiteral A;
   A.Tipo=StrType;
   strcpy(A.str_valor, "VVB-Treinamento de Pessoal");
   Print(A);
   A.Tipo=FloatType;
   A.float_valor=34.56;
   Print(A);
   A.Tipo=IntType;
   A.int_valor=345;
   Print(A);

   system("PAUSE");
   return 0;
}
```

```
void Print(UniaoLiteral x)
{
   switch(x.Tipo)
   {
       case StrType:
             printf("Str = %s\n",x.str_valor);
             break;
       case IntType:
             printf("Int = %d\n",x.int_valor);
             break;
       case FloatType:
             printf("Float = %.2f\n",x.float_valor);
             break;
   }
}
```

Veja a saída:

```
Str = VVB-Treinamento de Pessoal
Float = 34.56
Int = 345
```

Em C, uniões anônimas só podem ser definidas como membros de estruturas. Elas são acessadas diretamente, por meio do nome da variável **struct**, como se fossem membros da estrutura.

Quando criamos uma união anônima, devemos tomar o cuidado de indicar a cada tempo qual é o membro da **union** corrente e lembrar que existirá somente um membro de cada vez.

REVISÃO

1. A palavra **struct** permite ao programador definir seus próprios tipos de dados, conforme as suas necessidades.

2. Uma estrutura é um conjunto de variáveis, que podem ser de tipos diferentes, agrupadas em uma unidade.

3. Definir uma estrutura significa informar ao compilador como ela está organizada, quais são seus itens e qual é o seu nome.

4. A definição de uma estrutura não cria nenhuma variável; para criá-la, é necessário incluir uma instrução de declaração de variável.

5. Uma variável estrutura consiste em itens de dados armazenados na memória em seqüência contínua e na ordem em que foram definidos. O espaço ocupado é o número de bytes suficientes para armazenar todos os itens.

6. Os itens de dados de uma estrutura são chamados membros e são acessados por meio do *operador ponto*. Esse operador conecta o nome de uma variável estrutura a um membro dela.

7. Em C, é possível atribuir uma variável estrutura a outra do mesmo tipo por meio de uma atribuição simples.

8. Operações aritméticas simples não são definidas para estruturas como um todo; devem ser efetuadas membro a membro. A única operação já definida é a de atribuição.

9. As estruturas podem conter membros que sejam outras estruturas.

10. As estruturas são passadas como argumentos para funções por valor, da mesma forma que passamos variáveis simples.

11. As funções podem retornar uma estrutura completa para outra função por meio do comando **return**.

12. Por meio de **struct** podemos definir tipos de dados para a manipulação de bits. O conjunto de membros consiste nos bits de um **char**, **short** ou **long**.

13. A função **atoi()** converte uma cadeia de caracteres em um número inteiro correspondente.

14. A função **atof()** converte uma cadeia de caracteres em um número **double** correspondente.

15. A função **exit()** encerra o programa, devolvendo o controle ao sistema operacional.

16. Declarações com **typedef** não produzem novos tipos de dados. Criam somente sinônimos para os tipos existentes.

17. A palavra **enum** permite criar tipos de dados enumerados. A variável desse tipo é sempre **int**, e os valores que ela pode assumir são limitados e definidos junto ao tipo.

18. A palavra **union** permite definir tipos de dados em que os membros compartilham um mesmo espaço de memória.

19. A sintaxe da definição de um tipo **union** é exatamente a mesma de **struct**. O acesso aos membros é obtido por intermédio do operador ponto.

20. Uma variável **union** tem o tamanho de seu maior membro.

21. O operador **sizeof()** informa o tamanho em bytes de um tipo de dado.

22. As uniões podem ter membros estruturas ou outras uniões. Estruturas podem ter membros uniões ou mesmo uniões anônimas.

23. Uniões anônimas devem ser definidas dentro da definição de uma estrutura.

Exercícios

1. Indique: (1) Estrutura, (2) Matriz, (3) Estrutura e Matriz

    a) seu nome é um endereço;
    b) agrupam itens de mesmo tipo;
    c) um item é chamado membro;
    d) um item é chamado elemento;
    e) agrupam itens de tipos diferentes;
    f) agrupam matrizes e estruturas.

2. Verdadeiro ou Falso: A definição de uma estrutura reserva espaço de memória para conter todos os seus membros.

3. A finalidade de definir estruturas é:

   a) reservar uma quantidade de memória;
   b) agilizar o programa;
   c) criar novos tipos de dados;
   d) armazenar uma lista de dados.

4. Quantas variáveis de um tipo já definido por meio da palavra **struct** você pode criar em seus programas?

   a) uma;
   b) nenhuma;
   c) quantas você quiser;
   d) o mesmo número de membros da estrutura.

5. Verdadeiro ou Falso: A sintaxe da declaração de uma variável de um tipo **struct** difere da sintaxe da declaração de uma variável de tipo simples.

6. Escreva uma instrução que declare a variável estrutura "**carro**" como sendo do tipo estrutura "**veículo**".

7. Para acessar um membro de uma variável estrutura, o operando à esquerda do ponto deve ser:

   a) a palavra-chave **struct**;
   b) o membro a ser acessado;
   c) o nome da estrutura;
   d) o nome da variável.

8. Assuma que as seguintes declarações tenham sido feitas:

   ```
   struct Corpo
   {
     float altura;
     float peso;
   };
   struct Corpo Joao;
   ```

   a) reescreva as instruções acima para definir a estrutura e declarar a variável de uma única vez;
   b) escreva uma instrução que indique que a altura de João é 1,68 m;
   c) escreva as instruções necessárias para definir o tipo "casal" contendo duas estruturas do tipo "corpo";
   d) escreva a instrução necessária para declarar uma matriz de 10 estruturas do tipo casal;
   e) escreva as instruções necessárias para preencher o primeiro elemento da matriz anterior com os dados de Maria (altura = 1,63 m; peso = 59,5 kg) e José (altura = 1,78 m; peso = 82,6 kg).

9. Verdadeiro ou Falso: Em C, blocos que contêm instruções de programação não terminam com ponto-e-vírgula, enquanto blocos contendo definições de dados terminam com ponto-e-vírgula.

10. Assuma que **stc1**, **stc2** e **stc3** são variáveis de um mesmo tipo estrutura. Quais instruções são válidas:

    a) stc1 = stc2;
    b) stc1 = stc2 + stc3;
    c) stc1 = stc2 = stc3;
    d) stc1 = stc2 + 5;

11. Dada a instrução:

    aaa.bbb.ccc = 25;

    a) ccc é membro da estrutura bbb;
    b) bbb é membro da estrutura aaa;
    c) aaa é membro da estrutura bbb;
    d) aaa é membro da estrutura ccc.

12. Verdadeiro ou Falso: É possível passar uma variável estrutura para uma função do mesmo modo que passamos uma variável simples.

13. Escreva uma estrutura para conter três membros do tipo **int** chamados **hora**, **min** e **seg**. Atribua o nome **tempo** a essa estrutura.

14. Escreva uma estrutura para armazenar dados de um estacionamento. Ela deve ser capaz de armazenar o número da chapa do carro, a marca, a hora de entrada e a hora de saída do estacionamento. Utilize dois membros do tipo tempo, definidos no exercício anterior, para as horas de entrada e saída.

15. A instrução:

    typedef double Velocidade;

    a) Cria um tipo de dado chamado **Velocidade**.
    b) Renomeia o tipo **double**.
    c) Velocidade é um sinônimo para o tipo **double**.
    d) **double** passa a ser um novo tipo de dado.

16. Assuma que as duas instruções a seguir tenham sido definidas. Responda:

    typedef void Passos(void);
    Passos viagem;

    a) Uma nova variável, de nome **viagem**, foi declarada.
    b) Um novo tipo de dado, **Passos**, foi definido.

c) A segunda instrução é o protótipo da função **viagem()**.
d) A primeira instrução está errada.

17. Um tipo enumerado é definido para agrupar:

    a) itens de mesmo tipo;
    b) itens de tipos diferentes;
    c) inteiros com nomes definidos pelo programador;
    d) constantes de qualquer tipo.

18. Escreva uma instrução que defina um tipo enumerado chamado **Frutas** com nomes **Pera**, **Maca**, **Figo**, **Manga** e **Uva**.

19. Declare duas variáveis do tipo **Frutas** de nomes **Arvore** e **Feirante** e atribua a elas os valores **Figo** e **Uva**, respectivamente.

20. Assumindo as declarações dos exercícios 18 e 19, qual o valor numérico de **Arvore** e **Feirante**?

21. Assumindo as declarações dos exercícios 18 e 19, quais das seguintes instruções estão corretas?

    a) `Feirante = Banana;`
    b) `Arvore = Pera;`
    c) `Manga = Ana;`
    d) `Diferenca = Arvore - Feirante;`

22. Escreva uma instrução que defina um tipo enumerado chamado **Rio** com nomes **Amazonas**, **Nilo**, **Obi**, **Niger** e **Parana**. Dê a esses cinco nomes os valores 7.025, 6.670, 5.150, 4.184 e 4.025 respectivamente.

23. Qual é a diferença entre **struct** e **union**?

24. Uma **union** consiste em um número de membros que:

    a) têm todos o mesmo tipo;
    b) devem ser estruturas;
    c) são agrupados em seqüência na memória;
    d) todos ocupam o mesmo espaço de memória.

25. Uma variável de um tipo **union** tem tamanho suficiente para armazenar:

    a) todos os seus membros;
    b) o maior de seus membros;
    c) diversos tipos de variável;
    d) estruturas, dados enumerados e outras uniões.

26. Assuma que **union1**, **union2** e **union3** são variáveis de um mesmo tipo **union**. Quais instruções são válidas:

   a) `union1 = union2;`
   b) `union1 = union2 + union3;`
   c) `union1 = union2 = union3;`
   d) `union1 = union2 + 5;`

27. Verdadeiro ou Falso: É possível passar uma variável **union** para uma função do mesmo modo que passamos uma variável simples.

28. O operador **sizeof** informa o tamanho de:

   a) uma variável;
   b) um tipo;
   c) uma instrução;
   d) uma expressão.

29. Para inicializar uma variável de um tipo **union**:

   a) colocar os valores de cada membro entre chaves e separados por vírgulas;
   b) informar somente o valor do primeiro membro;
   c) informar o valor do membro que desejamos inicializar;
   d) não é possível inicializar variáveis desse tipo.

30. Verdadeiro ou Falso: Para ser inicializada uma variável de um tipo **union** ou de um tipo **struct** deverá ser da classe **extern** ou da classe **static**.

31. Assuma a seguinte declaração:

```
struct XXX
{
    float f;
    union
    {
        float ff;
        int x[2];
    };
} VV;
```

Quais das seguintes instruções são válidas:

   a) `ff = 5.5;`
   b) `VV.f = 5.5;`
   c) `VV.ff = VV.f;`
   d) `f = 5.5;`
   e) `VV.x[0] = 5;`
   f) `x[1] = x[0];`

32. Crie uma estrutura para armazenar livros de uma biblioteca. A estrutura deve armazenar o título do livro, o autor, o número do registro e o preço (em dólares ou reais). O preço deve ser implementado por meio de uma união anônima com um membro para dólar e um membro para reais.

33. Escreva uma estrutura para descrever um mês do ano. A estrutura deve ser capaz de armazenar o nome do mês, a abreviação em três letras, o número de dias e o número do mês.

34. Declare uma matriz externa de 12 estruturas descritas na questão anterior e inicialize-a com os dados de um ano não bissexto.

35. Escreva uma função que recebe o número do mês como argumento e retorna o total de dias do ano até aquele mês. Assuma que a matriz da questão anterior foi declarada.

36. Reescreva a função anterior para que receba como argumento o nome do mês em vez do seu número.

37. Escreva um programa que solicite ao usuário dia, mês e ano. O mês pode ser seu número, seu nome ou sua abreviação. Imprima o total de dias do ano até o dia digitado.

38. Crie uma estrutura para descrever restaurantes. Os membros devem armazenar o nome, o endereço, o preço médio e o tipo de comida. Crie uma matriz de estruturas e escreva um programa que utilize uma função para solicitar os dados de um elemento da matriz e outra para listar todos os dados.

39. Crie uma estrutura, com o nome **Dieta**, para armazenar o nome de uma comida, o peso de uma porção e o número de calorias. Escreva um programa semelhante ao do exercício anterior.

9

Ponteiros

- O que são ponteiros?
- Por que os ponteiros são usados?
- Ponteiros variáveis
- Ponteiros constantes e o operador de endereços &
- Passando argumentos por referência com ponteiros
- Variáveis que armazenam endereços
- O operador indireto *
- Passando endereços para a função
- Permutação do valor de duas variáveis
- Ponteiros sem funções
- Ponteiros e variáveis apontadas
- Operações com ponteiros
- A unidade adotada em operações com ponteiros
- Ponteiros no lugar de matrizes
- Ponteiros constantes e ponteiros variáveis
- Passando matrizes como argumento para funções
- Ponteiros e strings
- Funções de biblioteca para manipulação de strings
- Ponteiros para uma cadeia de caracteres constante

- Matrizes de ponteiros
- Matriz de strings e a memória alocada
- Matriz de ponteiros e a memória alocada
- Ponteiros para ponteiros
- Ordenando ponteiros
- Notação ponteiro para matrizes de ponteiros
- O programa do foguete
- Ponteiros para funções
- Declarando o ponteiro para função
- Endereços de funções
- Executando a função por meio do ponteiro
- Operações ilegais com ponteiros para funções
- Ponteiros para funções como argumentos
- Matrizes de ponteiros para funções
- Inicializando uma matriz de ponteiros para funções
- Usando **typedef** para declarar um ponteiro para função
- Ponteiros **void**
- A função **qsort()**
- Ordenando números inteiros
- O algoritmo de procura binária
- Procura binária com números inteiros
- Procura binária com **c-string**
- Ponteiros para estruturas
- Declarando um ponteiro para estrutura
- Acessando membros por meio de ponteiros
- Área de alocação dinâmica: **heap**
- Alocando e desalocando memória do **heap**
- A função **malloc()**
- A função **calloc()**
- A função **free()**
- Alocação de tipos básicos usando memória dinâmica
- Dimensionando matrizes em tempo de execução
- Criando uma lista ligada
- Argumentos da linha de comando
- Atribuindo múltiplos argumentos a teclas de função

Ponteiros são a ferramenta mais poderosa oferecida pela linguagem C, considerados pela maioria dos programadores como um dos tópicos mais difíceis nessa linguagem. Há dois principais motivos para isso: primeiro, os conceitos embutidos em ponteiros podem ser novos para muitos programadores, visto que não são comuns em linguagens de alto nível; segundo, os símbolos usados para notação de ponteiros em C não são tão claros quanto poderiam ser. Por exemplo, o mesmo símbolo é usado para duas finalidades diferentes.

Conceitualmente, os ponteiros podem ser difíceis, mas não muito. Nosso objetivo neste capítulo é expor tão claramente quanto possível como trabalhar com ponteiros.

O QUE SÃO PONTEIROS?

O nome de uma variável indica o que está armazenado nela. O endereço de uma variável é um *ponteiro*. Seu valor indica em que parte da memória do computador a variável está alocada. *Ponteiros* proporcionam um modo de acesso à variável sem referenciá-la diretamente (modo indireto de acesso).

POR QUE OS PONTEIROS SÃO USADOS?

Para dominar a linguagem C, é essencial dominar ponteiros, que são utilizados em situações em que o uso do nome de uma variável não é permitido ou é indesejável. Algumas razões para o uso de ponteiros são:

- fornecem maneiras com as quais as funções podem realmente modificar os argumentos que recebem (passagem por referência);
- passar matrizes e strings mais convenientemente de uma função para outra (usá-los no lugar de matrizes);
- manipular os elementos de matrizes mais facilmente, por meio da movimentação de ponteiros para elas (ou parte delas), no lugar de índices entre colchetes;
- criar estruturas de dados complexas, como listas encadeadas e árvores binárias, em que um item deve conter referências a outro;
- alocar e desalocar memória dinamicamente do sistema;
- passar para uma função o endereço de outra função.

PONTEIROS VARIÁVEIS

Em C, há um tipo especial de variável, concebida para conter o endereço de outra variável, que se chama *ponteiro variável*.

Um *ponteiro variável* armazena um endereço de memória, que é a localização de outra variável. Dizemos que uma variável aponta para outra variável quando a primeira contém o endereço da segunda.

Endereços de memória

A memória de seu computador é dividida em bytes, numerados de zero até o limite de memória da sua máquina. Esses números são chamados *endereços* de bytes. Um endereço é uma referência que o computador usa para localizar variáveis.

Toda variável ocupa uma certa localização na memória, e seu endereço é o do primeiro byte ocupado por ela.

Nossos programas, quando carregados para a memória, ocupam uma certa parte dela. Desta forma, toda variável e toda função de nosso programa começam em um endereço particular, que é chamado endereço da variável ou da função.

Ponteiros constantes e o operador de endereços &

Para conhecer o endereço ocupado por uma variável usamos o operador de endereços **&**.

O resultado da operação é um ponteiro constante. Eis um pequeno programa que mostra o seu uso:

```
/* ponteirocons.c */
/* Mostra ponteiros constantes */
#include <stdio.h>
#include <stdlib.h>

int main()
{
   int i,j,k;

   printf("Endereço de i = %p\n", &i); /* %p para ponteiros */
   printf("Endereço de j = %p\n", &j);
   printf("Endereço de k = %p\n", &k);

   system("PAUSE");
   return 0;
}
```

Vejamos a saída:

```
Endereço de i = 0012FED4
Endereço de j = 0012FEC8
Endereço de k = 0012FEBC
```

Esse programa declara três variáveis inteiras e imprime o endereço de cada uma delas. O endereço ocupado por essas variáveis dependerá de vários fatores, como o tamanho do sistema operacional, se há ou não outros programas residentes na memória etc. Por essas razões você pode encontrar números diferentes quando executar o programa. Decidimos imprimir os endereços em hexadecimal. Esses endereços são constantes.

Passando argumentos por referência com ponteiros

Uma função pode receber diversos argumentos, mas só consegue retornar um único valor por meio do comando **return**. Como fazer para que uma função retorne mais de um valor para a função chamadora? Usando ponteiros.

Há duas maneiras de passar argumentos para uma função: por valor e por referência por meio de ponteiros. Para que uma função retorne mais de um valor para a função chamadora, devemos seguir dois passos:

Primeiro, a função chamadora passa os endereços das suas variáveis usando o operador de endereços, os quais indicam variáveis nas quais queremos que a função chamada coloque os valores que devem ser retornados. Quando passamos endereços de variáveis, a função pode alterar a variável original.

Segundo, a função chamada deverá criar variáveis para armazenar os endereços que estiver recebendo, enviados pela função chamadora. Essas variáveis são ponteiros variáveis.

Vamos mostrar um exemplo:

```c
/* ponteiros.c */
/* Mostra o uso de ponteiros variáveis */
#include <stdio.h>
#include <stdlib.h>

void reajusta20(float *, float *); /* Protótipo */

int main()
{
   float val_preco, val_reaj;
   do
   {
        printf("\nInsira o preço atual: ");
        scanf("%f", &val_preco);
        reajusta20(&val_preco, &val_reaj); /* Enviando endereços */
        printf("\nO preço novo é %.2f\n", val_preco);
        printf("O aumento foi de %.2f\n", val_reaj);
   } while(val_preco != 0.0);

   system("PAUSE");
   return 0;
}

/* reajusta20() */
/* Reajusta o preço em 20% */
void reajusta20(float *preco, float *reajuste)
   *reajuste = *preco * 0.2;
   *preco *= 1.2;
}
```

Eis a saída:

```
Insira o preço atual: 2567.89
O preço novo é 3081.47
O aumento foi de 513.58

Insira o preço atual: 0
```

O programa solicita ao usuário que insira o preço atual de uma certa mercadoria. Em seguida, modifica o preço para um valor aumentado em 20% e calcula o valor do aumento.

VARIÁVEIS QUE ARMAZENAM ENDEREÇOS

Você já usou variáveis para armazenar números inteiros, caracteres, números em ponto flutuante etc. Endereços são armazenados, de modo semelhante, em variáveis com um tipo específico para esse fim. Uma variável que armazena um endereço é chamada ponteiro.

Uma variável que armazena o endereço de uma variável do tipo **float** é do tipo **float ***. O asterisco faz parte do nome do tipo e indica *ponteiro para*.

A função **reajusta20()** recebe como argumento dois ponteiros para **float**. O seu protótipo

```
void reajusta20(float *, float *);  /* Protótipo */
```

indica que serão criadas variáveis do tipo **float *** para receber os endereços das variáveis passadas como argumento pela função **main()**.

```
/* reajusta20() */
/* Reajusta o preço em 20% */
void reajusta20(float *preco, float *reajuste)
   *reajuste = *preco * 0.2;
   *preco *= 1.2;
}
```

A declaração dos parâmetros da função **reajusta20()** indica que ***preco** e ***reajuste** são do tipo **float** e que **preco** e **reajuste** são do tipo **float *** (ponteiros para variáveis **float**).

Na verdade, usar ***preco** é uma maneira indireta de usar a variável **val_preco** de **main()**. Toda alteração feita em ***preco** afetará diretamente **val_preco**. Como **preco** contém o endereço da variável **val_preco**, dizemos que **preco** aponta para **val_preco**.

O OPERADOR INDIRETO *

O operador indireto * é unário e opera sobre um endereço ou ponteiro. O resultado da operação é o nome da variável localizada nesse endereço (apontada). O nome da variável representa o seu valor ou conteúdo. Em outras palavras, resulta o valor da variável apontada.

> **Observação:** O operador de endereços **&** opera sobre o nome de uma variável e resulta o seu endereço, já o operador indireto * opera sobre o endereço de uma variável e resulta o seu nome.

Passando endereços para a função

A nossa função **main()** chama a função **reajusta20()** por meio da seguinte instrução:

```
reajusta20(&val_preco, &val_reaj); /* Enviando endereços */
```

Os endereços das variáveis **val_preco** e **val_reaj** são acessados por meio do operador de endereços e enviados como argumentos para a função **reajusta20()**.

A função **reajusta20()** recebe esses valores em ponteiros (tipos de variáveis para armazenar endereços). Para que essa função possa acessar as variáveis apontadas, deverá não somente conhecer os seus endereços como também os seus tipos. O endereço informa o primeiro byte ocupado pela variável; é necessário saber quantos bytes estão ocupados por ela e qual é a forma de armazenamento para se ter acesso ao seu conteúdo.

O tipo da variável apontada é dado na declaração do ponteiro:

```
float *preco, float *reajuste
```

Assim, **float** é o tipo da variável apontada por **preco**. A função pode então usar instruções como:

```
*reajuste = *preco * 0.2;
*preco *= 1.2;
```

que modificam indiretamente as variáveis **val_preco** e **val_reaj**. É indireto porque a função não tem acesso direto aos nomes dessas variáveis, e sim aos seus endereços. A conclusão é que **main()** acessa diretamente as variáveis **val_preco** e **val_reaj**, enquanto **reajusta20()** as acessa via operador indireto.

Uma vez conhecidos os endereços e os tipos das variáveis do programa chamador, a função pode não apenas colocar valores nestas variáveis como também ler o valor já armazenado nelas. Ponteiros podem ser usados para que a função passe valores para o programa chamador, mas também para que o programa chamador passe valores para a função.

Na instrução:

```
*reajuste = *preco * 0.2;
```

estamos usando o valor original da variável **val_preco**, por meio de ***preco**, multiplicando esse valor por 0,2 e atribuindo o resultado à variável **val_reaj**, indiretamente por meio de ***reajuste**.

Permutação do valor de duas variáveis

Por padrão, a linguagem C passa argumento para funções usando *"chamada por valor"*; a função chamada não pode alterar diretamente uma variável da função chamadora. Por exemplo, uma rotina de ordenação poderia querer permutar dois elementos fora de ordem por meio de uma função chamada **troca()**. Não seria suficiente escrever

```
troca(a,b);
```

em que a função **troca()** é definida como:

```
void troca(int x,int y) /* ERRADO */
{
   int temp;
   temp = x;
   x= y;
   y = temp;
}
```

Por causa da chamada por valor, **troca()** não pode afetar os argumentos **x** e **y** da função que chama.

Ponteiros resolvem o problema. O programa chamador passa os endereços dos valores a serem permutados:

```
troca(&a, &b);
```

E na função **troca()**, os parâmetros são declarados como ponteiros, e as variáveis atuais são acessadas por meio deles.

```
void troca(int *x, int *y) /* Correto */
{
   int temp;
   temp = *x;
   *x= *y;
   *y = temp;
}
```

Ponteiros sem funções

O exemplo que apresentamos usou ponteiros como argumentos de funções. O programa seguinte cria ponteiros como variáveis automáticas dentro da função **main()**.

```
/* ptrvar.c */
/* Mostra o uso de ponteiros declarados dentro da função main() */
#include <stdio.h>
#include <stdlib.h>
```

```
int main()
{
   int x=4, y=7;
   int *px,*py;

   printf("&x = %p\t  x = %d\n", &x , x);
   printf("&y = %p\t  y = %d\n", &y , y);

   px = &x;
   py = &y;

   printf("px = %p\t*px = %d\n", px,*px);
   printf("py = %p\t*py = %d\n", py,*py);

   system("PAUSE");
   return 0;
}
```

Veja a saída:

```
&x = 0012FED4      x = 4
&y = 0012FEC8      y = 7
px = 0012FED4    *px = 4
py = 0012FEC8    *py = 7
```

A instrução:

```
int *px,*py;
```

declara **px** e **py** como ponteiros para variáveis **int**. Quando um ponteiro não é inicializado na instrução de sua declaração, o compilador inicializa-o com o endereço zero (NULL). A linguagem C garante que NULL não é um endereço válido, então, antes de usá-los, devemos atribuir a eles algum endereço válido, isto é, feito pelas instruções:

```
px = &x;
py = &y;
```

Um ponteiro pode ser inicializado na mesma instrução de sua declaração:

```
int *px = &x, *py = &y;
```

Observe que estamos atribuindo **&x** e **&y** a **px** e **py** respectivamente, e não a ***px** e ***py**. O asterisco na declaração faz parte do nome do tipo.

C permite ponteiros de qualquer tipo, e as sintaxes de declaração possíveis são as seguintes:

- Operador indireto junto ao nome da variável.

```
        int    *p;      /* Ponteiro int */
        char   *p;      /* Ponteiro char */
        String *p;      /* Ponteiro para um tipo */
                        /* Definido pelo usuário */
```

- Operador indireto junto ao nome do tipo.

    ```
    int*    p;      /* Ponteiro int */
    char*   p;      /* Ponteiro char */
    String* p;      /* Ponteiro para um tipo */
                    /* Definido pelo usuário */
    ```

- Se vários ponteiros são declarados numa mesma instrução, o tipo deve ser inserido somente uma vez; o asterisco, todas as vezes.

    ```
    int* p, * p1, * p2;
    int *p, *p1, *p2;
    ```

- Inicializando ponteiros.

    ```
    int i;
    int *pi=&i;
    int *pj, *pi=&i, *px;
    ```

- Ponteiros e variáveis simples declarados numa única instrução.

    ```
    int *p, i, j, *q;
    int *px=&x, i, j=5, *q;
    ```

Ponteiros e variáveis apontadas

Você pode usar ponteiros para executar qualquer operação na variável apontada.

```
/* ptrvar1.c */
/* Mostra a inicialização do ponteiro */
#include <stdio.h>
#include <stdlib.h>

int main()
{
   int x,y;
   int *px = &x;/* Inicializa px com o endereço de x */

   *px = 14;    /* O mesmo que x = 14 */
   y = *px;     /* O mesmo que y = x  */

   printf("y = %d\n", y);

   system("PAUSE");
   return 0;
}
```

Nesse programa, usamos o ponteiro para atribuir um valor à variável **x**; em seguida, usamos novamente o ponteiro para atribuir esse valor a **y**. O operador indireto, precedendo o nome do ponteiro em instruções como:

```
y = *px; /* O mesmo que y = x  */
```

resulta o nome da variável apontada.

Operações com ponteiros

C permite várias operações básicas com ponteiros. Nosso próximo exemplo mostra essas possibilidades. O programa imprime os resultados de cada operação, o valor do ponteiro, o valor da variável apontada e o endereço do próprio ponteiro.

```c
/* ptroperacoes.c */
/* Mostra as operações possíveis com ponteiros */
#include <stdio.h>
#include <stdlib.h>

int main()
{
   unsigned int x=5, y=6;
   unsigned int *px, *py;

   px = &x;      /* Atribuições */
   py = &y;

   if(px < py) /* Comparações */
           printf("py-px= %u\n", (py-px));/* Subtraçao */
   else
           printf("px-py= %u\n", (px-py));

   printf("px = %p", px);
   printf(", *px = %u", *px);          /* Op. Indireto */
   printf(", &px = %p\n", &px);        /* Op. Endereços */

   printf("py = %p", py);
   printf(", *py = %u", *py);
   printf(", &py = %p\n", &py);

   py++; /* Incremento */

   printf("py = %p", py);
   printf(", *py = %u", *py);
   printf(", &py = %p\n", &py);

   px = py + 5; /* Somar inteiros */

   printf("px = %p", px);
   printf(", *px = %u", *px);
   printf(", &px = %p\n", &px);

   printf("px-py= %u\n", (px-py));

   system("PAUSE");
   return 0;
}
```

A saída é:

```
px-py= 3
px = 0012FED4, *px = 5,  &px = 0012FEBC
py = 0012FEC8, *py = 6,  &py = 0012FEB0
py = 0012FECC, *py = 28, &py = 0012FEB0
px = 0012FEE0, *px = 46, &px = 0012FEBC
px-py= 5
```

ATRIBUIÇÃO

Um endereço pode ser atribuído a um ponteiro desde que este seja do mesmo tipo daquele. Geralmente, fazemos isso usando o operador de endereços (**&**) junto ao nome de uma variável. Em nosso exemplo, atribuímos a **px** o endereço de **x** e a **py** o endereço de **y**.

```
px = &x;  /* Atribuições */
py = &y;
```

OPERAÇÃO INDIRETA

O operador indireto *, precedendo o nome do ponteiro, resulta no nome da variável apontada.

TRAZENDO O ENDEREÇO DO PONTEIRO

Como todas as variáveis, os ponteiros têm um endereço e um valor. O operador **&**, precedendo o nome do ponteiro, resulta na posição de memória em que o ponteiro está localizado.

O nome do ponteiro indica o valor contido nele, isto é, o endereço para o qual ele aponta (o endereço da variável apontada).

INCREMENTANDO UM PONTEIRO

Podemos incrementar um ponteiro por meio de adição regular ou do operador de incremento. Incrementar um ponteiro acarreta sua movimentação para o próximo tipo apontado, isto é, se **px** é um ponteiro para uma variável **int**, depois de executar a instrução

```
px++;
```

o valor de **px** será incrementado de um **int** (quatro bytes em ambientes de 32 bits). Cada vez que **px** é incrementado, apontará para o próximo **int** da memória. A mesma idéia é verdadeira para decremento. Toda vez que **px** é decrementado de uma unidade, o será de um tipo apontado, nesse caso **int**.

Você pode subtrair ou adicionar números de ponteiros. A instrução:

```
px = py + 3;
```

fará com que **px** caminhe três inteiros adiante de **py**.

Diferença

Você pode encontrar a diferença entre dois ponteiros. Essa diferença será expressa em número de variáveis apontadas entre eles. Então, se **py** contém o endereço **4000** e **px**, **3996**, a expressão

```
py-px
```

resultará 1 quando **px** e **py** são ponteiros para **int** em ambientes de 32 bits.

Comparações entre ponteiros

Testes relacionais com **>, <, >=, <=, ==** ou **!=** são aceitos somente entre ponteiros do mesmo tipo. Cuidado, se você comparar ponteiros que apontam para variáveis de tipos diferentes obterá resultados sem sentido.

Testes com NULL ou zero também podem ser feitos, contanto que você use o modificador de tipo:

```
if(px == (int *)0)
```

A unidade adotada em operações com ponteiros

Quando declaramos um ponteiro, o compilador necessita conhecer o tipo da variável apontada para poder executar corretamente operações aritméticas.

```
int *pi;
double *pd;
float *pf;
```

O tipo declarado é entendido como o tipo da variável apontada. Assim, se somarmos 1 a **pi**, estaremos somando o tamanho de um **int**; se somarmos 1 a **pd**, estaremos somando o tamanho de um **double** (oito bytes), e assim por diante.

> A unidade com ponteiros é o número de bytes do tipo apontado.

Ponteiros no lugar de matrizes

Em C, o relacionamento entre ponteiros e matrizes é tão estreito que estes deveriam ser realmente tratados juntos.

O compilador transforma matrizes em ponteiros, pois a arquitetura do microcomputador compreende ponteiros, e não matrizes. Qualquer operação que possa ser feita com índices de uma matriz pode ser feita com ponteiros.

No capítulo sobre matrizes, aprendemos que o nome de uma matriz representa seu endereço de memória. Esse endereço é o do primeiro elemento da matriz. Em outras palavras, o nome de uma matriz é um ponteiro que aponta para o primeiro elemento da matriz.

Para esclarecer a relação entre ponteiros e matrizes, vamos examinar um simples programa escrito primeiramente com matrizes e depois com ponteiros.

```c
/* matriz.c */
/* Imprime os elementos de uma matriz */
#include <stdio.h>
#include <stdlib.h>

int main()
{
   static int M[5]={92,81,70,69,58};
   int i;
   for(i=0; i<5; i++)
         printf("%d\n", M[i]); /* Notação matriz */

   system("PAUSE");
   return 0;

}
```

O próximo exemplo usa a notação ponteiro:

```c
/* pmatriz.c */
/* Imprime os elementos de uma matriz usando notação ponteiro */
#include <stdio.h>
#include <stdlib.h>

int main()
{
   static int M[5]={92,81,70,69,58};
   int i;
   for(i=0; i<5; i++)
         printf("%d\n", *(M + i)); /* Notação ponteiro */

   system("PAUSE");
   return 0;
}
```

A expressão ***(M+i)** tem exatamente o mesmo valor de **M[i]**. Você já sabe que **M** é um ponteiro **int** e aponta para **M[0]**, conhecendo também a aritmética com ponteiros. Assim, se somarmos **1** a **M**, obteremos o endereço de **M[1]**; **M+2** é o endereço de **M[2]** e assim por diante. Em regra geral, temos que:

```
M + i é equivalente a &M[i], portanto
   *(M + i) é equivalente a M[i]
```

Ponteiros constantes e ponteiros variáveis

Analisando o exemplo anterior, você poderia perguntar se a instrução

```
printf("%d\n", *(M + i)); /* Notação ponteiro */
```

não poderia ser simplificada e substituída por

```
printf("%d\n", *(M ++)); /* ERRO */
```

A resposta é não. A razão disso é que não podemos incrementar uma constante. Da mesma forma que existem inteiros constantes e inteiros variáveis, existem ponteiros constantes e ponteiros variáveis.

> O nome de uma matriz é um ponteiro constante.

Isso vale para qualquer constante. Você não poderia escrever:

```
x = 3++; /* ERRADO */
```

O compilador apresentaria um erro.

O nome de uma matriz é um ponteiro constante e não pode ser alterado. Um ponteiro variável é um lugar na memória que armazena um endereço. Um ponteiro constante é um endereço, uma simples referência.

Vamos reescrever **pmatriz.c** usando um ponteiro variável em vez do nome da matriz. Eis a listagem:

```
/* pmatriz.c */
/* Imprime os elementos de uma matriz usando ponteiro variável */
#include <stdio.h>
#include <stdlib.h>

int main()
{
   static int M[5]={92,81,70,69,58};
   int i, *p = M; /* Cria e inicializa o ponteiro variável */

   for(i=0; i<5; i++)
        printf("%d\n", *(p++)); /* Notação ponteiro */

   system("PAUSE");
   return 0;
}
```

Nessa versão, definimos um ponteiro para um **int** e o inicializamos com o nome da matriz:

```
int *p=M;
```

Agora podemos usar **p** em todo lugar do programa que usa **M** e, como **p** é um ponteiro variável e não uma constante, podemos usar expressões como:

```
*(p++)
```

O ponteiro **p** contém inicialmente o endereço do primeiro elemento da matriz **&M[0]**. Para acessar o próximo elemento, basta incrementar **p** de um. Após o incremento, **p** aponta para o próximo elemento, **&M[1]**, e a expressão ***(p++)** representa o conteúdo desse segundo elemento. O laço **for** faz com que a expressão acesse cada um dos elementos em ordem.

PASSANDO MATRIZES COMO ARGUMENTO PARA FUNÇÕES

No capítulo sobre matrizes, apresentamos numerosos exemplos de como elas são passadas como argumentos para funções e como as funções podem acessar seus elementos.

Quando uma função recebe o endereço de uma matriz como argumento, ela o declara usando o nome do tipo e colchetes (**[ ]**). Essa notação declara ponteiros constantes e não ponteiros variáveis. Entretanto, é mais conveniente usar a notação ponteiro no lugar da notação matriz. A notação ponteiro declara um ponteiro variável.

O próximo exemplo modifica o programa **media.c** para que use ponteiros no lugar de matriz.

```c
/* pmedia.c */
/* Mostra passagem de matrizes para funções usando ponteiros */
#include <stdio.h>
#include <stdlib.h>
#define TAMANHO 50

float media(float *, int);/* Protótipo */

int main()
{
   float notas[TAMANHO] , m;
   int i=0;

   do
   {
        printf("Digite a nota do aluno %d ", i+1);
        scanf("%f", notas + i);
   } while(*(notas + i++) >= 0.0);

   i--; /* Remove o item de término */

   m = media(notas, i);

   printf("Média das notas: %.2f\n", m);

   system("PAUSE");
   return 0;
}
```

```
/* Calcula a média dos valores da matriz */
float media(float *lista, int tamanho)
{
   int i;
   float m=0.0;
   for(i=0; i < tamanho ; i++) m += *(lista++);
   return m/tamanho ;
}
```

Observe primeiramente o protótipo da função **media()**.

```
float media(float *, int);/* Protótipo */
```

A declaração:

```
float *
```

é equivalente à original

```
float[]
```

A primeira declara um ponteiro variável, enquanto a segunda declara um ponteiro constante.

Como o nome da matriz é um endereço, não usamos o operador de endereços (**&**) na instrução de chamada à função:

```
float m = media(notas, i);
```

Ponteiros e strings

Strings são matrizes do tipo **char**. Dessa forma, a notação ponteiro pode ser aplicada.

Como primeiro exemplo, vamos escrever uma função que procure um caractere numa cadeia de caracteres. Essa função retorna o endereço da primeira ocorrência do caractere, se este existir, ou o endereço zero, caso o caractere não seja encontrado.

```
/* strprocura.c */
/* Procura um caractere numa cadeia de caracteres */
#include <stdio.h>
#include <stdlib.h>

char * procura(char *, char);/* Protótipo */

int main()
{
   char str[81], *ptr;

   printf("Digite uma frase:\n");
   gets(str);
```

```
        ptr = procura(str, 'h');

        printf("\nA frase começa no endereço %p\n", str);

        if(ptr)
        {
                printf("\nPrimeira ocorrência do caractere 'h': %p\n", ptr);
                printf("\nA sua posição é: %d\n", ptr-str);
        } else
                printf("O caractere 'h' não existe nessa frase.\n");

        system("PAUSE");
        return 0;
}
/* Procura um caractere numa frase */
char *procura(char *s, char ch)
{
   while(*s != ch && *s != '\0') s++;
   if(*s != '\0') return s;
   return (char *)0;
}
```

Eis a saída

Digite uma frase:

O seu aniversário será comemorado hoje à noite.

A frase começa no endereço 0012FE7C

Primeira ocorrência do caractere 'h': 0012FE9E

A sua posição é: 34

Vamos analisar o protótipo da função **procura()**.

```
char * procura(char *, char);/* Protótipo */
```

A função retorna um ponteiro **char**. Assim, funções podem tanto receber ponteiros como argumentos ou retornar um ponteiro, desde que declarados de acordo.

FUNÇÕES DE BIBLIOTECA PARA MANIPULAÇÃO DE STRINGS

Você já usou várias funções de biblioteca para manipular strings. Essas funções usam ponteiros. Apesar de existirem prontas na biblioteca C, escreveremos algumas delas para que você aprenda e as crie conforme suas necessidades.

```
/* Protótipos */
int strlen(char *);
void strcpy(char *, char *);
int strcmp(char *, char *);
```

Eis a listagem das funções:

```c
/* Retorna o tamanho da cadeia */
int strlen(char *s)
{
   int i=0;
   while(*(s++)) i++;
   return i;
}

/* Copia a cadeia origem na cadeia destino */
void strcpy(char *dest, char *orig)
{
   while(*(dest++) = *(orig++));
}

/* Compara a cadeia s com a cadeia t
 * Retorna a diferença ASCII:
 *              um número positivo se s > t
 *              um número negativo se s < t
 *              zero se s == t
 */
int strcmp(char *s, char *t)
{
   while(*s==*t && *s)
   {
        s++;
        t++;
   }
   return *s - *t;
}
```

Ponteiros para uma cadeia de caracteres constante

Vamos analisar duas maneiras de inicializar cadeias de caracteres constantes: usando um ponteiro constante e usando um ponteiro variável. Observe o exemplo:

```c
#include <stdio.h>
#include <stdlib.h>

int main()
{
   char s1[] = "Saudações!";
   char *s2  = "Saudações!";

   printf("%p\n", s1);
   printf("%p\n", s2);

/  *s1++; Erro. Não podemos incrementar uma constante */
   s2++; /* OK */

   printf("%s\n", s2); /* Imprime: saudações */
   system("PAUSE");
   return 0;
}
```

O ponteiro constante poderia ser usado em situações em que não queremos alterar o conteúdo da cadeia de caracteres, como para imprimir, enviar como argumento para uma função etc.

Matrizes de ponteiros

Matrizes de ponteiros são essencialmente utilizadas para substituir matrizes de duas dimensões em que cada elemento é uma cadeia de caracteres. Esse uso permite uma grande economia de memória, já que não teremos a desvantagem de dimensionar todos os elementos com o tamanho da maior cadeia.

Vamos modificar o programa **diasemana.c**, do capítulo de matrizes, para que utilize uma matriz de ponteiros no lugar de uma de strings.

```c
/* pdiasemana.c */
/* Imprime o dia da semana a partir de uma data */
/* Mostra o uso de uma matriz de ponteiros */
#include <stdio.h>
#include <stdlib.h>
#include <string.h>
#include <conio.h>      /* Para getche() */

int dsemana(int, int, int); /*Protótipo */

int main()
{
    static char *diasemana[7]=
            {       "Domingo",
                    "Segunda-feira",
                    "Terça-feira",
                    "Quarta-feira",
                    "Quinta-feira",
                    "Sexta-feira",
                    "Sábado"
            };
    int dia, mes, ano;
    const char ESC = 27;
    do
    {
            printf("Digite a data na forma dd mm aaaa: ");
            scanf("%d%d%d", &dia, &mes, &ano);
            printf("%s\n", diasemana [ dsemana(dia,mes,ano)]);
            printf("ESC para terminar ou ENTER para recomeçar\n");
    } while (getch() != ESC);

    system("PAUSE");
    return 0;
}
```

```c
/* Encontra o dia da semana a partir de uma data
 * Retorna 0 para domingo, 1 para segunda-feira etc.
 */
int dsemana(int dia, int mes, int ano)
{
   int dSemana = ano + dia + 3 * (mes - 1) - 1;
   if(mes < 3)
         ano--;
   else
         dSemana -= (int)(0.4*mes+2.3);
   dSemana += (int)(ano/4) - (int)((ano/100 + 1)*0.75);
   dSemana %= 7;
   return dSemana;
}
```

Na versão matriz, as cadeias de caracteres são guardadas na memória em sete posições de 14 bytes cada uma, ou seja, ocupando 98 bytes de memória. Na nova versão, as cadeias são guardadas de forma a ocupar somente o número de bytes necessários para o seu armazenamento. Cada elemento da matriz é um ponteiro e não mais outra matriz.

Matriz de strings e a memória alocada

A versão matriz aloca 98 bytes de memória da seguinte forma:

	0	1	2	3	4	5	6	7	8	9	10	11	12	13
1	D	o	m	i	n	g	o	\0						
2	S	e	g	u	n	d	a	-	f	e	i	r	a	\0
3	T	e	r	ç	a	-	f	e	i	r	a	\0		
4	Q	u	a	r	t	a	-	f	e	i	r	a	\0	
5	Q	u	i	n	t	a	-	f	e	i	r	a	\0	
6	S	e	x	t	a	-	f	e	i	r	a	\0		
7	S	á	b	a	d	o	\0							

Matriz de ponteiros e a memória alocada

A versão ponteiros aloca 79 bytes de memória da seguinte forma:

	0	1	2	3	4	5	6	7	8	9	10	11	12	13
0	D	o	m	i	n	g	o	\0	S	e	g	u	n	d
1	a	-	f	e	i	r	a	\0	T	e	r	ç	a	-
2	f	e	i	r	a	\0	Q	u	a	r	t	a	-	f
3	e	i	r	a	\0	Q	u	i	n	t	a	-	f	e
4	i	r	a	\0	S	e	x	t	a	-	f	e	i	r
5	a	\0	S	á	b	a	d	o	\0					

A versão ponteiros aloca uma matriz de sete ponteiros e inicializa cada um deles com o endereço de cada uma das cadeias de caracteres constantes.

Ponteiros para ponteiros

No próximo programa, mostraremos a ordenação de nomes por meio de uma matriz de ponteiros. No lugar de ordenar os próprios nomes, ordenaremos a matriz de ponteiros em que cada elemento aponta para um dos nomes.

Os elementos da matriz de ponteiros são ponteiros que apontam para outros ponteiros. Veja a listagem:

```c
/* pstrsort.c */
/* Mostra o uso de ponteiros para ponteiros */
#include <stdio.h>
#include <stdlib.h>
#include <string.h>
#define NOME_MAX 30
#define TAM_MAX 100

void ordena(char **p,int n)
{
   char *temp;
   int i,j;

   for(i=0;i<n-1;i++)
   {
        for(j=i+1; j<n;j++)
            if(strcmp(p[i],p[j])>0)
            {
               temp = *(p+i);
               *(p+i) = *(p+j);
               *(p+j) = temp;
            }
   }
}

int main()
{
   char nomes[NOME_MAX][TAM_MAX];
   char *p[30]; /* Matriz de ponteiros */
   int n, i;

   for(n=0;;n++)
   {
        printf("Digite nome ou [ENTER] para fim: ");
        gets(nomes[n]);
        if(strlen(nomes[n])==0) break;
        p[n] = nomes[n];

   }

   printf("\n\nLista original:\n");
   for(i=0;i<n;i++)
        printf("%s\n", p[i]);
```

```
        ordena(p,n);

        printf("\n\nLista ordenada:\n");
        for(i=0;i<n;i++)
               printf("%s\n", p[i]);

        system("PAUSE");
        return 0;
}
```

Eis a saída:

```
Digite nome ou [ENTER] para fim: Regiane Ferreira
Digite nome ou [ENTER] para fim: Ana Maria de Paula
Digite nome ou [ENTER] para fim: Denise Silveira
Digite nome ou [ENTER] para fim: André Victor Mesquita
Digite nome ou [ENTER] para fim: Lucy Coelho
Digite nome ou [ENTER] para fim:

Lista original:

Regiane Ferreira
Ana Maria de Paula
Denise Silveira
André Victor Mesquita
Lucy Coelho

Lista ordenada:

Ana Maria de Paula
André Victor Mesquita
Denise Silveira
Lucy Coelho
Regiane Ferreira
```

O programa declara uma matriz de duas dimensões para armazenar os nomes, em seguida cria uma matriz de ponteiros que apontarão para eles. Toda vez que o usuário digitar um nome, seu endereço é atribuído a um elemento da matriz de ponteiros. Quando [ENTER] for digitado, o processo é interrompido.

Os nomes são impressos duas vezes: a primeira, na mesma ordem em que foram digitados, e a segunda, em ordem alfabética.

ORDENANDO PONTEIROS

A novidade desse programa está em como os nomes são ordenados. Na realidade, a função **ordena()** não ordena os nomes, e sim os ponteiros para os nomes. Essa ordenação é muito mais rápida que a da própria matriz **nomes[ ] [ ]**, pois estamos movimentando ponteiros pela memória, e não rearranjando cada letra de cada nome. Os ponteiros são variáveis que ocupam pouco lugar de memória, entretanto os nomes podem ocupar muita memória.

Observe a declaração do primeiro argumento de **ordena()**:

```
void ordena(char **p,int n)
```

O tipo da variável **p** é **char****. Essa notação indica que **p** é um ponteiro duplamente indireto. Quando o endereço de um nome é passado para uma função como argumento, você já sabe que o seu tipo é **char***. Um único asterisco é usado para indicar o endereço de um único nome.

A função **ordena()** não recebe o endereço de um nome, mas o de uma matriz de ponteiros para nomes. O nome de uma matriz é um ponteiro para um elemento dela. No caso da nossa matriz, um elemento é um ponteiro. Portanto, o nome da matriz é um ponteiro que aponta para outro ponteiro.

Dois asteriscos são usados para indicar um ponteiro para ponteiro.

NOTAÇÃO PONTEIRO PARA MATRIZES DE PONTEIROS

Cada elemento da matriz **p** é um ponteiro para um nome. Assim **p[i]** é o endereço de um nome.

Você já sabe que um elemento de uma matriz pode ser escrito em notação ponteiro. Dessa forma, podemos escrever a expressão **p[i]** como

```
*(p+i)
```

O PROGRAMA DO FOGUETE

Vamos analisar um exemplo que incorpora acesso duplamente indireto e mostra como manipular elementos de uma matriz usando ponteiros que apontam para ponteiros. Este programa modela um foguete e imprime-o na tela.

O programa consiste em um amplo laço. Cada vez que o laço é executado, o programa desenha o foguete e uma linha, representando a terra, composta de cinco caracteres de linha dupla ('\xCD').

O foguete é definido por quatro caracteres: o corpo ('\xDB'), o cone que forma o bico do foguete ('\x1E') e duas máquinas ('\x1E').

Depois de desenhado o foguete, as linhas da matriz que o contém são rodadas; cada linha é movida uma posição acima e a primeira linha é colocada no lugar da última (na verdade, a matriz não é mexida; movemos uma matriz de ponteiros para as linhas). A impressão é executada novamente. O foguete, então, se distancia da Terra.

```
/* foguete.c */
/* Movimenta imagem na tela */
#include <stdio.h>
#include <stdlib.h>
#include <conio.h>
```

```c
#define LIN 10
#define COL 5


int main()
{
    int cont, j, k;
    char *ptr[LIN];
    char *temp;

    static char foguet[LIN][COL] =
            { { 0, 0, 0, 0, 0},
              { 0, 0, 0, 0, 0},
              { 0, 0, 0, 0, 0},
              { 0, 0, 0, 0, 0},
              { 0, 0, 0, 0, 0},
              { 0, 0, 0, 0, 0},
              { 0, 0, 0, 0, 0},
              { 0, 0, 0, 0, 0},
              { 0, 0, '\x1E' , 0, 0} ,
              { 0, '\x1E','\xDB', '\x1E',0 } };

    static char terra[]=
            { '\xCD' ,'\xCD', '\xCD' ,'\xCD' ,'\xCD' ,'\0'};

    for(cont=0; cont<LIN; cont++)
            *(ptr+cont)=*(foguet+cont);
    for(cont=0; cont<LIN-1; cont++)
    {
            for(j=0; j<LIN ;j++)
            {
                    for(k=0; k<COL; k++)
                        printf("%c", *(*(ptr+j)+k));/* ptr[j][k] */
                    printf("\n");
            }
            printf("%s\n",terra);
            getch();
            system("cls"); /* Limpa a tela */
            temp=*ptr;
            for(j=0; j<LIN-1; j++)
                    *(ptr+j) = *(ptr+j+1);
            *(ptr+LIN-1)=temp;
    }
    system("PAUSE");
     return 0;
}
```

Aqui está como esse programa trabalha:

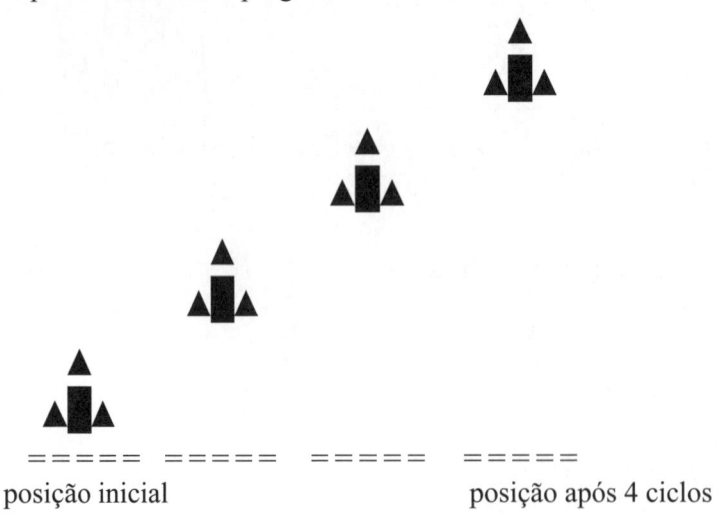

```
        ▲
       ▲■▲

      ▲
     ▲■▲

    ▲
   ▲■▲

  ▲
 ▲■▲
=====  =====  =====  =====
```
posição inicial   posição após 4 ciclos

Declaramos uma matriz de ponteiros para armazenar as linhas do desenho do foguete.

```
char *ptr[LIM];
```

A cada elemento da matriz, atribuímos o endereço de uma linha da matriz **foguet[ ][ ]** usada no laço:

```
for(cont=0; cont<LIN; cont++)
  *(ptr+cont)=*(foguet+cont);
```

Os elementos da matriz são impressos usando dois laços aninhados. Foi usada notação de ponteiro para referenciar um elemento individual da matriz:

```
printf("%c", *(*(ptr+j)+k));  /* ptr[j][k] */
```

Aqui nós não referenciamos propriamente a matriz **foguet[ ][ ]**, mas sim a matriz de ponteiros **ptr[ ]**, que aponta para ela.

Para movimentar o foguete, se tivéssemos de mover os elementos de cada linha da matriz para cima, necessitaríamos mover 50 caracteres na memória, o que consumiria muito tempo. Em vez disso, simplesmente movemos os ponteiros que apontam para as linhas. Teremos, então, o movimento de dez ponteiros, o que torna a operação bem mais rápida.

É feita uma rotação com os ponteiros da matriz **ptr[ ]**, cada elemento é movido uma localização acima, e o elemento do topo é movido para o fim.

O primeiro passo é guardar o valor do topo **ptr[0]** na variável **temp**, então usar um laço para mover o conteúdo de cada ponteiro para o imediatamente anterior e, finalmente, o elemento de topo, guardado na variável **temp**, é inserido.

Ponteiros para funções

Apresentaremos um tipo de ponteiro especial: um ponteiro que aponta para uma função, ou seja, uma variável que irá conter o endereço de uma função. A função poderá ser executada por meio do ponteiro.

O nosso primeiro exemplo mostra um ponteiro para a função **doisbeep()**.
Eis a listagem:

```c
/* ptrfunc.c */
/* Mostra o uso de ponteiro para função */
#include <stdio.h>
#include <stdlib.h>

void doisbeep(void); /* Protótipo */

int main()
{
   void (*pf)(void);/* Ponteiro para função void que recebe void */

   pf = doisbeep; /* Nome da função sem os parênteses */

   (*pf)();/* Chama a função */

   system("PAUSE");
   return 0;
}
/* doisbeep() */
/* Toca o alto-falante duas vezes */
void doisbeep(void)
{
   unsigned i;
   printf("\a");
   for(i=0; i < 800000 ; i++); /* Dar um tempo */
   printf("\a");
}
```

Declarando o ponteiro para função

A função **main()** começa declarando **pf** como um ponteiro para uma função **void**. É claro que o tipo **void** é uma das possibilidades. Se a função a ser apontada é do tipo **float**, por exemplo, o ponteiro para ela deve ser declarado como tal.

```c
void (*pf)(void);
```

Observe os parênteses envolvendo ***pf**. Esses parênteses são realmente necessários, pois, se omitidos

```c
void *pf(void); /* ERRO: é um protótipo de função */
```

estaríamos declarando **pf** como sendo uma função que retorna um ponteiro **void**; em outras palavras, estaríamos escrevendo o protótipo da função **pf**.

Endereços de funções

O nome de uma função desacompanhado de parênteses é o seu endereço. A instrução

```
pf = doisbeep; /* Nome da função sem os parênteses */
```

atribui o endereço da função **doisbeep()** a **pf**. Observe que não colocamos parênteses junto ao nome da função. Se eles estivessem presentes, como em

```
pf = doisbeep();      /* ERRO */
```

estaríamos atribuindo a **pf** o valor de retorno da função, e não o seu endereço.

Executando a função por meio do ponteiro

Da mesma forma que podemos substituir o nome de uma variável usando um ponteiro acompanhado do operador indireto *****, podemos substituir o nome da função usando o mesmo mecanismo. A instrução

```
(*pf)();/* Chama a função */
```

é equivalente a

```
doisbeep();
```

e indica uma chamada à função **doisbeep()**.

Operações ilegais com ponteiros para funções

A aritmética com ponteiros para funções não é definida em C. Por exemplo, você não pode incrementar ou decrementar ponteiros para funções.

Ponteiros para funções como argumentos

O exemplo a seguir cria um ponteiro para armazenar o endereço da função de biblioteca **gets()**. Essa função tem o seguinte protótipo:

```
char *gets(char *);
```

definido no arquivo **stdio.h**. A função retorna um ponteiro para a cadeia de caracteres lida do teclado e armazenada no endereço recebido por ela como argumento.

```
/* ptrgets.c */
/* Mostra o uso de ponteiro como argumento de função */
#include <stdio.h>
```

```
#include <stdlib.h>

void func(char * (*)(char *));

int main()
{
   char * (*p)(char *);
   p = gets;
   func(p);

   system("PAUSE");
   return 0;
}

void func(char * (*p)(char *))
{
   char nome[80];

   printf("Digite seu nome: ");

   (*p)(nome);   /* Chama a função gets()*/

   printf("Seu nome é: %s\n", nome);
}
```

A declaração do ponteiro é a seguinte:

```
char * (*p)(char *)
```

Essa instrução indica que **p** é um ponteiro para uma função do tipo **char*** e recebe um **char*** como argumento.

A função **main()** envia o ponteiro **p** como argumento para a função **func()**.

MATRIZES DE PONTEIROS PARA FUNÇÕES

Os ponteiros para funções oferecem uma maneira eficiente de executar uma função entre uma série delas, com base em alguma escolha dependente de parâmetros conhecidos somente em tempo de execução.

Por exemplo, suponhamos que você queira escrever um programa em que é apresentado um "menu" de opções ao usuário, e, para cada escolha, o programa deve executar uma chamada a uma função particular. Em vez de utilizar estruturas tradicionais de programação como **switch** ou **if-else**, ou qualquer outra estrutura de controle para decidir qual função deve ser chamada, você simplesmente cria uma matriz de ponteiros para funções e executa a função correta por meio de seu ponteiro.

Eis um esqueleto do programa:

```
/* fptrmatriz.c */
/* Mostra uma matriz de ponteiros para função */
#include <stdio.h>
#include <stdlib.h>
```

```c
    const true=1;

    void func0(void), func1(void), func2(void);/* Protótipos */

    int main()
    {
       void (*ptrf[3])(void);/* Matriz de ponteiros para funções */

       ptrf[0] = func0;
       ptrf[1] = func1;
       ptrf[2] = func2;

       do
       {
             int i;
             printf("0 - ABRIR\n");
             printf("1 - FECHAR\n");
             printf("2 - SALVAR\n");
             printf("\nEscolha um item: ");
             scanf("%d", &i);
             if(i < 0 || i > 2) break;

             (*ptrf[i])(); /* Chama função */

       } while(true);
       system("PAUSE");
       return 0;
    }

void func0()
{
   printf("\n*** Estou em func0() ***\n");
}

void func1()
{
   printf("\n*** Estou em func1() ***\n");
}

void func2()
{
   printf("\n*** Estou em func2() ***\n");
}
```

A instrução

```c
void (*ptrf[3])(void);/* Matriz de ponteiros para funções */
```

declara uma matriz de três ponteiros para funções **void**. O laço **do-while** em **main()** chama uma das três funções, dependendo da escolha do usuário. O programa termina se um número menor que zero ou maior que dois for digitado.

Matrizes de ponteiros para funções fornecem um mecanismo alternativo de mudar o controle do programa sem utilizar estruturas de controle convencionais.

Inicializando uma matriz de ponteiros para funções

O programa anterior poderia ter inicializado a matriz **ptrf** na mesma instrução de sua declaração. Eis a modificação:

```c
/* fptrmatriz.c */
/* Mostra uma matriz de ponteiros para função */
#include <stdio.h>
#include <stdlib.h>

const true=1;

void func0(void), func1(void), func2(void);/* Protótipos */

int main()
{
   void (*ptrf[3])(void)={ func0,func1,func2};/* inicializa */

   do
   {
        int i;
        printf("0 - ABRIR\n");
        printf("1 - FECHAR\n");
        printf("2 - SALVAR\n");
        printf("\nEscolha um item: ");
        scanf("%d", &i);
        if(i < 0 || i > 2) break;

        (*ptrf[i])(); /* Chama função */

   } while(true);
   system("PAUSE");
   return 0;
}

void func0()
{
   printf("\n*** Estou em func0() ***\n");
}

void func1()
{
   printf("\n*** Estou em func1() ***\n");
}
void func2()
{
   printf("\n*** Estou em func2() ***\n");
}
```

Usando typedef para declarar um ponteiro para função

É comum definir um nome para um tipo de dado que seja ponteiro para função. Fazemos isso por meio de **typedef**.

```c
/* fptrmatriz.c */
/* Mostra uma matriz de ponteiros para função */
#include <stdio.h>
#include <stdlib.h>
void func0(void), func1(void), func2(void);/* Protótipos */

const true=1;

typedef void (*PFunc)(void); /* PFunc */

int main()
{
   PFunc ptrf[3] = { func0, func1, func2};/* Matriz inicializada */

   do
   {
        int i;
        printf("0 - ABRIR\n");
        printf("1 - FECHAR\n");
        printf("2 - SALVAR\n");
        printf("\nEscolha um item: ");
        scanf("%d", &i);
        if(i < 0 || i > 2) break;

        (*ptrf[i])(); /* Chama função */

   } while(true);
   system("PAUSE");
   return 0;
}

void func0()
{
   printf("\n*** Estou em func0() ***\n");
}

void func1()
{
   printf("\n*** Estou em func1() ***\n");
}

void func2()
{
   printf("\n*** Estou em func2() ***\n");
}
```

Ponteiros void

Antes de prosseguir a explanação de ponteiros, vamos apresentar um ponteiro peculiar. Quando queremos atribuir um endereço a um ponteiro, este deve ser do mesmo tipo daquele. Por exemplo, não podemos atribuir um endereço de uma variável **int** a um ponteiro **float**. Entretanto, há uma exceção. Há um tipo de ponteiro de propósito geral que pode apontar para qualquer tipo de dado. Esse ponteiro é do tipo **void**, podendo ser declarado por meio da seguinte instrução:

```
void *p;  /* p aponta para qualquer tipo de dado */
```

Ponteiros do tipo **void** são usados em situações em que seja necessário que uma função receba ou retorne um ponteiro genérico e opere independentemente do tipo de dado apontado.

Observe que o conceito de ponteiros **void** não tem absolutamente nada a ver com o tipo **void** para funções.

Qualquer endereço pode ser atribuído a um ponteiro **void**:

```
/* ptrvoid.c */
/* Mostra ponteiros void */
#include <stdio.h>
#include <stdlib.h>

int main(void)
{
    int i=5;
    float f=3.2;

    void *pv;    /* Ponteiro genérico */
    pv = &i;     /* Endereço de um int */

    /* Não podemos usar o operador indireto com ponteiros void */
    printf("%d\n", *pv); /* ERRO de compilação */

    pv = &f;     /* Endereço de um float */

    /* Não podemos usar o operador indireto com ponteiros void */
    printf("%f\n", *pv); /* ERRO de compilação */

    system("PAUSE");
    return 0;
}
```

O conteúdo da variável apontada por um ponteiro **void** não pode ser acessado por meio desse ponteiro. É necessário criar outro ponteiro e fazer a conversão de tipo na atribuição:

```
/* ptrvoid.c */
/* Mostra ponteiros void */
#include <stdio.h>
#include <stdlib.h>
```

```
int main(void)
{
   int i=5, *pi;
   float f=3.2, *pf;

   void *pv;      /* Ponteiro genérico */
   pv = &i;       /* Endereço de um int */

   pi = (int *)pv; /* Convertendo o tipo do ponteiro */
   printf("%d\n", *pi); /* Correto */

   pv = &f;       /* Endereço de um float */

   pf = (float *) pv; /* Convertendo o tipo do ponteiro */
   printf("%f\n", *pf);/* Correto */

   system("PAUSE");
   return 0;
}
```

A FUNÇÃO qsort()

A função de biblioteca padrão **qsort()** executa a ordenação de uma matriz por meio da implementação do algoritmo "**quick-sort**". A função é do tipo **void** e recebe quatro argumentos: o primeiro é o endereço da matriz a ser ordenada, o segundo é um inteiro com o número de elementos da matriz, o terceiro é o tamanho em bytes de um elemento da matriz e o último é o endereço de uma função com o seguinte protótipo:

```
int compara(const void *, const void *);
```

A função **compara()** deve ser escrita pelo usuário de **qsort()** e compara dois elementos da matriz. Retorna um valor que informa o resultado da comparação:

Valor retornado pela função compara()	Descrição
< 0	elem1 menor que elem2
0	elem1 igual ao elem2
> 0	elem1 maior que elem2

Ordenando Números Inteiros

Nosso primeiro exemplo mostra a ordenação de uma matriz de inteiros:

```
/* Algoritmo qsort com inteiros */
#include <stdio.h>
#include <stdlib.h>

/* qsort - função para comparar inteiros */
int compara(const void *a, const void *b)
{   const int *pa = (const int *)a; /* Modifica o tipo do ponteiro */
    const int *pb = (const int *)b; /* Modifica o tipo do ponteiro */
    /* Retorna negativo se a < b e positivo se a > b   */
    return *pa  - *pb;
}

int main()
{
   unsigned int tamanho, i;

   int tab[]={ 234, 760, 162, 890, -23, 914, 567, 888, 398, -45};

   tamanho = sizeof(tab)/sizeof(int);

   qsort(tab, tamanho, sizeof(int), compara);

   for(i=0; i< 8; i++) printf("%d\n", tab[i]);
   system("PAUSE");
   return 0;
}
```

Veja a saída:

```
        -45
        -23
        162
        234
        398
        567
        760
        888
```

O Algoritmo de Procura Binária

O algoritmo de procura binária é, de modo geral, o mais eficiente (demora menos tempo para encontrar o valor), mas requer que a lista de itens esteja ordenada.

Ele primeiramente seleciona um valor no meio da lista e o compara ao valor que está sendo procurado. Se o valor procurado for maior que o valor selecionado, repete-se o processo para a metade da lista posterior ao valor selecionado.

Se o valor procurado for menor que o valor selecionado, repete-se o processo para a metade da lista anterior ao valor selecionado.

O processo é repetido até um valor ser encontrado, ou até que a metade em que a procura deverá ser feita seja esvaziada (neste caso o valor não está na lista).

Procura binária com números inteiros

O próximo exemplo implementa o algoritmo de procura binária com inteiros.

```c
/* Algoritmo qsort e binarySearch com inteiros */
#include <stdio.h>
#include <stdlib.h>

/* Função procura binária para inteiros. Procura entre
 * MatrizOrdenada[inicio]..MatrizOrdenada[fim] pela chave. Retorna
 * o índice do elemento encontrado ou -1 se não foi encontrado */
int binarySearchInt(int MatrizOrdenada[],
                    int inicio, int fim, int chave)
{
    while (inicio <= fim)
    {
        int meio = (inicio + fim) / 2;  /* Divide ao meio */
        if (chave > MatrizOrdenada[meio])
            inicio = meio + 1; /* Repete procura a partir do meio */
        else if (chave < MatrizOrdenada[meio])
            fim = meio - 1; /* Repete a procura até o meio */
        else
            return meio;      /* Encontrado, retorna posição */
    }
    return -1; /* Não foi encontrado */
}

/* qsort - função para comparar inteiros */
int compara(const void *a, const void *b)
{   const int *pa = (const int *)a; /* Modifica o tipo do ponteiro */
    const int *pb = (const int *)b; /* Modifica o tipo do ponteiro */
    /* Retorna negativo se a < b e positivo se a > b  */
    return *pa - *pb;
}

int main()
{
    unsigned int tamanho, i, procura;

    int tab[]={ 234, 760, 162, 890, -23, 914, 567, 888, 398, -45};
    printf("\nMatriz Original\n");
```

```
    for(i=0; i< 8; i++) printf("%d\n", tab[i]);
    tamanho = sizeof(tab)/sizeof(int);

    qsort(tab, tamanho, sizeof(int), compara);
    printf("\nMatriz Ordenada\n");
    for(i=0; i< 8; i++) printf("%d\n", tab[i]);

    procura = binarySearchInt(tab, 0, tamanho - 1, 567);
    printf("\n\nÍndice de 567 = %d\n",procura);

    system("PAUSE");
     return 0;
}
```

Eis a saída:

```
    Matriz Original
        234
        760
        162
        890
        -23
        914
        567
        888

    Matriz Ordenada
        -45
        -23
        162
        234
        398
        567
        760
        888
    Índice de 567 = 5
```

Procura binária com c-string

```
/* Algoritmo qsort e binarySearch com C-string */
#include <stdio.h>
#include <stdlib.h>
#include <string.h>

/* Função procura binária para C-string
 * Procura entre MatrizOrdenada[inicio]..MatrizOrdenada[fim] pela
 * chave. Retorna o índice do elemento encontrado ou -1 se não
 * foi encontrado */
int binarySearchStr(char *MatrizOrdenada[],
                    int inicio,int fim,char*chave)
{
```

```c
        while (inicio <= fim)
        {
            int meio = (inicio + fim) / 2;   /* Divide ao meio */
            int cmp = strcmp(chave, MatrizOrdenada[meio]);

          if (cmp > 0)
                inicio = meio + 1;   /* Repete procura a partir do meio */
            else if (cmp < 0)
                fim = meio - 1;      /* Repete a procura até o meio */
            else
                return meio;         /* Encontrado, retorna posição */
        }
        return -1;                   /* Não foi encontrado */
}
/* qsort - função para comparar C-string (matriz char) */
int cstring_cmp(const void *a, const void *b)
{
    const char **pa = (const char **)a;
    const char **pb = (const char **)b;
    return strcmp(*pa, *pb);
    /* strcmp -1 se a < b, 1 se a>b e 0 se a==b*/
}

int main()
{
    unsigned int tamanho, i, procura;
    char *strings[] = { "Zuleima", "Andre", "Carolina",
                        "Beto", "Fabio", "Denise" };
    tamanho = sizeof(strings) / sizeof(char *);
    puts("Matriz Original");
    for(i=0; i< tamanho; i++) printf("%s\n", strings[i]);

    qsort(strings, tamanho, sizeof(char *), cstring_cmp);

    puts("\nMatriz Ordenada");
    for(i=0; i< tamanho; i++) printf("%s\n", strings[i]);

    procura = binarySearchStr(strings, 0, 5, "Carolina");
    printf("\nÍndice de Carolina = %d\n",procura);

    system("PAUSE");
    return 0;
}
```

Eis a saída:

```
Matriz Original
    Zuleima
    Andre
    Carolina
    Beto
    Fabio
    Denise
```

```
Matriz Ordenada
    Andre
    Beto
    Carolina
    Denise
    Fabio
    Zuleima

Índice de Carolina = 2
```

PONTEIROS PARA ESTRUTURAS

Existem diversos motivos para se usar ponteiros para estruturas. Por exemplo, se você quiser usar a função **qsort()** para ordenar os dados de uma matriz de estruturas, deverá escrever a função de comparação que recebe ponteiros.

```c
/* Algoritmo qsort e binarySearch com estruturas */
#include <stdio.h>
#include <stdlib.h>
#include <string.h>
/* Exemplo com estrutura */
struct est_pop
{
    char estado[16];
    int pop; /* População */
};

/* qsort - função para comparar struct por população (membro int) */
int struct_cmp_por_pop(const void *a, const void *b)
{
    struct est_pop *pa = (struct est_pop *)a;
    struct est_pop *pb = (struct est_pop *)b;
    return pa->pop - pb->pop;/* neg. se a<b e pos. se a>b */
}

/* qsort - função para comparar struct por estado (membro C-string) */
int struct_cmp_por_estado(const void *a, const void *b)
{
    struct est_pop *pa = (struct est_pop *)a;
    struct est_pop *pb = (struct est_pop *)b;
    return strcmp(pa->estado, pb->estado);
}

int main()
{
    unsigned int tamanho, i;
    struct est_pop structs[] = /* População dividido por 1000 */
            {{"Sergipe    ", 1968}, {"Bahia     ", 13815},
             {"Piauí      ", 3007}, {"Acre      ", 670},
             {"Rondônia   ", 1535 }, {"Tocantins ", 1306 }};
```

```c
        tamanho = sizeof(structs) / sizeof(struct est_pop);
        /* Imprime matriz de estruturas original */
        puts("Estrutura Original");
        for(i=0; i<tamanho; i++)
              printf("[ estado: %s \t população: %6d000 ]\n",
              structs[i].estado, structs[i].pop);
        puts("=========================================");
        /* Ordena usando a função qsort */
        qsort(structs, tamanho, sizeof(struct est_pop),
                                struct_cmp_por_pop);
        /* Imprime matriz de estruturas ordenada */
        puts("Estrutura ordenada por população");
        for(i=0; i<tamanho; i++)
              printf("[ estado: %s \t população: %6d000 ]\n",
                     structs[i].estado, structs[i].pop);
        puts("=========================================");
        puts("Estrutura ordenada por estado");
        /* Reordena usando a função qsort */
        qsort(structs, tamanho, sizeof(struct est_pop),
                                struct_cmp_por_estado);
        /* Imprime matriz de estruturas ordenada */
        for(i=0; i<tamanho; i++)
              printf("[estado: %s \t população: %6d000 ]\n",
                     structs[i].estado, structs[i].pop);
        puts("=========================================");
        system("PAUSE");
        return 0;
}
```

Veja a saída:

```
Estrutura Original
[ estado: Sergipe        população:    1968000 ]
[ estado: Bahia          população:   13815000 ]
[ estado: Piauí          população:    3007000 ]
[ estado: Acre           população:     670000 ]
[ estado: Rondônia       população:    1535000 ]
[ estado: Tocantins      população:    1306000 ]
=========================================
Estrutura ordenada por população
[ estado: Acre           população:     670000 ]
[ estado: Tocantins      população:    1306000 ]
[ estado: Rondônia       população:    1535000 ]
[ estado: Sergipe        população:    1968000 ]
[ estado: Piauí          população:    3007000 ]
[ estado: Bahia          população:   13815000 ]
=========================================
Estrutura ordenada por estado
[ estado: Acre           população:     670000 ]
[ estado: Bahia          população:   13815000 ]
[ estado: Piauí          população:    3007000 ]
[ estado: Rondônia       população:    1535000 ]
[ estado: Sergipe        população:    1968000 ]
[ estado: Tocantins      população:    1306000 ]
=========================================
```

Declarando um ponteiro para estrutura

A novidade são as duas funções de comparação:

```
/* qsort — função para comparar struct por população (membro int) */
int struct_cmp_por_pop(const void *a, const void *b)
{
    struct est_pop *pa = (struct est_pop *)a;
    struct est_pop *pb = (struct est_pop *)b;
    return pa->pop - pb->pop;/* Neg. se a<b e pos. se a>b */
}
/* qsort — função para comparar struct por estado (membro C-string) */
int struct_cmp_por_estado(const void *a, const void *b)
{
    struct est_pop *pa = (struct est_pop *)a;
    struct est_pop *pb = (struct est_pop *)b;
    return strcmp(pa->estado, pb->estado);
}
```

Na instrução:

```
struct est_pop *pa = (struct est_pop *)a;
```

declaramos o ponteiro para estrutura **pa**.

Primeiro a palavra *struct* seguida da etiqueta *est_pop*, então o operador indireto * seguido do nome do ponteiro. A sintaxe é a mesma de qualquer outra declaração de ponteiro que já vimos.

Acessando membros por meio de ponteiros

Você já aprendeu que, se o nome de uma estrutura for conhecido, podemos acessar seus membros usando o operador ponto (.).

Será que uma construção análoga, usando um ponteiro em vez do nome da variável, poderia ser escrita? Ou seja, seria possível escrever a construção seguinte?

```
pa.estado /* ERRO */
```

A resposta é não, pois **pa** não é uma variável estrutura e sim um ponteiro para uma variável estrutura; além disso, o operador ponto (.) opera somente sobre o nome de uma estrutura.

C oferece dois métodos para resolver esse problema: o primeiro, menos elegante, é obter o nome da variável apontada por **pa** por meio do operador indireto (*):

```
(*pa).estado /* OK */
```

Entretanto, essa expressão é de visualização complexa por causa dos parênteses. Os parênteses são necessários, pois o operador (.) tem precedência sobre o operador (*).

O segundo método, de uso mais comum, é por meio do operador de acesso a membros (−>) que consiste no sinal de "menos" (−) seguido do sinal de "maior que" (>). Esse operador opera sobre o endereço de uma variável estrutura e não sobre seu nome.

```
pa->estado /* Mais usado */
```

Um ponteiro para uma estrutura, seguido pelo operador (—>) e pelo nome de um membro, trabalha da mesma maneira que o nome da estrutura seguido pelo operador (.) e pelo nome do membro.

> O operador de acesso a membros (—>) conecta o endereço de uma estrutura a um membro dela; o operador ponto (.) conecta o nome da estrutura a um membro dela.

Área de alocação dinâmica: heap

A área de alocação dinâmica — também chamada **heap** — consiste em toda memória disponível que não foi usada para outro propósito. Em outras palavras, o **heap** é simplesmente o resto da memória.

A linguagem C oferece um conjunto de funções que permitem a alocação ou a liberação dinâmica de memória do **malloc()**, **calloc()** e **free()**.

Alocando e desalocando memória do heap

Suponhamos que você vá escrever um programa interativo e não conheça de antemão quantas entradas de dados serão fornecidas. O cadastro de livros de uma biblioteca é um bom exemplo. Você pode reservar uma quantidade de memória que pensa ser razoável, como, por exemplo, declarar uma matriz para armazenar 50 estruturas do tipo Livro. Nesse caso, o compilador aloca memória para armazenar toda a matriz, e isso se torna ineficiente caso não ocuparmos todo o espaço reservado.

Por outro lado, poderia ser necessário armazenar mais de 50 livros, e a matriz não atenderá a esse requisito.

A solução para esse tipo de problema é solicitar memória toda vez que se fizer necessário. O mecanismo para aquisição de memória em tempo de execução se dá por meio da função de biblioteca-padrão **malloc()**.

A função malloc()

A função **malloc()** recebe como argumento um número inteiro positivo que representa a quantidade de bytes de memória desejada. Solicita memória ao sistema operacional e retorna um ponteiro **void** para o primeiro byte do novo bloco de memória que foi alocado.

Se não houver memória suficiente para satisfazer a exigência, **malloc()** retornará um ponteiro com o valor NULL. Os bytes alocados são inicializados com lixo. O fragmento de programa a seguir aloca memória para uma variável estrutura do tipo data .

```
struct Data *ptr;
ptr = (struct Data *)(malloc(sizeof(struct Data)));
```

A função calloc()

A função **calloc()** aloca uma matriz de elementos inicializados com zero (0). Internamente, a função **calloc()** chama a função **malloc()**.

A nova função recebe dois números inteiros como argumentos: o primeiro indica o número de itens desejados e o segundo, o tamanho de cada item. Então, retorna um ponteiro **void** apontando para o primeiro byte do bloco solicitado. O fragmento de programa a seguir aloca memória para uma matriz de 100 inteiros.

```
int *memnova;
memnova = (int *) calloc(100 ,sizeof(int));
```

A função free()

Uma vez alocada memória dinamicamente, ela continuará ocupada até que seja desalocada explicitamente pela função **free()**. Em outras palavras, uma variável criada com a função **malloc()** ou **calloc()** existirá e poderá ser acessada em qualquer parte do programa enquanto não for liberada por meio da função **free()** e seu espaço de memória devolvido ao sistema operacional.

A função **free()** recebe como argumento um ponteiro para uma área de memória previamente alocada por **malloc()** ou **calloc()**, e então libera essa área para uma possível utilização futura.

ALOCAÇÃO DE TIPOS BÁSICOS USANDO MEMÓRIA DINÂMICA

O nosso primeiro exemplo mostra como criar uma variável dinamicamente.

```
/* malloc.c */
/* Mostra o uso de malloc() */
#include <stdio.h>
#include <stdlib.h>

int main()
{
   int *pi;

   pi = (int *) malloc(sizeof(int));

   puts("Digite um número: ");
   scanf("%d", pi);
   printf("\nVocê digitou o número %d\n", *pi);

   free(pi);

   system("PAUSE");
   return 0;
}
```

Dimensionando matrizes em tempo de execução

A determinação do tamanho de uma matriz pode ser feita em tempo de execução. Vamos modificar o programa **pmedia.c** para que o usuário indique quantas notas serão inseridas.

```c
/* pdmedia.c */
/* Alocação dinâmica da matriz com calloc() */
#include <stdio.h>
#include <stdlib.h>

float media(float *, int);/*Protótipo */

int main()
{
   float * notas , m;
   int tamanho, i;

   puts("Qual é o número de notas? ");
   scanf("%d", &tamanho);

   notas = (float *)calloc(tamanho,sizeof(float));

   for(i=0; i < tamanho; i++)
   {
        printf("Digite a nota do aluno %d: ", i + 1);
        scanf("%f", notas+i);
   }

   m = media(notas, tamanho);
   printf("Média das notas: %.2f\n", m);

   free(notas);

   system("PAUSE");
   return 0;
}
/* Calcula a média dos valores da matriz */
float media(float *lista, int tamanho)
{
   int i;
   float m=0.0;
   for(i=0; i < tamanho ; i++) m += *(lista++);
   return  m/tamanho ;
}
```

Criando uma lista ligada

Lista ligada é um algoritmo de armazenamento de dados que muitas vezes supera o uso de uma matriz ou de uma matriz de ponteiros.

A *lista ligada* assemelha-se a uma corrente em que os registros de dados estão pendurados seqüencialmente. O espaço de memória para cada registro é obtido pela função **malloc()**, conforme surge a necessidade de adicionar itens à lista. Cada registro é conectado ao próximo por meio de um ponteiro. O último registro contém um ponteiro com o valor NULL, e cada registro anterior contém um ponteiro apontando para o próximo.

Cada registro é representado por uma variável estrutura do tipo Livro. Cada estrutura contém um conjunto de membros para armazenar os dados de um livro: título, autor, número do registro e preço. Há um membro a mais, um ponteiro, para armazenar o endereço do próximo registro.

A lista, como um todo, é acessada por meio de um ponteiro para a primeira estrutura, chamado cabeça.

ESQUEMA DE UMA LISTA LIGADA

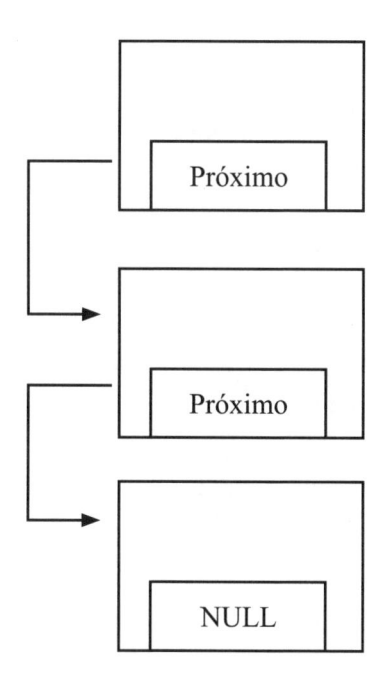

O PROGRAMA lista.c

```
/* lista.c */
/* Mostra a implementação de uma lista ligada */
#include <stdio.h>
#include <stdlib.h>
#include <conio.h> /* Para getch() */
```

```c
typedef struct Livro
{
   char Titulo[30];
   char Autor[30];
   int  NumReg;
   double Preco;
   struct Livro *Proximo;
}Livro;

Livro *primeiro, *atual, *NovoLivro;

void GetLivro()
{
   char temp[80];
   NovoLivro = (Livro *)malloc(sizeof(Livro));
   if(primeiro == (Livro *)NULL)
          primeiro = atual = NovoLivro;
   else
   {
          atual = primeiro;
          while(atual->Proximo != (Livro *)NULL)
                 atual = atual->Proximo; /* Procura novo item */
          atual->Proximo = NovoLivro;
          atual = NovoLivro;
   }
   printf("Digite titulo: ");
   gets(atual->Titulo);
   printf("Digite autor: ");
   gets(atual->Autor);
   printf("Digite o número do registro: ");
   gets(temp);
   atual->NumReg = atoi(temp);
   printf("Digite o preço: ");
   gets(temp);
   atual->Preco = atof(temp);
   atual->Proximo=(Livro *)NULL;
}

void PrintLivro()
{
   if(primeiro == (Livro *)NULL)
   {
          puts("Lista vazia");
          return;
   }

   atual = primeiro;

   do
   {
          printf("Título: %s\n", atual->Titulo);
          printf("Autor : %s\n" , atual->Autor);
          printf("No.Reg: %d\n" , atual->NumReg);
          printf("Preço : %.2f\n\n" , atual->Preco);
          atual = atual->Proximo;
   }while(atual != NULL);
}
```

```
int main()
{
   char ch;
   primeiro = (Livro *) NULL; /* Sem dados ainda */

   do
   {
        GetLivro();
        puts("\nInserir outro livro (s/n)? ");
        ch = getch();
   } while((ch != 'n') && (ch != 'N'));

   puts("\nLISTA DOS LIVROS CADASTRADOS");
   puts("====================");

   PrintLivro();

   system("PAUSE");
   return 0;
}
```

Eis a saída:

```
Digite título: Helena
Digite autor: Machado de Assis
Digite o número do registro: 102
Digite o preço: 70.5

Inserir outro livro? s

Digite título: Iracema
Digite autor: José de Alencar
Digite o número do registro: 321
Digite o preço: 63.25

Inserir outro livro? s

Digite título: Macunaíma
Digite autor: Mario de Andrade
Digite o número do registro: 543
Digite o preço: 73.3

Inserir outro livro? n

LISTA DOS LIVROS CADASTRADOS
====================

Título: Helena
Autor : Machado de Assis
No.Reg: 102
Preço : 70.5
```

```
Título: Iracema
Autor : José de Alencar
No.Reg: 321
Preço : 63.25

Título: Macunaíma
Autor : Mário de Andrade
No.Reg: 543
Preço : 73.3
```

Se você observou bem, a idéia básica é que cada variável estrutura contenha um ponteiro para a próxima estrutura da lista; e que o ponteiro da última estrutura contenha um ponteiro nulo (NULL).

O ponteiro **primeiro** será usado para armazenar o endereço da primeira estrutura da lista. Esse é um endereço "chave", visto que indica onde encontrar a lista. O ponteiro é inicializado com NULL por ser externo.

NULL é uma constante definida no arquivo **stdio.h** como o valor zero.

A linguagem C garante que um ponteiro que aponta para algum endereço válido nunca terá o valor zero, de forma que esse valor pode ser retornado para sinalizar um evento anormal, nesse caso, o fim da lista. Escrevemos NULL em vez de 0 para indicar mais claramente que esse é um valor especial para um ponteiro. Como ele é inteiro e será atribuído a um ponteiro, devemos usar o operador de conversão de tipo (Livro *).

Adicionando um livro à lista

A função **GetLivro()** adiciona um livro à lista na instrução:

```
NovoLivro = (Livro *)malloc(sizeof(Livro));
```

Em seguida, a função verifica se esse é o primeiro item a ser colocado na lista:

```
if(primeiro == (Livro *)NULL)
primeiro = atual = NovoLivro;
```

em caso positivo, o novo endereço é atribuído aos ponteiros **primeiro** e a **atual**.

Cada membro individual é acessado por meio do operador –>. Finalmente, é atribuído NULL ao membro **Proximo**.

Entretanto, se esse não for o primeiro item da lista, o programa usa um laço **while** para encontrar o fim da lista. Começa atribuindo primeiro a atual pela expressão:

```
atual = primeiro;
```

e em seguida, o laço **while** e verifica se o ponteiro da estrutura atual é NULL. Se não for,

```
while(atual->Proximo != (Livro *)NULL)
atual = atual->Proximo; /* Procura novo item */
```

o laço **while** atribui o endereço em **atual–>Proximo** a **atual** e volta ao teste. O ciclo termina quando é encontrada a última estrutura. Ao seu membro ponteiro, atribuímos o endereço da nova estrutura.

```
atual->Proximo = NovoLivro;
atual = NovoLivro;
```

Em seguida, os membros da nova estrutura são preenchidos com os dados digitados pelo usuário, com exceção do membro ponteiro. A ele atribuímos NULL.

```
atual->Proximo=(Livro *)NULL;
```

O novo livro é inserido no final da lista.

Imprimindo os dados da lista

Para imprimir os dados dos livros cadastrados devemos seguir a cadeia de ponteiros, da primeira estrutura para a próxima, até encontrar NULL.

A função **PrintLivro()** inicia verificando se a lista está vazia. Se não estiver, atribui o valor do ponteiro **primeiro** ao ponteiro **atual**, que irá varrer a lista.

```
atual = primeiro;
```

Em seguida, entra no laço e imprime os valores dos membros da estrutura apontada por **atual;** em seguida, acerta o ponteiro **atual** para que aponte para a próxima estrutura:

```
atual = atual->Proximo;
```

O laço termina quando a última estrutura for atingida.

Implementações adicionais

Podem ser feitos vários refinamentos no uso de listas encadeadas, como guardar o endereço do último item da lista no primeiro. Dessa maneira, se quisermos adicionar um novo item na lista, o programa poderá ir diretamente ao último item. Igualmente, a lista pode ser encadeada para trás ou para frente (como mostramos), ou ainda de modo circular.

Eliminar um item da lista é, razoavelmente, fácil. Se o registro a ser eliminado for **B**, então o ponteiro da estrutura anterior **A** será alterado para que aponte para a estrutura **C**.

Se for desejado liberar a memória usada por estruturas apagadas, a função de biblioteca **free()** deverá ser usada.

Argumentos da linha de comando

Se você já trabalhou com os sistemas operacionais Unix, Linux ou Dos, com certeza já deve estar acostumado a usar argumentos da linha de comando.

Por exemplo:

```
C:\>FORMAT A: /s /u
```

Nesse exemplo, **A:** é um argumento da linha de comando, /s e /u são outros dois. Os itens digitados na linha de comando do Dos são chamados *argumentos da linha de comando*.

Usuários do Windows podem entrar argumentos da linha de comando após o nome do programa na opção Executar do menu Iniciar.

Como podemos escrever programas em C que acessem esses argumentos?

Os argumentos digitados na linha de comando são enviados pelo sistema operacional como argumentos da função **main()**. Para que essa função possa reconhecê-los, é necessário declará-los, como é feito em qualquer função C.

Eis um exemplo:

```
/* lincom.c */
/* Mostra argumentos da linha de comando */
#include <stdio.h>
#include <stdlib.h>
/* int main(int argc, char *argv[]) */
int main(int argc, char **argv)
{
   int i;

   printf("Número de argumentos: %d\n", argc);

   for(i=0; i<argc; i++)
        printf("Argumento número %d: %s\n", i, argv[i]);

   system("PAUSE");
   return 0;
}
```

Veja uma simples execução:

```
C:\MeusProjetos\>LinCom José 555 João 246 Maria 987

Número de argumentos: 7
Argumento número 0: C:\CppProjetos\LinCom.exe
Argumento número 1: José
Argumento número 2: 555
Argumento número 3: João
Argumento número 4: 246
Argumento número 5: Maria
Argumento número 6: 987
```

A função **main()** recebe dois argumentos: **argc** e **argv**.

```
int main(int argc, char **argv)
```

O primeiro argumento representa o número de argumentos digitados na linha de comando, neste caso sete.

O segundo argumento corresponde a uma matriz de ponteiros para strings, as quais representam argumentos da linha de comando. As cadeias de caracteres podem ser acessadas por meio da notação matriz, **argv[0]**, **argv[1]** etc. ou por meio da notação ponteiro, ***(argv+0)**, ***(argv+1)** etc.

A primeira cadeia, **argv[0]**, é sempre o nome do programa sendo executado e o seu caminho de localização no disco. O sistema operacional entende o espaço em branco como separador dos argumentos.

Os nomes **argc** (ARGument Count) e **argv** (ARGument Values) são tradicionalmente usados para esse fim, mas qualquer outro nome poderia ser usado por você.

ATRIBUINDO MÚLTIPLOS ARGUMENTOS A TECLAS DE FUNÇÃO

O próximo exemplo, usa um comando do driver **Ansi.sys** para programar uma tecla de função.

Para executar o programa, o driver **Ansi.sys** deve estar instalado e é necessário que o compilador seja baseado em MS-DOS. Como exemplo, podemos usar o **Turbo C++** da Borland ou o **Pacific C** da HtSoft. No Capítulo 6, foram apresentadas mais informações sobre esse assunto.

Embora o que você digite na linha de comando tenha a aparência de uma cadeia de caracteres, o sistema operacional interpreta-o como uma série de variáveis separadas por espaços em branco.

Para atribuir uma cadeia de caracteres de múltiplas palavras para uma tecla de função, é necessário combinar os diversos argumentos da linha de comando em uma única matriz.

O programa seguinte faz isso usando a função **strcpy()** para colocar o primeiro argumento na matriz vazia, e então usa **strcat()** para concatenar cada um dos argumentos seguintes, colocando um espaço entre eles.

```c
/* teclaf.c */
/* Atribui o texto digitado na linha de comando
a uma tecla de função */
#include <stdio.h>
#include <stdlib.h>
#include <string.h>
int main(int argc, char **argv)
{
    int tecla, j;
    char str[80];

    if(argc < 3)
    {
        printf("Exemplo de uso: C:\\>Teclaf 2 dir *.c");
        exit(1) ;
    }
    tecla = atoi(argv[1]);
    strcpy(str,argv[2]);
    for(j=3; j< argc; j++)
    {
        strcat(str," ");
        strcat(str,argv[j]);
    }
    if(strcmp(str, "null")==0) /* Limpa tecla */
        strcpy(str,"");
```

```
    printf("\x1B[0;%d;\"%s\";13p",tecla+58,str);
    system("PAUSE");
    return 0;
}
```

Vamos ver o que ocorre quando executamos o programa no prompt de comando da console, digitando o seguinte texto:

```
C:\MeusProjetos\>Teclaf 2 dir *.*
```

Após a execução, pressione a tecla F2 e você verá impressos os nomes dos arquivos gravados na pasta.

Se você quiser limpar o que foi atribuído à tecla de função 2, digite a seguinte instrução:

```
C:\MeusProjetos\Teclaf 2 null
```

REVISÃO

1. Um ponteiro é a representação simbólica de um endereço de memória. Qualquer coisa armazenada na memória do computador tem um endereço.

2. Um *ponteiro constante* é um endereço, um *ponteiro variável* é um lugar para guardar endereços, ou seja, é uma variável que armazena o endereço de outra variável.

3. Podemos encontrar o endereço de variáveis usando o *operador de endereços* **&**.

4. Se um *ponteiro variável* **p** contém o endereço de uma variável **var**, dizemos que **p** aponta para **var**, ou que **var** é a variável apontada por **p**.

5. Os *ponteiros variáveis* são declarados usando um asterisco (*), que significa *ponteiro para*. O tipo da variável apontada deve sempre ser especificado na declaração do ponteiro, para que o compilador possa executar operações aritméticas corretamente.

6. O *operador indireto* * pode ser usado com ponteiros para obter o conteúdo da variável apontada por ele ou para executar qualquer operação na variável apontada. Em outras palavras, o operador indireto junto ao ponteiro substitui o nome da variável apontada.

7. Em operações aritméticas com ponteiros, a unidade adotada é o número de bytes ocupados pela variável apontada.

8. Os elementos de matrizes podem ser acessados por meio da notação matriz, com colchetes, ou por meio da notação ponteiro, com asterisco. O nome de uma matriz é um *ponteiro constante*.

9. Se o endereço de uma variável é passado como argumento para uma função, a função terá acesso à variável original. A passagem de argumentos para funções por ponteiros é chamada de passagem por *referência*.

10. Uma cadeia de caracteres constante pode ser definida como uma matriz, ou seu endereço pode ser atribuído a um ponteiro. Usar ponteiros, nesse caso, facilita a manipulação dos caracteres da cadeia.

11. Definir uma *matriz de ponteiros para cadeias de caracteres constantes* aloca menos memória que a definição por meio de uma matriz de duas dimensões.

12. Matrizes são passadas para funções por referência. A função pode usar a notação ponteiro em seus parâmetros. A notação ponteiro permite operações mais maleáveis e mais rápidas.

13. Um ponteiro pode apontar para outro ponteiro. Quando esse tipo de variável é passada para uma função, esta a declara usando duas vezes o asterisco (**).

14. Um *ponteiro para uma função* contém o endereço da localização da função na memória e é usado sempre que o nome da função for desconhecido, ou como argumento de funções que chamam outras funções por meio de seu endereço.

15. Uma *matriz de ponteiros para funções* é usada em situações em que o programa deve escolher a função a ser executada, dependendo de uma condição conhecida somente durante a execução.

16. Os ponteiros **void** podem apontar para qualquer tipo de dado e são usados em situações em que necessitamos de um ponteiro genérico, independentemente do tipo de dado apontado.

17. A função de biblioteca-padrão **qsort()** executa a ordenação de uma matriz por meio da implementação do algoritmo "**quick-sort**". Um de seus argumentos é um ponteiro para uma função que recebe ponteiros **void** como argumentos.

18. O algoritmo de *procura binária* requer que a lista de itens esteja ordenada.

19. Os membros de um estrutura podem ser acessados por meio de um ponteiro que aponta para a estrutura. Para isso, deve ser usado o *operador de acesso a membros* (—>). A mesma sintaxe é usada para acessar membros de uma **union**.

20. As funções **malloc()** e **calloc()** obtêm uma quantidade específica de memória do sistema e retornam um ponteiro **void** para essa memória. Essas funções são usadas para criar variáveis durante a execução do programa.

21. A função **free()** devolve ao sistema a memória alocada por **malloc()** ou **calloc()**. Em outras palavras, desaloca a memória alocada dinamicamente.

22. Uma estrutura pode conter um ponteiro que aponta para o seu próprio tipo. Por meio desse conceito, podemos criar algoritmos complexos de armazenamento e acesso a dados como *listas ligadas*.

23. Um programa C pode acessar os *argumentos da linha de comando* por meio do uso de dois argumentos na definição da função **main()**. O primeiro, **argc**, é um número inteiro cujo valor indica o número de argumentos fornecidos na linha de comando. O segundo, **argv**, é uma matriz de ponteiros para cadeias de caracteres que permite o acesso aos dados fornecidos pelo usuário do programa na linha de comandos.

Exercícios

1. Um ponteiro é:

    a) o endereço de uma variável;
    b) uma variável que armazena endereços;
    c) o valor de uma variável;
    d) um indicador da próxima variável a ser acessada.

2. Escreva uma instrução que imprima o endereço da variável **var**.

3. Indique quais são as instruções incorretas:

    a) `p = &i;`
    b) `int &i=j;`
    c) `printf("%p", &i);`
    d) `int *p=&i;`
    e) `int* func(void&, void&);`
    f) `void func(int &&);`
    g) `func(&i);`

4. A instrução:

    `int *p;`

    a) cria um ponteiro com valor indefinido;
    b) cria um ponteiro do tipo **int**;
    c) cria um ponteiro com valor zero;
    d) cria um ponteiro que aponta para uma variável do tipo **int**.

5. Qual é o significado do operador asterisco em cada um dos seguintes casos:

    a) `int *p;`
    b) `printf("%d", *p);`
    c) `*p = x*5;`
    d) `printf("%d", *(p+1));`

6. Quais das seguintes instruções declaram um ponteiro para uma variável **float**?

    a) `float *p;`
    b) `*float p;`
    c) `float*  p;`
    d) `float *p=&f;`
    e) `*p;`
    f) `float p=&q;`
    g) `float p=*q;`

7. O que é do tipo **int** na instrução a seguir?

```
int *p;
```

a) a variável **p**;
b) o endereço de **p**;
c) a variável apontada por **p**;
d) o endereço da variável apontada por **p**.

8. Se o endereço de **var** foi atribuído a um ponteiro variável **pvar**, quais das seguintes expressões são verdadeiras?

a) var == &pvar;
b) var == *pvar;
c) pvar == *var;
d) pvar == &var;

9. Assuma as declarações abaixo e indique qual é o valor das seguintes expressões:

```
int i=3,j=5;
int *p=&i, *q=&j;
```

a) p==&i;
b) *p − *q;
c) **&p;
d) 3*−*p/ *q+7;

10. Qual é a saída deste programa?

```
#include <stdio.h>
int main()
{
  int i=5,*p;
  p=&i;
  printf("%p\t%d\t%d\t%d\t%d\n", p, (*p+2), **&p,
       (3**p),(**&p+4));
  return 0;
}
```

11. Se **i** e **j** são variáveis inteiras e **p** e **q** são ponteiros para **int**, quais das seguintes expressões de atribuição são incorretas?

a) p=&i;
b) *q=&j;
c) p=&*&i;
d) i=(*&)j;
e) i=*&*&j;
f) q=&p;

g) `i=(*p)++ + *q;`
h) `if(p == i) i++;`

12. Explique cada uma das seguintes declarações e identifique quais são incorretas.

    a) `int *const p  =&a;`
    b) `const void *p =*b;`
    c) `void * const p=*c;`
    d) `int const *p  =&d;`

13. O seguinte programa é correto?

    ```
    #include <stdio.h>
    const VAL=987;
    int main()
    {
      int *p=VAL;
      printf("%d", *p);
      return 0;
    }
    ```

14. O seguinte programa é correto?

    ```
    #include <stdio.h>
    const VAL=987;
    int main()
    {
      int i=VAL;
      int *p;
      printf("%d", *p);
      return 0;
    }
    ```

15. Qual é a diferença entre **mat[3]** e ***(mat+3)**?

16. Admitindo a declaração **int mat[8];**, por que a instrução **mat++;** é incorreta?

17. Admitindo a declaração **int mat[8];**, quais das seguintes expressões referenciam o valor do terceiro elemento da matriz?

    a) `*(mat+2);`
    b) `*(mat+3);`
    c) `mat+2;`
    d) `mat+3;`

18. O que faz o programa seguinte?

    ```
    #include <stdio.h>
    int main()
    {
    ```

```
    static int mat[]={4,5,6};
int j;
    for(j=0; j<3 ; j++)
        printf("%d\n",*(mat+j));
    return 0;
}
```

19. O que faz o programa seguinte?

```
#include <stdio.h>
int main()
{
    static int mat[]={4,5,6};
    int j;
    for(j=0; j<3 ; j++)
        printf("%d\n",(mat+j));
    return 0;
}
```

20. O que faz o programa seguinte?

```
#include <stdio.h>
int main()
{
    static int mat[]={4,5,6};
    int j, *p=mat;
    for(j=0; j<3 ; j++)
        printf("%d\n", *p++);
    return 0;
}
```

21. Qual é a diferença entre as duas instruções seguintes?

```
static char s[]="Brasil";
static char *s ="Brasil";
```

22. Assumindo a declaração:

```
static char *s = "Eu não vou sepultar Cesar";
```

O que imprimirão as instruções seguintes:
a) printf("%s\n", s);
b) printf("%s\n", &s[0]);
c) printf("%s\n", s+11);
d) printf("%s\n", s[0]);

23. Escreva a expressão **mat[i][j]** em notação ponteiro.

24. Qual é a diferença entre os seguintes protótipos de funções:

```
void func(char *p);
void func(char p[]);
```

25. Assumindo a declaração:

```
static char *items[5] =

{"Abrir", "Fechar", "Salvar", "Imprimir", "Sair"};
```

Para poder escrever a instrução **p=items;** a variável **p** deve ser declarada como:

a) char p;
b) char *p;
c) char **p;
d) char ***p;
e) char *p[];
f) char **p[][];

26. A função **malloc()**:

a) solicita memória ao sistema operacional;
b) retorna um ponteiro **void**;
c) aloca memória para uma nova variável;
d) informa a quantidade de memória livre;
e) cria uma variável de nome **heap**.

27. As instruções seguintes:

```
int *memnova;
memnova = (int *) calloc(100 ,sizeof(int));
```

a) solicita memória ao sistema operacional;
b) retorna um ponteiro **void**;
c) aloca memória para uma matriz de 100 inteiros;
d) usa o operador **sizeof** para informar a quantidade de memória desejada;
e) são equivalentes a:

```
int *memnova;
memnova = (int *) malloc(100 * sizeof(int));
```

28. A função **free()**:

a) apaga um programa;
b) devolve memória ao sistema operacional;
c) diminui o tamanho do programa;
d) cria métodos de otimização.

29. Explique o significado da palavra **void** em cada uma das seguintes instruções:

a) void *p;
b) void p();

c) `void p(void);`
d) `void (*p)();`

30. Qual é o erro deste trecho de programa?

```
float x = 333.33;
void *p = &x;
printf("%f\n", *p);
```

31. A função **qsort()** :

a) sorteia um número;
b) recebe um ponteiro **void** como argumento;
c) retorna um ponteiro **void**;
d) recebe o endereço de uma função **void**;
e) recebe o endereço de uma função que recebe ponteiros **void**.

32. Se **p** é um ponteiro para uma estrutura do tipo **Data**, então quais das seguintes instruções informam o valor do **ano**?

a) `p.ano;`
b) `*p.ano;`
c) `p->ano;`
d) `*p->ano;`

33. Se **p** é uma matriz de ponteiros para estruturas do tipo **Data**, escreva uma instrução que imprima o **ano** da estrutura apontada pelo terceiro elemento da matriz **p**.

34. Numa lista ligada:

a) cada item contém um ponteiro para o próximo item;
b) cada item contém dados ou ponteiros para os dados;
c) cada item contém uma matriz de ponteiros;
d) os itens são armazenados em uma matriz.

35. O que declara cada uma destas instruções?

a) `int (*ptr)[10];`
b) `int *ptr[10];`
c) `int (*ptr)();`
d) `int *ptr();`
e) `int (*ptr[10])();`

36. Escreva uma função que inverta a ordem dos caracteres de uma cadeia de caracteres que ela recebe como argumento. Use ponteiros.

Exemplo: "Saudações" resulta "seõçaduaS"

37. Escreva um programa que solicite ao usuário o número de notas a serem entradas, crie uma matriz, com a dimensão especificada para armazenar as entradas, solicite as notas e chame uma função que retorne a média aritmética das notas. Após imprimir a média, o programa libera a memória alocada para a matriz.

38. Crie uma estrutura para descrever restaurantes. Os membros devem armazenar o nome, o endereço, o preço médio e o tipo de comida. Crie uma lista ligada que apresente os restaurantes de um certo tipo de comida indexados pelo preço. O menor preço deve ser o primeiro da lista. Escreva um programa que peça o tipo de comida para o usuário e imprima os restaurantes que oferecem esse tipo de comida.

39. Escreve a função **RetornaPFunc()** que retorne um ponteiro para função correspondente ao inteiro recebido como argumento. Declare o seu protótipo e teste o programa seguinte:

```
#include <stdio.h>
#include <stdlib.h>
void func0(void), func1(void), func2(void);/* Protótipos */

const true=1;

typedef void (*PFunc)(void); /* PFunc é ponteiro para função void */

int main()
{
  PFunc ptr;

  do
  {
      int i;
      printf("0 - ABRIR\n");
      printf("1 - FECHAR\n");
      printf("2 - SALVAR\n");
      printf("\nEscolha um item: ");
      scanf("%d", &i);
      if(i < 0 || i > 2) break;

      ptr = RetornaPFunc(i);
      (ptr)(); /* Chama função */

  } while(true);
  system("PAUSE");
  return 0;
}
```

40. Defina uma estrutura para armazenar o nome de um produto e o seu preço em reais. A função **main()**, primeiramente, declara uma matriz de dez estruturas e inicializa a matriz com dez produtos e os preços correspondentes. Em seguida, chama a função **qsort()** e ordena a matriz por produto. Finalmente, executa novamente a função **qsort()** e ordena a matriz por preço (use duas casas decimais para a ordenação).
Escreva as duas funções de comparação. Imprima as estruturas ordenadas.

10

Ponteiros avançados e operadores bit-a-bit

- Sistemas numéricos
- Conversão de binário para decimal
- Conversão de decimal para binário
- Conversão de fração binária para decimal
- Conversão de fração decimal para binária
- Sistema numérico hexadecimal
- Conversão de hexadecimal para decimal
- Conversão de binário para hexadecimal
- Sistema numérico octal

- Conversão de octal para decimal
- A memória de vídeo da console (16 bits)
- O byte de atributos
- Acesso à memória e uso de ponteiros em 16 bits
- Segmento e deslocamento
- Modificadores para ponteiros: **near** e **far**
- Verificando a versão da Bios
- Os operadores bit-a-bit
- O operador **and**: & e &=
- O operador **or**: | e |=
- O operador **xor**: ^ e ^=
- O operador unário de complemento: ~ e ~=
- O operador shift esquerdo: << e <<=
- O operador shift direito: >> e >>=
- A calculadora bit-a-bit

Este capítulo trata da manipulação de endereços e acesso a periféricos em baixo nível. Usaremos acesso direto à memória de vídeo e a outros endereços de computadores da família IBM-PC.

Para tal, é necessário familiaridade com os sistemas numéricos hexadecimal e binário, sobre os quais faremos uma introdução.

Compreender como acessar diretamente a memória do computador requer o conhecimento dos *operadores C bit-a-bit*, que permitem a manipulação de bits individuais da memória. Neste capítulo, mostraremos com utilizá-los.

SISTEMAS NUMÉRICOS

Todas as tarefas que um computador pode executar são traduzidas para as duas únicas coisas que ele entende, *ligado* ou *desligado*, que representamos, em binário, como 1 ou 0.

Em outras palavras, o computador só compreende dados apresentados na base 2, ou binária. Apesar de esta forma ser conveniente para computadores, não o é para nós, que usamos a base aritmética decimal (base 10).

Uma base numérica é o conjunto de símbolos com os quais podemos representar qualquer quantidade. Assim, a base 10 tem 10 símbolos, a base 2 tem 2 símbolos etc.

Somente duas situações são possíveis quando trabalhamos em binário. Cada dígito binário, ou bit, pode representar somente a situação ligada (1) ou a situação desligada (0).

O computador numera os bits de uma variável da direita para a esquerda, como mostra a figura seguinte.

```
 15 14 13 12 11 10  9  8  7  6  5  4  3  2  1  0
┌──┬──┬──┬──┬──┬──┬──┬──┬──┬──┬──┬──┬──┬──┬──┬──┐
│  │  │  │  │  │  │  │  │  │  │  │  │  │  │  │  │
└──┴──┴──┴──┴──┴──┴──┴──┴──┴──┴──┴──┴──┴──┴──┴──┘
short int

                    7  6  5  4  3  2  1  0
                  ┌──┬──┬──┬──┬──┬──┬──┬──┐
                  │  │  │  │  │  │  │  │  │
                  └──┴──┴──┴──┴──┴──┴──┴──┘
                   char
```

O bit 0 (zero) é chamado de bit menos significativo, e o bit 7 de um **char** é o bit mais significativo.

Como um bit pode estar ligado (1) ou desligado (0), um valor armazenado em 8 bits pode ter 256 combinações distintas (2 elevado à potência 8). Cada bit pode ser pensado como 2 elevado a uma potência. O valor numérico decimal de um bit ligado é 2 elevado à potência igual a sua posição.

	7	6	5	4	3	2	1	0
char	2^7	2^6	2^5	2^4	2^3	2^2	2^1	2^0
	128	64	32	16	8	4	2	1

Conversão de binário para decimal

Para expressar em decimal um dado número em binário, deve-se multiplicar cada dígito que o compõe por dois (2) elevado à sua posição. Por exemplo, o número binário 00011001 é a representação de 25 em decimal, pois

$$25 = 2^7 * 0 + 2^6 * 0 + 2^5 * 0 + 2^4 * 1 + 2^3 * 1 + 2^2 * 0 + 2^1 * 0 + 2^0 * 1$$
$$25 = 0 + 0 + 0 + 16 + 8 + 0 + 0 + 1$$

O método usado é semelhante ao modo de representação dos nossos números de base 10. Vejamos o exemplo do número 4321, que pode ser escrito como:

$$4321 = 10^3 * 4 + 10^2 * 3 + 10^1 * 2 + 10^0 * 1$$

Conversão de decimal para binário

Para expressar em binário um dado número decimal, basta dividi-lo sucessivamente por 2, anotando o resto da divisão inteira. Como estamos dividindo por 2, os restos serão sempre 0 ou 1. Devemos tomá-los de baixo para cima.

Vamos converter 25 de decimal para binário:

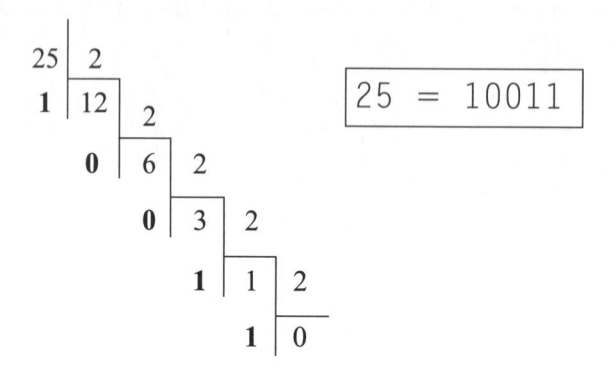

```
25 | 2
 1 |12 | 2
    0 | 6 | 2
        0 | 3 | 2
            1 | 1 | 2
                1 | 0
```

$$25 = 10011$$

Conversão de fração binária para decimal

Parte Inteira								.	Fracionária		
2^7	2^6	2^5	2^4	2^3	2^2	2^1	2^0	.	2^{-1}	2^{-2}	2^{-3}
128	64	32	16	8	4	2	1		0,5	0,25	0,125

Um número em ponto flutuante é armazenado em duas partes: a fração binária e o expoente binário. Frações binárias são representadas com denominadores em potências de 2. Como exemplo,

```
.101 = 1/2 + 0/4 + 1/8
```

que em notação decimal é

```
.50 + .00 + .125 = .625
```

Vamos mostrar a conversão do número binário 101101,11 no seu equivalente decimal:

$$2^5*1 + 2^4*0 + 2^3*1 + 2^2*1 + 2^1*0 + 2^0*1 + 2^{-1}*1 + 2^{-2}*1 =$$
$$32 + 0 + 8 + 4 + 0 + 1 + 0,5 + 0,25 = 45,75$$

Conversão de fração decimal para binária

Para converter uma fração decimal para a base binária, devemos multiplicá-la sucessivamente por 2 e guardar as partes inteiras produzidas pela multiplicação. Como exemplo, vamos converter a fração decimal 0,15625 para sua equivalente fração binária:

```
0,15625  x 2 = 0,3125
0,3125   x 2 = 0,625
0,625    x 2 = 1,250
0,250    x 2 = 0,500
0,500    x 2 = 1,000
```

A fração decimal 0,15625 é equivalente à fração binária 0,00101.

Observe que nem sempre as sucessivas multiplicações resultarão numa parte fracionária igual a zero. Assim, o processo de conversão deve continuar somente até a precisão que se deseja.

Se o número a ser convertido apresentar uma parte inteira e uma fracionária, deve-se separar as partes inteiras e fracionárias e realizar a conversão apropriada em cada parte.

Sistema numérico hexadecimal

Na numeração hexadecimal, ou base 16, cada dígito representa quatro dígitos binários. Quatro bits podem representar 16 números distintos. Como 0 é um número válido, quatro dígitos binários podem representar números decimais de 0 a 15.

O sistema hexadecimal utiliza os dígitos de 0 até 9 e as letras de A até F. Estas são necessárias para representar 16 valores diferentes com um único símbolo.

As letras de A a F são usadas para representar os decimais de 10 a 15, visto que no sistema hexadecimal esses números devem ser representados por um único dígito.

Hexadecimal	Binário	Decimal
0	0000	0
1	0001	1
2	0010	2
3	0011	3
4	0100	4
5	0101	5
6	0110	6
7	0111	7
8	1000	8
9	1001	9
A	1010	10
B	1011	11
C	1100	12
D	1101	13
E	1110	14
F	1111	15

O número 10 hexadecimal é a representação do número 16 em decimal. Um problema surge se, por exemplo, o número 10 aparecer em algum lugar de seu programa em linguagem C. Como podemos indicar quando o número representa 10 decimal ou 10 hexadecimal?

Em linguagem C, os números em hexadecimal devem ser iniciados com um zero seguido de uma letra x (maiúscula ou minúscula).

Então, se você pretende usar a constante hexadecimal equivalente a 16 decimal, você deve escrever 0x10 ou 0X10.

Conversão de hexadecimal para decimal

Qual será o valor decimal de 0xA3F?

```
0xA3F = 16² *  A + 16¹ * 3 + 16⁰ *  F =
        16² * 10 + 16¹ * 3 + 16⁰ * 15 = 2623 (base 10)
```

Conversão de binário para hexadecimal

Para converter um número binário para hexadecimal, separa-se o número em grupos de quatro bits, então converte-se cada grupo em seu equivalente dígito hexadecimal.

Como exemplo, o número binário 1110101000011001 é a representação de 0xEA19 em hexadecimal, pois

1110 1010 0001 1001
E   A   1   9

Sistema Numérico Octal

Em octal, ou base 8, cada dígito representa 3 dígitos binários.

Hexadecimal	Binário	Decimal
0	000	0
1	001	1
2	010	2
3	011	3
4	100	4
5	101	5
6	110	6
7	111	7

O número 10 octal é a representação do número 8 decimal.

Em linguagem C, os números em octal devem ser iniciados com um zero na frente.

Então, se você pretende usar a constante octal equivalente a 10 decimal, você deve escrever 010.

Conversão de Octal para Decimal

Qual será o valor decimal de 0321?

$0321 = 8^2 * 3 + 8^1 * 2 + 8^0 * 1 = 209$ (base 10)

A memória de vídeo da console (16 bits)

A memória de vídeo padrão da console ou prompt de comandos possui 16K e está localizada a partir do endereço B8000 (memória CGA – adaptador gráfico colorido). Nela, cada caractere ocupa dois bytes consecutivos. O primeiro byte contém o código ASCII do caractere (de 0 a 255 decimal ou de 0 a FF hexadecimal) e o segundo, o atributo do caractere, isto é, o código que indica a forma com que o caractere aparecerá impresso. No modo de vídeo padrão (80 colunas por 25 linhas) são necessários 4000 bytes de memória para representar os 2000 caracteres da tela toda.

O computador pode inserir valores nessa memória e lê-los exatamente como pode fazer com a memória RAM (Random Access Memory).

O BYTE DE ATRIBUTOS

O desenho a seguir mostra os significados dos bits do byte de atributos:

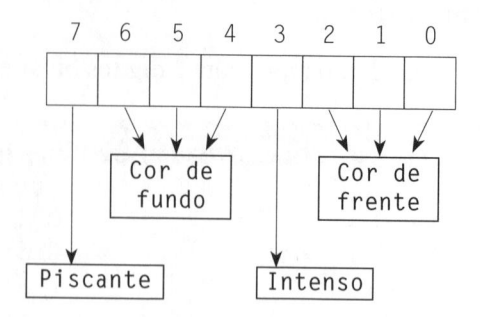

```
  7   6   5   4   3   2   1   0
┌───┬───┬───┬───┬───┬───┬───┬───┐
│   │   │   │   │   │   │   │   │
└───┴───┴───┴───┴───┴───┴───┴───┘
  │     ↓   ↓   ↓     ↓   ↓   ↓
  │    Cor de         Cor de
  │    fundo          frente
  ↓                ↓
Piscante         Intenso
```

ACESSO À MEMÓRIA E USO DE PONTEIROS EM 16 BITS

Para acessar a memória de vídeo devemos estar no ambiente 16 bits (prompt de comando) e usar um compilador 16 bits, por exemplo o Turbo C++, da Borland.

Agora que conhecemos o endereço da memória de vídeo, podemos inserir valores nela usando ponteiros. Então, você pode imaginar que, para colocar um caractere na primeira localização da memória de vídeo, as seguintes instruções poderiam ser usadas:

```
char *ptr; /* Parece razoável, */
...
ptr = 0xB8000; /* mas */
...
*(ptr) = ch; /* não funciona */
```

Infelizmente, cometemos um erro: o tipo ponteiro padrão, em ambientes de 16 bits, consiste de 2 bytes, enquanto o endereço B8000 hexa é de 2,5 bytes (5 dígitos). Independentemente do número de tentativas que fizermos, nunca conseguiremos armazenar esse endereço em 2 bytes.

SEGMENTO E DESLOCAMENTO

A memória de ambientes de 16 bits é segmentada. Um segmento de memória é uma unidade de 64K. Dentro dele, os endereços são marcados de 0 a FFFF hexa.

Para acessar endereços externos ao segmento do programa, um esquema diferente deve ser usado. Endereços externos ao segmento do programa são formados pela combinação do endereço do segmento com o endereço dentro do segmento chamado deslocamento.

Como exemplo, vamos tomar um endereço dentro da memória de vídeo CGA. Esse é o do 1000-ésimo caractere ou o de endereço de deslocamento 2000 decimal ou 0x07D0 hexa.

O segmento contendo a memória CGA é 0xB8000. O registrador de segmento guarda somente os primeiros 4 dígitos, ou B800.

Para obter o endereço absoluto, o endereço de segmento é combinado com o de deslocamento. O conteúdo do registrador do segmento é deslocado à esquerda 4 bits e, depois, adicionado ao endereço de deslocamento.

```
    B 8 0 0    ←   endereço do segmento deslocado 4 bits à esquerda
  + 0 7 0 0    ←   endereço do deslocamento
  ---------
    B 8 7 D 0  ←   endereço absoluto de 5 dígitos (20 bits)
```

Em C, um endereço externo ao segmento do programa pode ser usado como combinação de segmento-mais-deslocamento. Entretanto, o endereço é representado diferentemente. Em vez de usar o endereço absoluto, C requer uma representação em 32 bits (4 bytes, 8 dígitos hexa), consistindo de 4 dígitos hexa representando o endereço do segmento, seguidos por 4 dígitos hexa representando o endereço do deslocamento dentro do segmento.

Então, em C, o endereço absoluto B87D0 é escrito como 0xB80007D0.

Visto que um ponteiro padrão em ambientes de 16 bits não pode armazenar endereços de 32 bits, usaremos os modificadores para ponteiros.

Modificadores para ponteiros: near e far[1]

O modificador **near** especifica que o ponteiro consistirá somente do deslocamento dentro do segmento do programa. Em outras palavras, um ponteiro **near** armazena endereços de 16 bits (2 bytes).

Um ponteiro **far** consiste de 4 bytes e nele podemos armazenar o endereço de segmento e o deslocamento dentro do segmento.

Declaramos um ponteiro **far** inserindo a palavra **far** justamente antes do nome da variável.

O nosso pedaço de programa pode ser reescrito como:

```
char far *ptr;      /* Declara ponteiro far */
ptr = 0xB8000000;   /* Segmento B800, deslocamento 0000 */
*ptr = ch;          /* Correto agora */
```

O programa seguinte imprime a letra A no canto superior esquerdo da console:

```
/* Mostra o uso de ponteiros far */
/* Acesso à memória de vídeo CGA */
/* Usa o compilador Turbo C++    */
```

---

[1] Só para ambientes 16 bits.

```
int main()
{
   unsigned char far *p = (unsigned char far *) 0xB8000000;
   *p ='A';

   return 0;
}
```

Podemos escolher um atributo para o nosso caractere A. O exemplo a seguir usa o atributo intenso.

```
int main()
{
   unsigned char far *p = (unsigned char far *) 0xB8000000;
   *p ='A';
   *(p+1)= 0x0F;/* Atributo intenso */
   return 0;
}
```

Verificando a versão da Bios

O endereço 0xF000FFF5 informa a versão da Bios. Vamos escrever uma função que retorna a data da versão instalada na sua máquina:

```
char * biosver(void)
{
   register int i;
   static char versao[9];  /*mm/dd/aa*/
   char far *p = (char far *) 0xF000FFF5;
   for (i=0; i<8 ;i++)
          versao[i] = p[i];
   version[i]='\0';
   return version;
}
```

Os operadores bit-a-bit

Vários programas precisam manipular bits individuais dentro de um byte. Quando mostramos os tipos de dados básicos de C, não fizemos nenhuma observação sobre como olhar dentro desses dados para saber como eles são construídos em bits individuais e como podem ser manipulados.

Ser capaz de operar no nível dos bits é especialmente importante quando o programa deve atuar diretamente no hardware da máquina.

A linguagem C oferece seis operadores bit-a-bit, que permitem operar em bits individuais de variáveis do tipo **char** ou **int**. São eles:

Símbolo	Operação
& &=	E (AND)
| |=	OU (OR)
^ ^=	OU exclusivo (XOR)
>> >>=	Deslocamento à direita (Right shift)
<< <<=	Deslocamento à esquerda (Left shift)
~ ~=	Complemento (Unário)

Os operadores bit-a-bit operam somente com valores inteiros.

O OPERADOR and: & E &=

É um operador binário que executa um AND com cada par de bits dos operandos. Cada bit do resultado é 1 somente quando os dois bits operandos são 1; em qualquer outra situação, o resultado é 0.

```
unsigned short x=5;     /* 00000000 00000101 */
unsigned short y=9;     /* 00000000 00001001 */
                        /*------------------ */
unsigned short z=x&y;   /* 00000000 00000001 */
```

O operador AND bit-a-bit é normalmente usado para testar se um bit particular está ligado ou desligado. O processo de teste funciona, pois se operarmos o bit a ser testado com 1, o resultado será verdadeiro somente se esse bit estiver ligado.

Por exemplo, no endereço 0x417 (segmento 0000 deslocamento 0417) existe um byte com o status das teclas chamadas *shifts*. Podemos usar essa variável para verificar o status da tecla do teclado Num Lock.

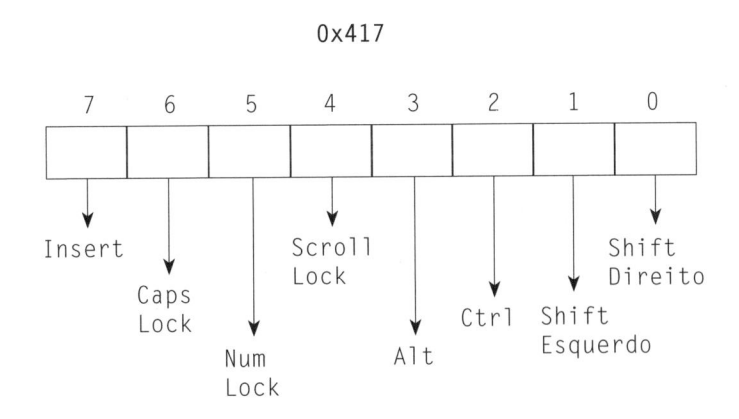

```
              0x417

   7   6   5   4   3   2   1   0
 ┌───┬───┬───┬───┬───┬───┬───┬───┐
 │   │   │   │   │   │   │   │   │
 └─┬─┴─┬─┴─┬─┴─┬─┴─┬─┴─┬─┴─┬─┴─┬─┘
   ▼   ▼   ▼   ▼   ▼   ▼   ▼   ▼
 Insert     Scroll         Shift
           Lock           Direito
       Caps           Ctrl  Shift
       Lock                 Esquerdo
           Num         Alt
           Lock
```

Vamos escrever um programa para testar se o bit 5 da variável do endereço 0x417 está ou não ligado.

```c
/* Mostra o uso do operador & para testar um bit */
#include <stdio.h>
#include <stdlib.h>
int main()
{
   unsigned char far *p = (unsigned char far *) 0x417;

   if(*p & 0x20) /* Testa se o bit 5 está ligado */
        puts("Num Lock ligado.");
   else
        puts("Num Lock desligado.");
   system("pause");
   return 0;
}
```

Vamos analisar a expressão:

`*p & 0x20`

```
    ? ? ? ? ? ? ? ?     *p
&   0 0 1 0 0 0 0 0     0x20
---------------------------
    0 0 ? 0 0 0 0 0
```

Não conhecemos o valor de *p, por outro lado, sabemos que um AND com 0 resulta 0, e um AND com 1 resulta o próprio bit. Assim, criamos a máscara 0x20 e a operação com ela resultará 0 caso a tecla Num Lock esteja desligada e resultará um número diferente de 0 caso Num Lock esteja ligada.

O próximo exemplo mostra como podemos usar a operação AND para desligar a tecla Num Lock, independente do seu status:

```c
/* Mostra o uso do operador &= para zerar um bit */
#include <stdio.h>
#include <stdlib.h>
int main()
{
   unsigned char far *p = (unsigned char far *) 0x417;

   *p &= 0xDF; /* 1 1 0 1 1 1 1 1 - desliga num lock */

   system("pause");
   return 0;
}
```

A expressão:

`*p &= 0xDF;`

é equivalente à expressão:

   `*p = *p & 0xDF;`

O OPERADOR or: | E |=

Trata-se de um operador binário que executa um OR com cada par de bits dos operandos. Cada bit do resultado é 0 somente quando os dois bits operandos são 0; em qualquer outra situação, o resultado é 1.

```
unsigned short x=5;         /* 00000000 00000101 */
unsigned short y=9;         /* 00000000 00001001 */
                            /*------------------ */
unsigned short z=x | y;     /* 00000000 00001101 */
```

O operador OR bit-a-bit é normalmente usado para ligar um bit particular. O processo funciona, pois, se operarmos o bit a ser ligado com 1, o resultado será verdadeiro sempre.

O próximo exemplo mostra como podemos usar a operação OR para ligar a tecla Num Lock, independente do seu status:

```
/* Mostra o uso do operador |= para ligar um bit */
#include <stdio.h>
#include <stdlib.h>
int main()
{
    unsigned char far *p = (unsigned char far *) 0x417;

    *p |= 0x20; /* 0 0 1 0 0 0 0 0 - liga num lock*/

    system("pause");
    return 0;
}
```

A expressão:

```
*p |= 0x20;
```

é equivalente à expressão:

```
*p = *p | 0x20;
```

Vamos analisar a expressão:

```
*p | 0x20
```

```
    ? ? ? ? ? ? ? ?        *p
|   0 0 1 0 0 0 0 0        0x20
  -------------------------
    ? ? 1 ? ? ? ? ?
```

Não conhecemos o valor de *p, por outro lado, sabemos que um OR com 0 resulta o próprio bit; e um OR com 1 resulta 1. Assim, usamos a máscara 0x20 para ligar a tecla Num Lock.

O OPERADOR xor: ^ E ^=

É um operador binário que executa um XOR com cada par de bits dos operandos. Cada bit do resultado é 1 somente quando os dois bits operandos são diferentes; quando são iguais, o resultado é 0.

```
unsigned short x=5;      /* 00000000 00000101 */
unsigned short y=9;      /* 00000000 00001001 */
                         /*------------------ */
unsigned short z=x^y;    /* 00000000 00001100 */
```

O operador XOR é usado para inverter o status de um bit. Um XOR de um bit com 0 resulta o próprio bit, e um XOR com 1 resulta o inverso do bit.

O próximo exemplo mostra como podemos usar a operação XOR para inverter o status da tecla Num Lock:

```
/* Mostra o uso do operador ^= para inverter um bit */
#include <stdio.h>
#include <stdlib.h>
int main()
{
    unsigned char far *p = (unsigned char far *) 0x417;

    *p ^= 0x20; /* 0 0 1 0 0 0 0 0 - inverte num lock*/

    system("pause");
    return 0;
}
```

A expressão:

```
*p ^= 0x20;
```

é equivalente a:

```
*p = *p ^ 0x20;
```

Vamos analisar esta expressão:

```
*p ^ 0x20
```

```
    ? ? ? ? ? ? ? ?     *p
  ^ 0 0 1 0 0 0 0 0     0x20
  -------------------
    ? ? V ? ? ? ? ?     V é o bit invertido
```

O OPERADOR UNÁRIO DE COMPLEMENTO: ~ E ~=

O operador de complemento opera um único operando; resulta um valor com todos os bits invertidos (todo bit 0 passa para 1 e todo bit 1 passa para 0).

A aplicação do operador ~ duas vezes no mesmo operando resulta sempre o número original.

Para mostrar o uso do operador ~ vamos escrever um programa que cria um teclado de caracteres gráficos. Experimente executá-lo; o resultado é atraente.

```
/* Mostra o uso do operador de complemento ~ */
/* Codifica os bytes digitados */
#include <stdio.h>
#include <stdlib.h>
#include <conio.h>

int main()
{
   unsigned char ch;
   while((ch=getch())!= 'X')
        printf("%c", ~ch);
   system("pause");
   return 0;
}
```

O OPERADOR SHIFT ESQUERDO: << E <<=

Trata-se de um operador binário, mas que age somente no operando da esquerda. Executa um deslocamento para a esquerda, conforme o número de posições especificado no segundo operando.

```
unsigned short x=5;           /* 00000000 00000101 */
                              /*------------------ */
unsigned short z=x<<1;        /* 00000000 00001010 */
```

Toda vez que empurramos um bit à esquerda estaremos multiplicando o número por 2.

```
x <<= 1;   /* É a mesma coisa que x *= 2; */
x <<= 2;   /* É a mesma coisa que x *= 4; */
```

Para exemplificar o uso desse operador, vamos escrever uma função que retorna o tamanho da palavra da máquina em que o programa estiver sendo executado.

```
#include <stdio.h>
#include <stdlib.h>

int palavra()
{
   unsigned int n = ~0; /* Todos os bits ligados */
```

```
    int i;
    for(i = 0; n ; i++) /* Enquanto n não for zero */
        n <<= 1;
    return i;
}

int main()
{
    int t = palavra();
    printf("O tamanho da palavra dessa máquina é %d bits.\n", t);
    system("pause");
    return 0;
}
```

O OPERADOR SHIFT DIREITO: >> E >>=

É um operador binário, mas que age somente no operando da esquerda. Executa um deslocamento para a direita, conforme o número de posições especificado no segundo operando.

```
unsigned short x=5;        /* 00000000 00000101 */
                           /*------------------ */
unsigned short z= x>>1;    /* 00000000 00000010 */
```

Toda vez que empurramos um bit à direita estaremos dividindo o número por 2.

```
x >>= 1; /* É a mesma coisa que x /= 2; */

x >>= 2; /* É a mesma coisa que x /= 4; */
```

Para exemplificar o uso desse operador, vamos escrever um programa que pede a entrada de um número em hexadecimal e o converte para binário.

```
/* hexpbin.c */
/* Converte hexa para binário */
#include <stdio.h>
#include <stdlib.h>
#include <math.h> /* Para pow() */

int palavra();

int main()
{
    int t, j, num, bit;
    unsigned int mask;
    while(1)
    {
        t = palavra();

        /* 1 no bit mais significativo e 0 (zero) nos outros */
        mask = pow(2, t-1);
```

```
            printf("\nDigite um número em hexadecimal: ");
            scanf("%x",&num) ;
            printf("Binário de %04x é: ", num);

            for(j=0; j<t ; j++)
            {
                    bit = (mask & num) ? 1 : 0;
                    printf("%d",bit);
                    if(((j + 1) % 8) == 0) /* traço entre bytes */
                            printf("--");
                    mask >>= 1;
            }
      }
      system("pause");
      return 0;
}

int palavra()
{
    unsigned int n = ~0; /* Todos os bits ligados */
    int i;
    for(i = 0; n ; i++) /* Enquanto n não for zero */
         n <<= 1;
    return i;
}
```

A instrução:

```
/* 1 no bit mais significativo e 0 (zero) nos outros */
mask = pow(2, t-1);
```

A variável **mask** tem o tamanho da palavra da máquina. Usamos a função de biblioteca **pow()** para criar uma máscara de um único bit ligado, aquele mais significativo. O número será impresso a partir do bit mais significativo até o bit zero.

A cada iteração, deslocamos o bit ligado de **mask** uma posição à direita, e o processo de teste e impressão é repetido para o próximo bit.

A CALCULADORA BIT-A-BIT

O programa seguinte funciona como uma calculadora bit-a-bit, na qual você digita qualquer expressão simples envolvendo um operador bit-a-bit e ele imprime o resultado.

```
/* bitcalc.c */
/* Calculadora bit-a-bit */
#include <stdio.h>
#include <stdlib.h>
void pbin(unsigned short);
void pline(void);
int main()
{
    char op[3]; /* Aceita dois char para deslocamento */
    unsigned short x1, x2;
```

```c
        while(1)
        {
                printf("\n\nDigite uma expressão (ex. 'FF00 & A23C'): ");
                scanf("%x %s %x", &x1, op, &x2);
                switch(op[0])
                {
                        case '&' :      pbin(x1); printf(" & (and)\n");
                                        pbin(x2); pline();
                                        pbin(x1 & x2); break;
                        case '|' :      pbin(x1); printf(" | (or)\n");
                                        pbin(x2); pline();
                                        pbin(x1 | x2); break;
                        case '^':       pbin(x1); printf(" ^ (xor)\n");
                                        pbin(x2); pline();
                                        pbin(x1 ^ x2); break;
                        case '>':       pbin(x1); printf(" >> %d\n", x2);
                                        pline(); pbin(x1 >> x2); break;
                        case '<':       pbin(x1); printf(" << %d\n", x2);
                                        pline(); pbin(x1 << x2); break;
                        case '~':       pbin(x1); printf(" ~ (complemento)\n");
                                        pline(); pbin(~x1); break;
                        default:        printf("Operador invalido.\n");
                }
        }
    system("pause");
    return 0;
}


/* pbin() */
/* Imprime número em binário */
void pbin(unsigned short num)
{
    unsigned short mask;
    short j, bit;
    mask = 0x8000;
    printf("%04X\t\t",num);
    for(j=0; j<16; j++)
    {
            bit = (mask & num) ? 1:0;
            printf("%d",bit);
            if(j == 7) printf("--");
            mask >>= 1;
    }
    printf("\n");
}

/* Pline() */
void pline()
{
    printf("--------------------");
    printf("--------------------\n");
}
```

O programa consiste, principalmente, em um comando **switch** que contém todos os operadores bit-a-bit. O usuário fornece um operando em hexadecimal, um operador bit-a-bit e um outro operando, e o programa imprime o resultado.

A única irregularidade é com o operador de complemento, que é unário, e o programa solicita um segundo operando para satisfazer a função **scanf()** (qualquer número pode ser digitado).

Eis alguns exemplos da execução deste programa:

```
Digite uma expressão (ex. 'FF00 & A23C'): F0F0 | 3333
F0F0              11110000--11110000
| (or)
3333              00110011--00110011
-------------------------------------
F3F3              11110011--11110011


Digite uma expressão (ex. 'FF00 & A23C'): FFFF ~ 6
FFFF              11111111--11111111
~ (complemento)
-------------------------------------
0000              00000000--00000000
```

REVISÃO

1. Números, em linguagem C, podem ser escritos nas bases decimal, hexadecimal e octal. Em C, não podemos escrever números em binário. A única base numérica que o computador compreende é a base binária.

2. O computador converte os números escritos em nossos programas para a base binária.

3. Conhecer a conversão de bases numéricas ajuda a compreender em que situações devemos usar cada uma das bases permitidas.

4. Um caractere é impresso na memória de vídeo ocupando 2 bytes: o primeiro para o seu código ASCII e o segundo para o seu atributo.

5. A memória, em 16 bits, é dividida em segmentos e, dentro de cada um, temos o endereço de deslocamento. Para acessar diretamente um endereço de memória devemos usar os modificadores de ponteiros **near** e **far**.

6. Os operadores bit-a-bit (&, |, ^, >>, <<, ~) ajudam no trabalho com bits particulares de variáveis inteiras.

Exercícios

1. Converta os seguintes valores de hexadecimal para binário.
   a) 0x11
   b) 0xD16
   c) 0xFAB3
   d) 0xFCBA

2. Converta os seguintes valores de hexadecimal para decimal.
   a) 0x11
   b) 0xD6
   c) 0xB3
   d) 0xFA

3. Converta os seguintes valores de decimal para hexadecimal.
   a) 65
   b) 203
   c) 145
   d) 86

4. Converta os seguintes valores de decimal para binário.
   a) 65
   b) 203
   c) 145
   d) 86

5. Os números são representados internamente no computador em:
   a) decimal;
   b) hexadecimal;
   c) binário;
   d) octal;
   e) nenhuma das anteriores.

6. Verdadeiro ou Falso: As operações bit-a-bit têm um resultado lógico.

7. Verdadeiro ou Falso: Os operadores bit-a-bit tratam seus operandos como valores lógicos.

8. Quais dos seguintes itens são verdadeiros?
   a) (0xF7 & 0x08)
   b) (0xF7 & 0x10)
   c) (0xD7 & 0x28)
   d) (0xD7 & 0x41)

9. Escreva uma operação para zerar o bit 5 da variável **ch**, do tipo *unsigned char*.

10. Escreva uma operação para ligar o bit 5 da variável **ch**, do tipo *unsigned char*.

11. Qual é o resultado da expressão (0xFF | 0x32) ?
    a) 0x32
    b) 0x00
    c) 0xFF
    d) 0xCD

12. Escreva uma operação para inverter o bit 5 da variável **ch**, do tipo *unsigned char*.

13. Se **num** é do tipo *unsigned short* e tem o valor 0xF000, qual o valor da seguinte expressão (num >> 8) ?
    a) 0x000F
    b) 0x00F0
    c) 0xFF00
    d) 0xFFF0

14. Verdadeiro ou Falso: O operador OR bit-a-bit é usado para combinar bits de duas variáveis diferentes numa terceira.

15. Verdadeiro ou Falso: As duas instruções seguintes são equivalentes:
    a) a = x ^ y;
    b) a = xor(x,y);

    em que a função **xor()** é definida como:

    ```
    unsigned xor(unsigned x, unsigned y)
    {
       return ((x & ~y) | (~x & y));
    }
    ```

16. Em ambientes de 16 bits é usada a combinação de dois endereços para acessar dados de fora do segmento do programa. Esses endereços são chamados de _____ e de _____.

17. Um ponteiro **near** não pode armazenar endereços fora do segmento padrão, pois:
    a) não pode atravessar a barreira de segmentos;
    b) não é grande o bastante;
    c) não conhece onde estão os outros segmentos;
    d) não é um registrador de segmentos.

18. Antes de adicionarmos o endereço de deslocamento, o valor do endereço de segmentos deve ser:
    a) deslocado 2 bytes à esquerda;
    b) multiplicado por 0x10;

c) convertida para decimal;
d) complementado com o operador de complemento.

19. Escreva as expressões a seguir usando operadores aritméticos. Assuma que x seja uma variável do tipo *unsigned short*.

    a) (x & 3)
    b) (x & 1)
    c) (x >> 2)
    d) (x << 2)
    e) (x >>=16)

20. Um ponteiro **far** é uma variável que pode armazenar endereços de até _____ bytes de comprimento.

21. Suponha que o endereço do segmento é A100 hexa e o endereço do deslocamento 1234 hexa. O endereço absoluto resultante, expresso em C como um ponteiro **far** constante, é:

    a) 0xA1234
    b) 0xA234
    c) 0xA2234
    d) 0xA1001234

22. Verdadeiro ou Falso: A instrução seguinte é válida para declarar um ponteiro far:

    char far *falPtr = (char far *)0x0;

23. Verdadeiro ou Falso: A instrução seguinte é válida para atribuir um valor a um ponteiro **far**:

    farptr = 0xA1001234;

24. Para usar um ponteiro **far** num programa, é necessário:

    a) conhecer o endereço do segmento a ser usado;
    b) usar o modificador **far**;
    c) conhecer o endereço do deslocamento a ser usado;
    d) usar o operador indireto;
    e) conhecer o tipo de variável a ser acessada pelo ponteiro.

25. Escreva um programa que solicite a entrada de um número em binário de até 16 dígitos e o imprima em hexadecimal e em decimal.

26. No endereço 0x450 existe uma variável do tipo *unsigned char*, na qual o sistema operacional armazena o valor da coluna do cursor da console. No endereço 0x451 é armazenada a linha em que se encontra o cursor. Escreva uma função que receba como argumento a coluna e a linha e posicione o cursor nos valores correspondentes.

27. Escreva uma função que limpe a tela da console usando o endereço 0xB8000000. Para isso, imprima sempre o caractere zero e o atributo 7. Assuma 80 colunas por 25 linhas.

28. No endereço 0x46C existe uma variável do tipo *unsigned long*, na qual o sistema operacional armazena a hora do relógio. Esse endereço contém zero à meia-noite e é incrementado 18,21 vezes por segundo, 1092,38 vezes por minuto e 65543,33 vezes por hora. Escreva um programa que imprima a hora, minutos e segundos atuais.

29. O desenho da fonte de caracteres 8x8 dos valores ASCII entre 0 e 127 está localizado no endereço 0xF000FA6E. Esse endereço é o do caractere zero da tabela ASCII. Cada caractere é representado por 8 bytes. O desenho da letra Y é mostrado a seguir como exemplo:

```
Byte            Binário
BYTE 0:    1 1 0 0 1 1 0 0
BYTE 1:    1 1 0 0 1 1 0 0
BYTE 2:    1 1 0 0 1 1 0 0
BYTE 3:    0 1 1 1 1 0 0 0
BYTE 4:    0 0 1 1 0 0 0 0
BYTE 5:    0 0 1 1 0 0 0 0
BYTE 6:    0 1 1 1 1 0 0 0
BYTE 7:    0 0 0 0 0 0 0 0
```

Escreva uma função que receba como argumento um caractere *unsigned char* e imprima-o usando espaços em branco. Por exemplo, se a função receber Y deverá imprimir:

```
YY  YY
YY  YY
YY  YY
 YYYY
  YY
  YY
 YYYY
```

11

Operações com arquivos

- Arquivos
- Leitura e gravação em *alto-nível*
- Abrindo arquivos com **fopen()**
- Grupo 1: Gravar e ler um caractere por vez — As funções **fputc()** e **fgetc()**
- Fechando o arquivo com **fclose()**
- A função **feof()**
- Fim de arquivo e a constante **EOF**
- Cuidados ao abrir o arquivo
- Grupo 2: Ler e gravar linha a linha — As funções **fputs()** e **fgets()**
- Grupo 3: Ler e gravar dados formatados — As funções **fprintf()** e **fscanf()**

- Modos de abertura de arquivos
- Modo texto e modo binário
- Grupo 4: Ler e gravar blocos de bytes — As funções **fwrite()** e **fread()**
- Os ponteiros de arquivos **stdin**, **stdout** e **stderr**
- Gravando estruturas em disco
- A função **rewind()**
- Gravando e lendo de um mesmo arquivo
- A função **fflush()**
- A função **fseek()**
- A função **ftell()**
- Imprimindo na impressora
- Condições de erro
- Leitura e gravação em *baixo-nível*
- A função **write()**
- A função **read()**
- Fixando o tamanho do *buffer*
- A função **open()**
- O descritor de arquivo
- A função **close()**
- Mensagens de erros
- A função **lseek()**
- A função **tell()**
- Operando com *buffers*
- Funções para manipulação de *buffers*: **memchr()** e **memcmp()**
- Gravando arquivos em *baixo-nível*
- Quando usar o quê?

Neste capítulo, você aprenderá os recursos da linguagem C para operações de leitura e gravação em discos. Começaremos com uma breve descrição das funções usadas para executar essas tarefas, conhecidas como *funções de io*. Em seguida, mostraremos como elas podem ser aplicadas a programas que necessitam manipular arquivos, com exemplos de diferentes situações.

Arquivos

A palavra *arquivo* será usada para indicar um 'fluxo de bytes' (stream). Todo lugar que tem capacidade para receber bytes da memória do computador ou transferi-los para ela recebe o nome de *arquivo*. Como exemplos, arquivos em disco, teclado, vídeo, impressora, portas de comunicação etc. Assim, o conceito de *arquivo* é ampliado no sentido de considerar arquivos não somente os que existem em discos.

Em C, podemos trabalhar com arquivos por meio de acesso em *alto-nível* ou em *baixo-nível*. O conjunto de funções que interagem com arquivos em *alto-nível* são bufferizadas, isto é, mantém uma área de memória para manipular os bytes antes de serem gravados ou para manipular bytes lidos antes de serem enviados ao programa. As funções de acesso em *baixo-nível* não são bufferizadas.

Leitura e gravação em *ALTO-NÍVEL*

Para trabalharmos com um arquivo em disco, o nosso programa e o sistema operacional devem participar conjuntamente de certas informações sobre o arquivo. Em outras palavras, informações específicas sobre o arquivo devem estar presentes antes que o programa possa acessá-lo. Em C, as informações necessárias são guardadas em uma estrutura do tipo **FILE**. A definição dessa estrutura está contida no arquivo **stdio.h**.

Se você examinar seu arquivo **stdio.h**, provavelmente encontrará algo semelhante ao mostrado a seguir:

Um fragmento de stdio.h

```
#define FOPEN_MAX       20

struct _iobuf {
        char *_ptr;
        int   _cnt;
        char *_base;
        int   _flag;
        int   _file;
        int   _charbuf;
        int   _bufsiz;
        char *_tmpfname;
        };

typedef struct _iobuf FILE;
```

Como cada arquivo necessita de informações similares, **stdio.h** declara uma matriz de estruturas **FILE**. A constante **FOPEN_MAX** determina a dimensão da matriz e representa o número máximo de arquivos que podem ser abertos simultaneamente por um programa. O número para **FOPEN_MAX** depende das considerações tomadas no projeto do compilador e das restrições do sistema operacional.

Os membros da estrutura **FILE** contêm informações do arquivo, tais como: seu atual tamanho, a localização de seus buffers de dados, se o arquivo está sendo lido ou gravado etc.

O programador não deve se preocupar com o conteúdo dos membros da estrutura **FILE**, e sim voltar seu interesse para a abertura de um arquivo e como trabalhar com ele.

Abrindo arquivos com fopen()

A função **fopen()** executa duas tarefas. Em primeiro lugar, cria e preenche uma estrutura **FILE** com as informações necessárias para o programa e para o sistema operacional, de maneira que possam se comunicar. Em seguida, retorna um ponteiro do tipo **FILE** que aponta para a localização na memória dessa estrutura criada.

Para trabalhar com arquivos em *alto-nível*, a linguagem C oferece um pacote de funções de biblioteca divididas em quatro grupos, a saber:

- Grupo 1: Gravar e ler um caractere por vez – As funções **fputc()** e **fgetc()**
- Grupo 2: Ler e gravar linha a linha – As funções **fputs()** e **fgets()**
- Grupo 3: Ler e gravar dados formatados – As funções **fprintf()** e **fscanf()**
- Grupo 4: Ler e gravar blocos de bytes – As funções **fwrite()** e **fread()**

Grupo 1: Gravar e ler um caractere por vez — As funções fputc() e fgetc()

As funções **fputc()** e **fgetc()** gravam e lêem um caractere por vez. São análogas às funções **putc()** e **getc()**; a única diferença é que, ao contrário daquelas, estas têm implementação como macros.

Nosso primeiro exemplo lê, do teclado, um caractere por vez e o grava no arquivo.

```
/* ofilech.c */
/* Grava um caractere por vez num arquivo */
#include <stdio.h> /* Define FILE */
#include <stdlib.h>
#include <conio.h>

int main(void)
{
        FILE *fptr;   /* Ponteiro para arquivo */
        char ch;
        /* Abre arquivo para gravar em modo texto */
        fptr=fopen("arqtext.txt","w");
```

```
    while((ch=getche()) != '\r')    /* Lê um caractere do teclado */
        fputc(ch,fptr);              /* Grava caractere no arquivo */
    fclose(fptr);

    return 0;
}
```

Execute o programa e digite uma frase. A leitura do teclado termina quando você pressiona a tecla ENTER. A linha que você digitou será gravada no arquivo chamado **arqtext.txt** da pasta corrente. Para verificar se o arquivo foi realmente criado, use o Bloco de Notas do Windows ou outro editor de textos qualquer para ler seu conteúdo.

Abrindo o arquivo com fopen()

Para abrir um arquivo em *alto-nível* devemos usar a função **fopen()**:

```
FILE fopen(const char *nome_arquivo, const char *modo_de_abertura);
```

Nosso programa cria o arquivo texto **arqtext.txt** para gravação ("w").

Gravando no arquivo com fputc()

Uma vez estabelecida uma linha de comunicação com um arquivo particular por meio de sua abertura, podemos escrever nele. A função **fputc()** recebe dois argumentos: o caractere a ser gravado e o ponteiro para a estrutura **FILE** do arquivo. Ela retorna o caractere gravado ou **EOF** se acontecer algum erro.

```
int fputc(int caractere, FILE *ponteiro_arquivo);
```

O processo de gravação continua a cada interação do laço **while**; toda vez que a função **fputc()** é executada, mais um caractere é gravado no arquivo. Quando o usuário pressiona ENTER, o laço termina.

Fechando o arquivo com fclose()

Quando terminamos a gravação do arquivo, precisamos fechá-lo.

```
int fclose(FILE *ponteiro_arquivo);
```

Fechar um arquivo significa, em primeiro lugar, esvaziar o seu *buffer*, gravando nele os caracteres remanescentes.

Não falamos sobre *buffer* antes porque, quando se usa *alto-nível*, ele é invisível para o programador. Entretanto, o *buffer* é necessário, mesmo que invisível. Considere, por exemplo, quão ineficiente seria acessar o disco somente para gravar um caractere. Isso tomaria tempo para que o sistema de disco encontrasse a posição de gravação correta e, ainda, demoraria para que encontrasse o setor exato da trilha para cada caractere gravado.

Se você digitar vários caracteres rapidamente e cada um necessitar de um acesso completo ao disco, vários deles serão, provavelmente, perdidos.

Eis como um *buffer* funciona: quando você envia um caractere para um arquivo com **fputc()**, ele é armazenado, temporariamente, numa área de memória reservada para essa tarefa. Essa área de memória chama-se *buffer*. Quando ele estiver lotado, seu conteúdo será gravado no arquivo de uma única vez.

Uma das razões para fechar arquivos é que, nesse momento, o programa força a gravação do *buffer* nele. Outra razão para fechar o arquivo é liberar as áreas de comunicação usadas, para que estejam disponíveis a outros arquivos. Essas áreas incluem a estrutura **FILE** e o *buffer*.

Outra função que fecha arquivos é a **exit()**. Ela difere da função **fclose()** em vários pontos. Primeiro, **exit()** fecha todos os arquivos abertos. Segundo, encerra o programa e devolve o controle ao sistema operacional.

A função **fclose()** simplesmente fecha o arquivo associado ao ponteiro **FILE** enviado como argumento.

LENDO O ARQUIVO

O próximo exemplo lê, do arquivo, um caractere por vez e o imprime no vídeo.

```c
/* ifilech.c */
/* Lê um caractere por vez de um arquivo */
#include <stdio.h>  /* Define FILE */
#include <stdlib.h>

int main(void)
{
    FILE *fptr;  /* Ponteiro para arquivo */
    short int ch;
    /* Abre arquivo para ler em modo texto */
    fptr = fopen("ArqText.txt","r");

    while((ch=fgetc(fptr)) != EOF)  /* Lê um caractere do arquivo */
        printf("%c",ch);             /* Imprime o caractere no vídeo */
    fclose(fptr);

    return 0;
}
```

A FUNÇÃO feof()

Essa função retorna *verdadeiro* se o final do arquivo tiver sido atingido; caso contrário, retorna *falso*:

```c
int feof(FILE *fp);
```

Como exemplo, observe a mudança no pedaço de código do programa anterior:

```
while(!feof(fptr)
{
        ch=fgetc(fptr);
        printf("%c",ch);
}
```

ABRINDO O ARQUIVO PARA LEITURA

Nosso programa abre o arquivo texto **arqtext.txt** para leitura ("r").

```
fptr = fopen("arqtext.txt","r");   /* Abre o arquivo para leitura */
```

LENDO DO ARQUIVO COM fgetc()

A função **fgetc()** recebe como argumento o ponteiro para a estrutura **FILE** do arquivo. Retorna o caractere lido ou **EOF** se encontrar o fim do arquivo.

```
int fgetc(FILE *ponteiro3_arquivo);
```

FIM DE ARQUIVO E A CONSTANTE EOF

A maior diferença entre esse programa e **ofilech.c** é que este deve reconhecer quando o arquivo terminou.

O que é **EOF** ?

É importante entender que **EOF** não é um caractere pertencente ao arquivo e sim uma constante, do tipo **short int**, definida no arquivo **stdio.h** com o valor 0xFFFF ou −1.

O fim de um arquivo é reconhecido pelo sistema operacional, o Windows envia 0xFFFF aos nossos programas para avisar que o arquivo acabou.

Como podemos reconhecer que o arquivo terminou?

Se utilizarmos uma variável do tipo **char** para receber os bytes lidos do arquivo, o caractere de código ASCII 255 decimal (0xFF), se existir dentro do arquivo, será interpretado como **EOF** e a leitura terminará antecipadamente.

Por causa disso, criamos a variável **ch** do tipo **short int**. Dessa forma, não haverá confusão entre o caractere 0xFF e **EOF**. O primeiro será armazenado em **ch** como 0x00FF, e o segundo, como 0xFFFF.

A mensagem enviada pelo sistema operacional indicando o fim de arquivo pode ser diferente para sistemas operacionais distintos. O arquivo **stdio.h** define **EOF** com o valor correto para o seu sistema operacional; assim, em seus programas, use essa constante para testar o fim de arquivo. Valer-se de um número mágico (por exemplo −1), em vez de **EOF**, pode causar problemas se o programa for transportado para outro sistema operacional.

Cuidados ao abrir o arquivo

Os dois programas que apresentamos têm uma falha. Se o arquivo especificado em **fopen()** não puder ser aberto, o programa irá parar.

Por que um arquivo pode não ser aberto?

Se você tiver pedido para abrir um arquivo para gravação, é provável que não abra por não haver mais espaço no disco. E se foi para leitura, talvez o arquivo não abra por ainda não ter sido criado.

Então, é importante que todos os programas que acessam arquivos em disco verifiquem se o arquivo foi aberto com sucesso, antes de ler ou escrever neles.

Se o arquivo não pôde ser aberto, a função **fopen()** retorna um ponteiro com o valor NULL.

Vamos mostrar como alterar a instrução de abertura do arquivo para testar se foi aberto com sucesso.

```c
/* ifilech.c */
/* Lê um caractere por vez de um arquivo */
#include <stdio.h> /* Define FILE */
#include <stdlib.h>

int main(void)
{
     FILE *fptr;   /* Ponteiro para arquivo */
     short int ch;

     if((fptr = fopen("ArqText.txt","r")) == NULL)
     {
      puts("Não foi possível abrir o arquivo");
      exit(1);
     }

     while((ch=fgetc(fptr)) != EOF)  /* Lê um caractere do arquivo */
       printf("%c",ch);              /* Imprime o caractere no vídeo */
     fclose(fptr);

     return 0;
}
```

Grupo 2: Ler e gravar linha a linha — As funções fputs() e fgets()

As funções **fputs()** e **fgets()** gravam ou lêem os dados linha a linha (como strings). O próximo exemplo cria um arquivo texto e grava nele uma string por vez.

```c
/* ofilestr.c */
/* Grava strings no arquivo */
#include <stdio.h> /* Define FILE */
#include <stdlib.h>
```

```
int main(void)
{
        FILE *fptr;   /* Ponteiro para arquivo */
        /* Cria para gravar em modo texto */
        fptr = fopen("Testestr.txt","w");

        fputs("Um grande antídoto contra o egoísmo\n",fptr);
        fputs("é a generosidade... Dê, mesmo que\n", fptr);
        fputs("isso requeira de você um esforço\n", fptr);
        fputs("consciente. Pelo fato de partilhar\n",fptr);
        fputs("tudo o que possui, seu egoísmo se\n",fptr);
        fputs("abrandará.\n",fptr);
        fclose(fptr);
        system("TYPE Testestr.txt");
        system("PAUSE");
        return 0;
}
```

Para verificar se o arquivo foi gravado corretamente, você pode utilizar algum processador de textos ou o comando **type** do Dos na chamada à função **system()**.

```
system("TYPE TesteSTR.txt");
```

```
Um grande antídoto contra o egoísmo
é a generosidade... Dê, mesmo que
isso requeira de você um esforço
consciente. Pelo fato de partilhar
tudo o que possui, seu egoísmo se
abrandará.
```

Gravando no arquivo com fputs()

A função **fputs()** recebe dois argumentos: o ponteiro **char**, para a cadeia de caracteres a ser gravada, e o ponteiro para a estrutura **FILE** do arquivo. Retorna um número positivo ou **EOF** se acontecer algum erro.

```
int fputs(const char *string, FILE * ponteiro_arquivo);
```

A função **fputs()** não coloca automaticamente o caractere de nova linha no fim dela. Devemos adicioná-lo explicitamente.

Lendo do arquivo

O próximo exemplo lê o arquivo **testestr.txt**, criado pelo programa anterior, uma linha por vez.

```
/* ifilestr.c */
/* Lê linha a linha do arquivo */
#include <stdio.h>  /* Define FILE */
#include <stdlib.h>
```

```
int main(void)
{
      FILE *fptr;  /* Ponteiro para arquivo */
      char str[81];

      /*Abre para leitura em modo texto */
      if((fptr = fopen(("TesteSTR.txt","r")) == NULL)
      {
         puts("Não foi possível abrir o arquivo");
         exit(1);
      }

      while(fgets(str,80,fptr) != NULL) /* Lê uma linha de texto */
         printf("%s",str);

      fclose(fptr);
      system("pause");
      return 0;
}
```

LENDO DO ARQUIVO COM fgets()

A função **fgets()** recebe três argumentos: o ponteiro **char** para a cadeia de caracteres em que os dados lidos do arquivo serão colocados, o número máximo de caracteres a serem lidos, e o ponteiro para a estrutura **FILE** do arquivo. Retorna um ponteiro para a cadeia de caracteres lida ou NULL se encontrar algum erro ou o fim do arquivo.

```
char *fgets(char string, int limite, FILE * ponteiro_arquivo);
```

GRUPO 3: LER E GRAVAR DADOS FORMATADOS — AS FUNÇÕES fprintf() E fscanf()

As funções **fprintf()** e **fscanf()** gravam ou lêem os dados de modo formatado.

Os exemplos anteriores mostraram como ler e gravar caracteres e textos em um arquivo. A pergunta é: como manusear dados numéricos em arquivos em disco?

Para mostrar como trabalhar com dados numéricos, usaremos três itens relativos a livros de uma livraria: título (string), número do registro (inteiro) e preço (double).

```
/* ofileformat.c */
/* Grava dados formatados em um arquivo */
#include <stdio.h> /* Define FILE */
#include <stdlib.h>
#include <string.h>
#define TRUE 1

int main(void)
{
      FILE *fptr; /* Ponteiro para arquivo */
```

```
    char titulo[30];
    int regnum;
    double preco;
    fptr = fopen("livros.txt","w");
    while (TRUE)
    {
          printf("\nDigite título, registro e preço do livro: ");
          scanf("%s %d %lf",titulo,&regnum,&preco);
          if(strlen(titulo) <= 1) break;
          fprintf(fptr,"%s %d %.2lf\n",titulo,regnum,preco);
    }

    fclose(fptr);
    system("pause");
    return 0;
}
```

O ponto principal desse programa é a função **fprintf()**, que escreve os valores das três variáveis no arquivo. Essa função é similar a **printf()**, exceto pelo fato de que o ponteiro para **file** é tomado como primeiro argumento. Todas as possibilidades de formato de **printf()** operam com **fprintf()**.

```
int fprintf(FILE *ponteiro_arquivo, const char *formato, [argumentos]);
```

Observe uma execução:

```
Digite título, registro e preço do livro: Helena 102 70.5
Digite título, registro e preço do livro: Iracema 321 63.25
Digite título, registro e preço do livro: Macunaíma 156 73.8
Digite título, registro e preço do livro: x 0 0
```

Essas informações estão agora no arquivo **livros.txt**. Você pode vê-las usando algum processador de textos.

LENDO DO ARQUIVO

```
/* ifileformat.c */
/* Lê dados formatados do arquivo */
#include <stdio.h> /* Define FILE */
#include <stdlib.h>

int main(void)
{
    FILE *fptr; /* Ponteiro para arquivo */
    char titulo[30];
    int regnum;
    double preco;
    fptr = fopen("livros.txt","r");

    while (fscanf(fptr,"%s %d %lf", titulo, &regnum, &preco) != EOF)
            printf("%s %d %.2lf\n", titulo, regnum, preco);
```

```
        fclose(fptr);
        system("pause");
        return 0;
}
```

O programa usa a função **fscanf()** para ler os dados do disco. Essa função é similar à função **scanf()**, exceto pelo fato de que, como em **fprintf()**, um ponteiro para **file** deverá ser incluído como primeiro argumento.

O programa imprime os dados lidos com **printf()**.

```
int fsanf(FILE *ponteiro_arquivo, const char *formato, [argumentos]);
```

Modos de abertura de arquivos

	Tabela com os possíveis modos de abertura de arquivos:
"r"	Abre um arquivo para leitura em modo texto. Se o arquivo não existir, a operação irá falhar e **fopen()** retornará NULL.
"w"	Cria um arquivo em modo texto para gravação. Se o arquivo já existir, elimina seu conteúdo e recomeça a gravação a partir de seu início.
"a"	Abre um arquivo em modo texto para gravação, a partir de seu final. Se o arquivo não existir, ele será criado.
"r+"	Abre um arquivo em modo texto para atualização, ou seja, tanto para leitura como para gravação. Se o arquivo não existir, a operação irá falhar e **fopen()** retornará NULL.
"w+"	Cria um arquivo em modo texto para atualização, ou seja, tanto para leitura como para gravação. Se o arquivo já existir, seu conteúdo será destruído.
"a+"	Abre um arquivo em modo texto para atualização, gravando novos dados a partir do final do arquivo. Se o arquivo não existir, ele será criado.
"rb"	Abre um arquivo para leitura em modo binário. Se o arquivo não existir, a operação irá falhar e **fopen()** retornará NULL.
"wb"	Cria um arquivo em modo binário para gravação. Se o arquivo já existir, elimina seu conteúdo e recomeça a gravação a partir de seu início.
"ab"	Abre um arquivo em modo binário para gravação, a partir de seu final. Se o arquivo não existir, será criado.
"rb+"	Abre um arquivo em modo binário para atualização, ou seja, tanto para leitura como para gravação. Se o arquivo não existir, a operação irá falhar e **fopen()** retornará NULL.

"wb+"	Cria um arquivo em modo binário para atualização, ou seja, tanto para leitura como para gravação. Se o arquivo já existir, seu conteúdo será destruído.
"ab+"	Abre um arquivo em modo binário para atualização, gravando novos dados a partir do final do arquivo. Se o arquivo não existir, ele será criado.

Modo texto e modo binário

São três as diferenças entre trabalhar com um arquivo em modo texto e em modo binário:

- O caractere **\n** ou **\r**: Em uma operação de gravação em arquivos abertos em modo texto (padrão), o caractere **\n** ou **\r** é expandido em dois bytes, *carriage-return* e *linefeed* (**\r** e **\n**), antes de ser gravado. Em operações de leitura, o par de bytes CR/LF é convertido para um único byte **\n**. Se o arquivo é aberto em modo binário, não há essa conversão.
- O caractere **\x1A** (Ctrl-Z): Em modo texto, é interpretado como fim de arquivo. Em modo binário, é mais um caractere pertencente ao arquivo.
- Números: Em modo binário podem ser gravados ou lidos exatamente como se apresentam na memória. Por exemplo, o número 25.678 é armazenado, na memória do computador, ocupando dois bytes (**short int**). Em modo texto, ocuparia 5 bytes e seria armazenado na forma ASCII.

Para verificar essa diferença, vamos escrever um programa que conta os caracteres de um arquivo.

```
/* filecont.c */
/* Conta caracteres do arquivo em modo texto */
#include <stdio.h> /* Define FILE */
#include <stdlib.h>

int main(int argc,char **argv)
{
   FILE *fptr;  /* Ponteiro para arquivo */
   short int ch;
   int cont=0;

   if(argc != 2)
   {
        puts("Forma de uso: C:\\>FileCont nomearq");
        exit(1);
   }

   if((fptr = fopen(argv[1],"r")) == NULL)
   {
        puts("Não foi possível abrir o arquivo");
        exit(1);
   }
```

```
        while((ch=fgetc(fptr)) != EOF)   /* Lê um caractere do arquivo */
                cont++;                  /* Incrementa contador de caracteres */
        printf("O tamanho do arquivo é %d bytes.\n", cont);
        fclose(fptr);

        return 0;
}
```

Começamos verificando o número de argumentos da linha de comandos; se forem dois, então **argv[1]** será o nome do arquivo a ser aberto, caso contrário, o programa apresentará uma mensagem e terminará.

O arquivo é aberto usando o modo texto (padrão). O laço **while** é executado, lê um caractere por vez e incrementa o contador de caracteres. Finalmente, o programa imprime o número de caracteres contados.

Execute esse programa e depois use o comando DIR da console e compare o tamanho do arquivo apresentado pelo programa com o tamanho apresentado pelo sistema. A razão dessa diferença está no tratamento do caractere **\n**.

Modificaremos o programa para que o arquivo seja aberto em modo binário:

```
/* filecont.c */
/* Conta caracteres do arquivo em modo binário */
#include <stdio.h> /* Define FILE */
#include <stdlib.h>

int main(int argc,char **argv)
{
    FILE *fptr;    /* Ponteiro para arquivo */
    short int ch;
    int cont=0;

    if(argc != 2)
    {
            puts("Forma de uso: C:\\>FileCont nomearq");
            exit(1);
    }

    if((fptr = fopen(argv[1],"rb")) == NULL)
    {
            puts("Não foi possível abrir o arquivo");
            exit(1);
    }

    while((ch=fgetc(fptr)) != EOF)   /* Lê um caractere do arquivo */
            cont++;                  /* Incrementa contador de caracteres */
    printf("O tamanho do arquivo é %d bytes.\n", cont);
    fclose(fptr);

     return 0;
}
```

Desta vez, o tamanho do arquivo apresentado pelo programa é o mesmo daquele apresentado pelo sistema operacional.

Grupo 4: Ler e gravar blocos de bytes — As funções fwrite() e fread()

Muitas vezes não desejamos gravar ou ler um caractere ou uma linha por vez. Gostaríamos de gravar ou ler uma quantidade maior de caracteres. As funções apropriadas para o processo de gravação e leitura de matrizes de bytes ou estruturas são **fwrite()** e **fread()**.

```
/* copiaarq.c */
/* Mostra o uso de fread() e fwrite() */
#include <stdio.h> /* Define FILE */
#include <stdlib.h>

void CopiaArquivo(const char* Origem, const char *Destino);

int main()
{
   char Origem[] = "copiaarq.c";
   char Destino[]= "copiaarq.cpy";

   CopiaArquivo(Origem, Destino);
   system("type copiaarq.cpy");
   system("pause");
   return 0;
}

void CopiaArquivo(const char* Origem, const char *Destino)
{
   unsigned char buffer[1024];
   int BytesLidos;

   FILE *fOrigem, *fDest; /* Ponteiro para arquivo */

   if((fOrigem = fopen(Origem,"rb"))==NULL) return;
   if((fDest = fopen(Destino,"wb"))== NULL) return;
   do
   {
      BytesLidos= fread(buffer,sizeof(char),sizeof(buffer), fOrigem);
      fwrite(buffer,sizeof(char), BytesLidos, fDest);
   } while(BytesLidos);

   fclose(fOrigem);
   fclose(fDest);

}
```

Para ler um bloco de dados usamos **fread()**:

```
unsigned fread( void *buffer,
         int tamanho_da_unidade,
         int numero_de_unidades,
         FILE *fp);
```

Em nosso exemplo queremos ler 1.024 bytes por vez:

```
BytesLidos= fread(buffer,sizeof(char),sizeof(buffer), fOrigem);
```

A função retorna o número de unidades efetivamente lidas. Esse número pode ser menor que 1.024 quando o fim do arquivo for encontrado ou ocorrer algum erro.

Para gravar o bloco de bytes usamos **fwrite()**:

```
unsigned fwrite(void *buffer,
        int tamanho_da_unidade,
        int numero_de_unidades,
        FILE *fp);
```

Em nosso exemplo queremos gravar **BytesLidos** a cada vez:

```
fwrite(buffer,sizeof(char), BytesLidos, fDest);
```

A função retorna o número de itens gravados. Esse valor será igual a **BytesLidos**, a menos que ocorra algum erro.

Observe que os nossos arquivos foram abertos em modo binário. As funções **fread()** e **fwrite()** só trabalham corretamente em modo binário.

Os ponteiros de arquivos stdin, stdout e stderr

Se você analisar o seu arquivo **stdio.h**, encontrará as seguintes definições de constantes:

```
#define stdin   (&__iob_func()[0])
#define stdout  (&__iob_func()[1])
#define stderr  (&__iob_func()[2])
```

São os três primeiros elementos da matriz de estruturas **FILE**. Essas constantes podem ser usadas para acessar qualquer um dos três arquivos 'standard' predefinidos pelo sistema operacional (leitura, gravação e saída de erro). Cada uma delas pode ser tratada como um ponteiro para uma estrutura **FILE**:

```
FILE *stdin;
FILE *stdout;
FILE *stderr;
```

Por padrão, a leitura é do teclado, a gravação e a saída de erro são do vídeo.

Ponteiro	Stream
stdin	Entrada padrão (teclado)
stdout	Saída padrão (vídeo)
stderr	Saída de erro (vídeo)

Esses ponteiros são constantes; seus valores não podem ser alterados, mas podem ser usados como argumentos de funções. Algumas funções, como **getchar** e **putchar**, usam **stdin** e **stdout** automaticamente.

Você pode usar os ponteiros **FILE** definidos em **stdio.h** para acessar os arquivos de entrada e saída padrão. Como exemplo, a instrução:

```
fgets(string, 80, stdin);
```

lê uma cadeia de caracteres do teclado.
A instrução:

```
fputs(string, stdout);
```

imprimirá string no vídeo.

Gravando estruturas em disco

Se o arquivo conterá estruturas, gostaríamos de gravar ou ler uma por vez. Para gravar ou ler estruturas, utilizaremos as mesmas funções do exemplo anterior, **fread()** e **fwrite()**. Criaremos um programa para gravar registros de livros de uma biblioteca. Eis a listagem:

```c
/* gravalivros.c */
/* Grava estruturas em disco */
#include <stdio.h>  /* Define FILE */
#include <stdlib.h>
#include <conio.h>  /* Para getch() */

typedef struct Livro
{
   char Titulo[50];
   char Autor[50];
   short NumReg;
   double Preco;
} Livro;

Livro GetLivro()
{
   Livro livro;
   printf("\n\tDigite o título: ");
   gets(livro.Titulo);
   printf("\tDigite o nome do autor: ");
   gets(livro.Autor);
   printf("\tDigite o número do registro: ");
   scanf("%hd",&livro.NumReg);
   printf("\tDigite o preço: ");
   scanf("%lf", &livro.Preco);
   rewind(stdin);
   return livro;
}
```

```c
int main()
{
Livro livro;
char resp;
FILE *fptr; /* Ponteiro para arquivo */

if((fptr = fopen("Livros.Dat","wb"))==NULL) exit(1);

do
{
     livro = GetLivro();
     if(fwrite(&livro,sizeof(Livro),1,fptr)!=1) break;
     printf("Mais um livro (s/n)? ");
     resp = getche();
}while(resp != 'n' && resp != 'N');

fclose(fptr);
system("pause");
return 0;
}
```

Eis uma execução do programa:

```
Digite o título: O Cortiço
Digite o nome do autor: Aluísio Azevedo
Digite o número do registro: 543
Digite o preço: 14.90
    Mais um livro (s/n)? s
Digite o título: O primo Basílio
Digite o nome do autor: Eça de Queirós
Digite o número do registro: 277
Digite o preço: 39.90
    Mais um livro (s/n)? s
Digite o título: Dom Casmurro
Digite o nome do autor: Machado de Assis
Digite o número do registro: 870
Digite o preço: 19.90
    Mais um livro (s/n)? s
Digite o título: A hora da estrela
Digite o nome do autor: Clarice Lispector
Digite o número do registro: 551
Digite o preço: 16.30
    Mais um livro (s/n)? n
```

A função **GetLivro()** cria a variável **livro** e solicita ao usuário a entrada das informações de um livro. Após a inserção de todos os membros na variável, **livro** é retornada para **main()** que a grava no arquivo **livros.dat** por meio do método **fwrite()**; é perguntado ao usuário se ele deseja inserir mais um livro.

A função rewind()

Usamos essa função em **GetLivro()** para limpar alguma sobra de bytes no teclado antes da próxima leitura. Seu protótipo é o seguinte:

```
void rewind(FILE *stream);
```

Essa função reposiciona o indicador de posição de arquivo no início do arquivo especificado pelo argumento.

A instrução:

```
rewind(stdin);
```

usa o ponteiro **FILE stdin** associado ao teclado.
O trecho a seguir mostra outro exemplo:

```
char ch,ch1;
fprintf(stdout,"digite um caractere ");
fscanf(stdin,"%c",&ch);
rewind(stdin);
fscanf(stdin,"%c", &ch1);
fprintf(stdout,"%c%c\n",ch,ch1);
```

LENDO ESTRUTURAS DO DISCO

O programa seguinte lê os objetos gravados pelo programa anterior.

```
/* lelivros.c */
/* Lê estruturas do disco */
#include <stdio.h> /* Define FILE */
#include <stdlib.h>
#include <conio.h> /* Para getch() */

typedef struct Livro
{
   char Titulo[50];
   char Autor[50];
   short NumReg;
   double Preco;
} Livro;

void PrintLivro(Livro livro)
{
    printf("\n\tTítulo: %s\n", livro.Titulo);
    printf("\tAutor : %s\n", livro.Autor);
    printf("\tNo.Reg: %hd\n", livro.NumReg);
    printf("\tPreço : %.2lf\n", livro.Preco);
}
```

```c
int main()
{
   Livro livro;
   char resp;
   FILE *fptr; /* Ponteiro para arquivo */

   if((fptr = fopen("Livros.Dat","rb"))==NULL) exit(1);

   while(fread(&livro, sizeof(Livro),1,fptr)==1)
        PrintLivro(livro);

   fclose(fptr);
   system("pause");
   return 0;

}
```

Eis a execução do programa:

```
Título: O Cortiço
Autor : Aluísio Azevedo
No.Reg: 543
Preço : 14.90

Título: O primo Basílio
Autor : Eça de Queirós
No.Reg: 277
Preço : 39.90

Título: Dom Casmurro
Autor : Machado de Assis
No.Reg: 870
Preço : 19.90

Título: A hora da estrela
Autor : Clarice Lispector
No.Reg: 551
Preço : 16.30
```

Para que os programas de leitura e gravação de objetos trabalhem corretamente é necessário que a seção de dados seja a mesma tanto na leitura como na gravação.

As variáveis do tipo **Livro** dos nossos exemplos têm exatamente 110 bytes de tamanho, sendo que os primeiros 50 são ocupados por uma cadeia de caracteres que representam o título de um livro, os próximos 50 representam o nome do autor, os outros dois, o número do registro do livro, e os últimos oito, o preço do livro.

GRAVANDO E LENDO DE UM MESMO ARQUIVO

O nosso próximo programa trabalha no mesmo arquivo tanto para gravação como para leitura. O programa adiciona quantos livros o usuário desejar e depois lê e imprime o conteúdo total do arquivo. Eis a listagem:

```c
/* gravalelivros.c */
/* Grava e lê estruturas em disco */
#include <stdio.h>  /* Define FILE */
#include <stdlib.h>
#include <conio.h>  /* Para getch() */

typedef struct Livro
{
   char Titulo[50];
   char Autor[50];
   short NumReg;
   double Preco;
}Livro;

Livro GetLivro()
{
   Livro livro;
   printf("\n\tDigite o título: ");
   gets(livro.Titulo);
   printf("\tDigite o nome do autor: ");
   gets(livro.Autor);
   printf("\tDigite o número do registro: ");
   scanf("%hd",&livro.NumReg);
   printf("\tDigite o preço: ");
   scanf("%lf", &livro.Preco);
   rewind(stdin);
   return livro;
}

void PrintLivro(Livro livro)
{
    printf("\n\tTítulo: %s\n", livro.Titulo);
    printf("\tAutor : %s\n", livro.Autor);
    printf("\tNo.Reg: %hd\n", livro.NumReg);
    printf("\tPreço : %.2lf\n", livro.Preco);
}

int main()
{
   Livro livro;
   char resp;
   FILE *fptr; /* Ponteiro para arquivo */

   /* Abre arquivo p/ leitura e gravação. Adiciona dados no final */
   if((fptr = fopen("livros.dat","ab+"))==NULL) exit(1);

   do
   {
        livro = GetLivro();
        if(fwrite(&livro,sizeof(Livro),1,fptr)!=1) break;
        printf("Mais um livro (s/n)? ");
        resp = getche();
   }while(resp != 'n' && resp != 'N');
```

```c
        fflush(fptr); /* Esvazia o conteúdo do buffer de saída */
        fseek(fptr,0,0); /* Coloca o ponteiro no início do arquivo */

        puts("\n\nLISTA DE LIVROS DO ARQUIVO");
        puts("===========================");

        while(fread(&livro, sizeof(Livro),1,fptr)==1) PrintLivro(livro);
        fclose(fptr);
        system("pause");
        return 0;
}
```

Eis um exemplo de uso:

```
Digite o título: Helena
Digite o nome do autor: Machado de Assis
Digite o número do registro: 102
Digite o preço: 70.5
   Mais um livro (s/n)? s
Digite o título: Iracema
Digite o nome do autor: José de Alencar
Digite o número do registro: 321
Digite o preço: 63.25
   Mais um livro (s/n)? s
Digite o título: Macunaíma
Digite o nome do autor: Mário de Andrade
Digite o número do registro: 156
Digite o preço: 73.30
   Mais um livro (s/n)? n

LISTA DE LIVROS DO ARQUIVO
===========================

Título: O Cortiço
Autor : Aluísio Azevedo
No.Reg: 543
Preço : 14.90

Título: O primo Basílio
Autor : Eça de Queirós
No.Reg: 277
Preço : 39.90

Título: Dom Casmurro
Autor : Machado de Assis
No.Reg: 870
Preço : 19.90

Título: A hora da estrela
Autor : Clarice Lispector
No.Reg: 551
Preço : 16.30

Título: Helena
Autor : Machado de Assis
```

```
No.Reg: 102
Preço : 70.5

Título: Iracema
Autor : José de Alencar
No.Reg: 321
Preço : 63.25

Título: Macunaíma
Autor : Mário de Andrade
No.Reg: 156
Preço : 73.3
```

A primeira novidade nesse programa é o modo usado para abrir o arquivo. A instrução:

```
fptr = fopen("livros.dat","ab+")
```

abre o arquivo para leitura e gravação. Usamos **a** para preservar as estruturas que já existem no arquivo e acrescentar novas ao final dele. Se o arquivo não existir, será criado. Usamos **+** pois queremos executar as duas operações: de gravação e de leitura. Usamos **b** para trabalhar em modo binário.

O programa grava uma estrutura por vez usando a função **fwrite()**. Após o término da gravação das estruturas digitadas, desejamos ler o arquivo inteiro e imprimir seus dados. Antes da leitura, esvaziamos o *buffer* de saída por meio da instrução:

```
fflush(fptr); /* Esvazia o conteúdo do buffer de saída */
```

A FUNÇÃO fflush()

A função **fflush()** grava o conteúdo de qualquer dado existente no *buffer* para o arquivo associado ao ponteiro que recebe como argumento. Retorna 0 para indicar sucesso, caso contrário, retorna **EOF**.

```
int fflush(FILE *fp);
```

Após esvaziar o *buffer*, devemos modificar a posição corrente do arquivo para o seu início. Fazemos isso na instrução:

```
fseek(fptr,0,0); /* Coloca o ponteiro no início do arquivo */
```

A FUNÇÃO fseek()

Para que você possa compreender como esse programa trabalha, é necessário familiarizar-se com o conceito de ponteiros para arquivos.

Um ponteiro para um arquivo aponta para um byte particular chamado *posição atual*. Todas as funções que mostramos neste capítulo precisam conhecer o ponteiro para o arquivo que desejamos manipular. A cada tempo em que gravamos ou lemos qualquer coisa no arquivo, o ponteiro é movido para o fim dessa coisa e a próxima leitura ou gravação começará nesse ponto.

Quando o arquivo é aberto, o ponteiro é fixado em seu primeiro byte; então, se quisermos ler ou gravar nele estaremos no seu início.

Se abrirmos o arquivo usando a opção **a** (append), o seu ponteiro será posicionado no fim do arquivo.

A função **fseek()** permite movimentar a posição corrente de leitura e gravação do arquivo para uma posição escolhida. A instrução:

```
fseek(fptr,0,0);
```

fixa o ponteiro no primeiro byte do arquivo. Como a leitura do nosso arquivo deve começar no seu início, queremos deslocar 0 byte a partir do início do arquivo.

A função **fseek()** aceita três argumentos.

O primeiro é o ponteiro para a estrutura **FILE** do arquivo. Após a chamada a **fseek()**, esse ponteiro será movimentado para a posição que desejarmos.

O segundo argumento é chamado *deslocamento*, e consiste no número de bytes que desejamos deslocar a partir da posição especificada pelo terceiro argumento.

O terceiro argumento chama-se *posição*. Existem três possibilidades para esse número, as quais determinam de onde o deslocamento começará a ser medido, a saber:

Posição	Significado
0	Início do arquivo
1	Posição atual
2	Fim do arquivo

A FUNÇÃO ftell()

A função **ftell()** retorna a posição corrente do ponteiro de um arquivo (em bytes), sempre a partir do início do arquivo. Essa função aceita um único argumento, que é o ponteiro para a estrutura **FILE** do arquivo, e retorna um valor do tipo **long**, que representa o número de bytes do começo do arquivo até a posição atual.

A função **ftell()** pode não retornar o número exato de bytes se for usada com arquivos em modo texto. Lembre-se de que, em modo texto, a combinação CR/LF é representada por um único caractere em C.

CALCULANDO O NÚMERO DE REGISTROS DO ARQUIVO

Para mostrar o uso das funções **fseek()** e **ftell()**, escreveremos um programa que calcula o número de registros do arquivo. O programa pergunta para o usuário qual é o número do registro que ele quer ver, procura os dados do registro escolhido no arquivo e imprime o seu conteúdo. Veja a listagem:

```c
/* fileseek.c */
/* Mostra o uso de fseek() e ftell() */
#include <stdio.h> /* Define FILE */
#include <stdlib.h>
#include <conio.h> /* Para getch() */

typedef struct Livro
{
      char Titulo[50];
      char Autor[50];
      short NumReg;
      double Preco;
}Livro;


void PrintLivro(Livro livro)
{
   printf("\n\tTítulo: %s\n", livro.Titulo);
   printf("\tAutor : %s\n", livro.Autor);
   printf("\tNo.Reg: %hd\n", livro.NumReg);
   printf("\tPreço : %.2lf\n", livro.Preco);
}

int main()
{
   Livro livro;
         char resp;
   FILE *fptr; /* Ponteiro para arquivo */
   long nrec, rec, posicao;

   if((fptr = fopen("livros.dat","rb"))==NULL) exit(1);

   fseek(fptr,0,2);

   nrec = ftell(fptr)/sizeof(Livro);
   printf("O número de registros é %ld\n", nrec);

   puts("Insira o número do registro: ");
   scanf("%ld", &rec);
   if(rec > 0 && rec <= nrec)
   {
        posicao = (nrec-1) * sizeof(Livro);
        fseek(fptr,posicao,0);/* Posiciona no registro desejado */
        fread(&livro, sizeof(Livro),1,fptr);
        PrintLivro(livro);
        fclose(fptr);
   } else
        puts("Registro não existe");

   system("pause");
   return 0;
}
```

Observe que o número de registros começa em 1 para o usuário e em 0 para o programa. Assim, na instrução:

```
posicao = (nrec-1) * sizeof(Livro);
```

corrigimos a diferença.

IMPRIMINDO NA IMPRESSORA

Imprimir dados na impressora é exatamente a mesma coisa que gravar dados num arquivo em disco. O sistema operacional define o nome de alguns periféricos ligados ao computador. Qualquer um deles pode ser usado em nossos programas como nomes de arquivos. A tabela seguinte descreve estes nomes:

Nome	Descrição
COM	Console (teclado e vídeo).
AUX ou COM1	Primeira porta serial.
COM2	Segunda porta serial.
PRN ou LPT1	Primeira impressora paralela.
LPT2	Segunda impressora paralela.
LPT3	Terceira impressora paralela.
NULL	Periférico inexistente.

O programa seguinte usa o nome **PRN** para abrir a primeira impressora paralela e imprime nela o conteúdo do arquivo especificado na linha de comando.

```
/* fileprint.c */
/* Imprime esse arquivo na impressora */
#include <stdio.h> /* Define FILE */
#include <stdlib.h>

int main()
{
    char buff[80];
    FILE *fptr, *fprn; /* Ponteiro para arquivo */

    if((fptr = fopen("FilePrint.C","r"))==NULL)
    {
        puts("Arquivo fileprint.c não foi encontrado");
        exit(1);
    }
```

```
    if((fprn = fopen("PRN","w"))==NULL) /* Abre arquivo impressora */
        {
            puts("Impressora indisponível.");
            exit(1);
        }

    while(!feof(fptr))
        {
            fgets(buff,80,fptr); /* Lê uma linha de texto */
            fputs(buff,fprn);    /* Imprime na impressora */
        }
    fclose(fptr);
    fclose(fprn);
    system("pause");
    return 0;
}
```

CONDIÇÕES DE ERRO

Na maioria dos casos, se um arquivo for aberto com sucesso, poderemos ler ou gravar nele. Existem situações, entretanto, em que isso não acontece.

Um problema de hardware pode ocorrer enquanto a leitura ou gravação estiver sendo executada; o espaço final em disco, enquanto gravamos, pode ser insuficiente ou pode ocorrer qualquer outro problema.

Em nossos programas, assumimos que semelhantes erros de leitura e gravação não ocorrem. Mas em situações reais, como programas em que a integridade dos dados é crítica, pode ser desejável a verificação explícita de erros.

Várias funções de E/S não retornam um erro explícito. Por exemplo, se **fputc()** retornar um **EOF**, isso pode indicar tanto um **EOF** como um erro.

Para determinar se um erro ocorreu, podemos usar a função **ferror()**. Tal função retorna verdadeiro se tiver ocorrido um erro durante a última operação no arquivo ou, caso contrário, retorna zero (falso). O seu único argumento é um ponteiro **file**.

```
int ferror(FILE *fp)
```

Outra função útil em conjunto com **ferror()** é **perror()**. Seu único argumento é uma mensagem de erro que indica em que parte do programa ocorreu o erro.

```
void perror(const char *string);
```

A mensagem é impressa seguida de vírgula e da mensagem de erro do sistema.

Se um arquivo foi aberto para gravação, podemos implementar o seguinte trecho de código:

```
if(ferror(fptr))
    {   /* Verifica erro */
        perror("Erro de gravação: ");
        fclose(fptr);
        exit(1);
    }
```

Se, por exemplo, for detectado um erro de disco, **ferror()** retornará um valor verdadeiro (não zero) e **perror()** imprimirá a seguinte mensagem:

```
Erro de gravação: Bad data
```

A primeira parte da mensagem é fornecida pelo programa, e a segunda, pelo sistema operacional.

Mensagens de erros explícitas podem ser informativas para o usuário e para o programador durante o desenvolvimento do programa.

Neste ponto, completamos a exploração da leitura e gravação em *alto-nível*; agora, vamos para o segundo tipo de leitura e gravação em C: baixo-nível.

LEITURA E GRAVAÇÃO EM *BAIXO-NÍVEL*

A leitura e gravação em *baixo-nível* oferece somente duas funções: **read()** e **write()**.

Em baixo-nível, os dados não podem ser lidos ou gravados como caracteres individuais, strings ou formatados como em *alto-nível*. Existe somente um modo de ler e gravar dados: por meio de um *buffer* cheio de dados.

Gravar ou ler um *buffer* completo de dados se assemelha à maneira de ler e gravar blocos de bytes em *alto-nível* ou também chamado leitura e gravação bufferizada. Entretanto, a leitura e gravação não bufferizada, ou *baixo-nível*, obriga o programador a criar e manter o buffer de dados. As funções não farão essa manutenção.

Há algumas vantagens em usar o modo não bufferizado, pois possibilita a criação de funções menores e mais rápidas. As funções de *alto-nível* foram criadas usando as funções de *baixo-nível*.

Baixo-nível é o método básico de leitura e gravação, então, as funções de *baixo-nível* são usadas para a criação de funções de *alto-nível*.

As funções de *baixo-nível* podem acessar os arquivos de entrada padrão, saída padrão e a saída de erros usando os seguintes descritores de arquivos:

Arquivo	Identificador
stdin	0
stdout	1
stderr	2

IMPRIMINDO NO VÍDEO E LENDO DO TECLADO EM *BAIXO-NÍVEL*

```
/* leimppadrao.c */
/* Lê de stdin e imprime em stdout usando baixo-nível */
#include <io.h>     /* Para read() e write() */
#include <stdlib.h> /* Para system() */
#include <string.h> /* Para strlen() */
```

```
int main()
{
    char *str="Digite o nome seu nome: ";
    char nome[80];
    int BytesLidos;

    write(1,str,strlen(str)); /* Imprime em stdout */

    BytesLidos=read(0,nome,80); /* Lê de stdin */

    nome[BytesLidos + 1]='\0';

    str="Seu nome é ";
    write(1,str,strlen(str)); /* Imprime em stdout */
    write(1,nome,strlen(nome));
    system("pause");
    return 0;
}
```

A FUNÇÃO write()

A função **write()** recebe três argumentos: o descritor do arquivo no qual iremos gravar, o endereço do início do *buffer* que queremos gravar e o número de bytes a serem gravados. Nosso programa grava no arquivo **stdout** (vídeo) por meio da instrução:

```
write(1,str,strlen(str)); /* Imprime em stdout */
```

A função **write()** retorna o número de bytes realmente gravados.

A FUNÇÃO read()

A função **read()** recebe três argumentos: o descritor do arquivo do qual queremos ler, o endereço do início do buffer em que queremos colocar os dados lidos e o número máximo de bytes a serem lidos. Nosso programa lê do arquivo **stdin** (teclado) por meio da instrução:

```
BytesLidos=read(0,nome,80); /* Lê de stdin */
```

A função **read()** retorna o número de bytes realmente lidos. Esse é um número importante, visto que pode muito bem ser menor que o número de bytes especificado no terceiro argumento. Precisamos saber justamente quanto foi lido antes de podermos fazer qualquer coisa com seu conteúdo. Atribuímos esse número à variável **BytesLidos**. O caractere **\0** não é adicionado, fazemos isso na instrução seguinte:

```
nome[BytesLidos + 1]='\0';
```

Lendo em BAIXO-NÍVEL de arquivos em disco

O nosso primeiro exemplo é um programa que abre e lê um arquivo em disco e, em seguida, imprime-o no vídeo. Usaremos o arquivo informado na linha de comandos:

```c
/* learq.c */
/* Lê e imprime arquivo usando baixo-nível */
#include <io.h> /* Para read() e write() */
#include <stdlib.h> /* Para exit() */
#include <string.h> /* Para strlen() */
#include <fcntl.h> /* Necessário para flags */
#define TAMBUFF 1024 /* Tamanho do buffer */
char buff[TAMBUFF + 1];

int main(int argc, char **argv)
{
    char *str="Erro: Digite o nome do arquivo na linha de comandos\n";
    int fd, BytesLidos;

    if(argc !=2)
    {
        write(1,str,strlen(str)); /* Imprime em stdout */
        exit(1) ;
    }

    if((fd = open(argv[1], O_RDONLY | O_BINARY)) < 0)
    {
        str = "Arquivo não existe!";
        write(1,str,strlen(str)); /* Imprime em stdout */
        exit(1);
    }

    while((BytesLidos = read(fd,buff,TAMBUFF)) > 0)
    {
        buff[BytesLidos + 1] = '\0';
        write(1,buff,strlen(buff));
    }
    close(fd);
    return 0;
}
```

Fixando o tamanho do BUFFER

Em *baixo-nível*, nossos programas devem manter a área de memória em que os dados lidos do arquivo serão colocados. Essa área de memória é chamada de *buffer*. As instruções para criar o *buffer* de caracteres são:

```c
#define TAMBUFF 1024 /* Tamanho do buffer */
char buff[TAMBUFF + 1];
```

O tamanho do *buffer* é importante para uma operação eficiente. Dependendo do sistema operacional, *buffers* de certos tamanhos são manuseados de modo mais eficiente que outros. Geralmente, o tamanho ótimo de *buffer* é múltiplo de 512 bytes. Portanto 512, 1.024, 2.048 ou 4.096 podem ser usados.

A FUNÇÃO open()

Antes de poder acessar um arquivo em *baixo-nível*, você deve abri-lo usando a função **open()**. Sua sintaxe é a seguinte:

```
int open(const char *NomeArq, int flags [,permissao]);
```

Seu primeiro argumento é o nome completo (com o caminho) do arquivo que queremos abrir.

Já o segundo argumento indica o modo em que o arquivo será acessado. Cada modo é indicado por uma constante chamada **flag**, cujo valor está definido no arquivo **fcntl.h**. Para informar as nossas opções entre as possibilidades de abertura do arquivo (leitura, gravação, modo texto, modo binário) devemos combinar múltiplos **flags** por meio do operador **OR** (|) bit-a-bit. A tabela seguinte descreve essas combinações de **flags**:

Flag	Significado
O_APPEND	Posiciona o ponteiro de arquivo no fim dele.
O_CREAT	Cria o arquivo, caso não exista.
O_RDONLY	Abre o arquivo somente para leitura.
O_WRONLY	Abre o arquivo somente para gravação.
O_RDWR	Abre o arquivo somente para leitura e gravação.
O_TRUNC	Abre e trunca o conteúdo de um arquivo existente para o tamanho zero.
O_BINARY	Abre arquivo no modo binário.
O_TEXT	Abre arquivo no modo texto.

Algumas das possibilidades listadas são mutuamente exclusivas, por exemplo, você não pode abrir o arquivo para somente-leitura e somente-gravação ao mesmo tempo.

O terceiro argumento é requerido somente quando **O_CREAT** é especificado. Se o arquivo já existir, esse argumento é ignorado. Caso contrário, especifica os **flags** de permissão que serão selecionados quando o novo arquivo for gravado pela primeira vez. Quando abrimos um arquivo com **open()**, as permissões selecionadas na criação do arquivo são aplicadas. Essas permissões estão definidas no arquivo **sys\stat.h**.

- S_IREAD: Permissão somente para leitura.
- S_IWRITE: Permissão para gravação.
- S_IREAD | S_IWRITE: Permissão para leitura e gravação.

O DESCRITOR DE ARQUIVO

Observe que o arquivo **stdio.h**, que era necessário em *alto-nível*, não o é aqui. Ao contrário de arquivos em *alto-nível* que usam um ponteiro **file** para a comunicação entre o sistema operacional e o seu arquivo, em *baixo-nível* requer-se um *descritor de arquivo*.

Se tudo ocorrer com sucesso, a função **open()** retornará um número inteiro chamado *descritor de arquivo*. Caso ocorra um erro, retornará −1 e definirá a variável global **errno** com um dos seguintes valores:

- EACCES: Permissão de acesso negada
- EEXIST: Arquivo já existe
- EINVAL: Código de acesso (**flags**) inválido
- EMFILE: Arquivos demais abertos
- ENOENT: Arquivo não existe

LENDO COM read()

Nosso arquivo foi aberto para leitura em binário. Depois de aberto, o programa lê seus dados por meio da instrução:

```
while((BytesLidos = read(fd,buff,TAMBUFF)) > 0)
{
    buff[BytesLidos + 1] = '\0';
    write(1,buff,strlen(buff));
}
```

O programa coloca as informações contidas no arquivo na matriz **buff[ ]**. Após cada leitura, adicionamos o caractere zero na matriz e imprimimos o seu conteúdo no vídeo.

A FUNÇÃO close()

Usamos **close()** para fechar o arquivo, liberando, assim, as áreas de comunicação para serem usadas por outros arquivos. A função **close()** é chamada com um único argumento: o descritor do arquivo.

MENSAGENS DE ERROS

Podemos usar a função **perror()** para verificar o tipo de erro ocorrido:

```
if((fd = open(argv[1], O_RDONLY | O_BINARY)) < 0)
{
   perror("Não foi possível abrir o arquivo para leitura!");
   exit(1);
}
```

A FUNÇÃO lseek()

Nossos exemplos acessam arquivos para leitura e gravação de modo seqüencial, usando as técnicas de *baixo-nível*. Programas mais sofisticados precisam ser capazes de ler e gravar arquivos de modo aleatório.

A função **lseek()** é semelhante à função **fseek()**, que permite movimentar a posição corrente de leitura e gravação do arquivo para uma posição escolhida.

```
long lseek(int fd, long deslocamento, int posição);
```

A função **lseek()** aceita três argumentos. O primeiro argumento é o descritor do arquivo. O segundo é o número de bytes que desejamos deslocar a partir da posição especificada pelo terceiro argumento; e este, por sua vez, é chamado posição. Existem três possibilidades para esse número que determinam de onde o deslocamento começará a ser medido.

Posição	Significado
0	Início do arquivo
1	Posição atual
2	Fim do arquivo

A FUNÇÃO tell()

A função **tell()** retorna a posição corrente de um arquivo (em bytes), sempre a partir do início do arquivo. Essa função aceita um único argumento — o descritor do arquivo — e retorna um valor do tipo **long**, que representa o número de bytes do começo do arquivo até a posição atual.

```
long _tell(int fd);
```

OPERANDO COM *BUFFERS*

A técnica de guardar o conteúdo de um arquivo em um *buffer* proporciona várias vantagens. Por exemplo, podemos executar várias operações nos dados do *buffer* sem ter de acessar o arquivo novamente. A biblioteca C oferece algumas funções com a finalidade de otimizar operações em dados bufferizados.

Nosso próximo exemplo ilustra o uso destas funções.

O programa procura uma palavra, fornecida pelo usuário na linha de comandos, em um arquivo-texto em disco.

```c
/* procura.c */
/* Procura frase no arquivo usando baixo-nível */
#include <io.h> /* Para read() e write() */
#include <stdlib.h> /* Para exit() */
#include <string.h> /* Para strlen() e memchr() */
#include <fcntl.h> /* Necessário para flags */
#include <stdio.h> /* Para NULL etc.*/

#define TAMBUFF 1024 /* Tamanho do buffer */
char buff[TAMBUFF];

/* procura() */
/* Procura frase no buffer */
void procura(char *frase, int tambuf)
{
   char *ptr,*p;
   ptr = buff;
   while((ptr = memchr(ptr,frase[0],tambuf)) != NULL)
         if(memcmp(ptr,frase,strlen(frase)) == 0)
         {
                puts("Primeira ocorrência da frase: ");
                for(p = ptr- 100;p < ptr+100; p++)
                    putchar(*p);
                exit(1);
         } else
                ptr++;
}

int main(int argc, char **argv)
{
   char *str="Formato: Procura NomeArq.xxx frase\n";
   int fd, BytesLidos;

   if(argc != 3)
   {
         write(1,str,strlen(str)); /* Imprime em stdout */
         exit(1) ;
   }

   if((fd = open(argv[1], O_RDONLY)) < 0)
   {
         str = "Arquivo não existe!";
         write(1,str,strlen(str)); /* Imprime em stdout */
         exit(1);
   }

   while((BytesLidos = read(fd,buff,TAMBUFF)) > 0)
         procura(argv[2],BytesLidos);
   close(fd);
   str = "Frase nao encontrada\n";
   write(1,str,strlen(str)); /* Imprime em stdout */
   return 0;
}
```

O programa requer que o usuário digite três argumentos na linha de comando: o nome do programa, o nome do arquivo em que quer procurar e a frase a ser procurada. A frase, na verdade, é uma única palavra, mas o programa pode ser modificado para aceitar uma frase, desde que se concatenem os argumentos da linha de comando que a representam.

O programa procura a primeira ocorrência da frase. Para mostrar onde a frase se encontra no arquivo, são impressos 100 caracteres de cada lado da frase.

O nosso arquivo é aberto em modo texto, que é o modo padrão e não necessita ser especificado.

Funções para manipulação de BUFFERS: memchr() e memcmp()

A função **procura()** chama duas funções de manipulação de *buffer*. A primeira delas é **memchr()**. Esta função procura no *buffer* por um caractere específico.

```
ptr = memchr(ptr,frase[0],tambuf)
```

Esta instrução mostra os três argumentos necessários para a chamada a **memchr()**. O primeiro argumento é o endereço do *buffer* onde queremos procurar. O segundo, é o caractere a ser procurado, neste caso o primeiro caractere da frase que o usuário digitou na linha de comandos (argv[2]). O terceiro parâmetro é o tamanho do *buffer* a ser procurado.

A função **memchr()** retorna NULL, se não tiver encontrado o caractere; caso contrário, retorna um ponteiro para o caractere no buffer. Aqui, o ponteiro é atribuído à variável ptr.

A função **procura()** executa então um comando **if** para verificar se o caractere marca, de fato, o começo da frase. Esta comparação é executada pela função **memcmp()**, na expressão:

```
if(memcmp(ptr,frase,strlen(frase)) == 0)
```

Esta função também recebe três argumentos: o ponteiro para o lugar do *buffer* onde a comparação deve começar, o endereço da frase a ser comparada e o comprimento da frase. A função compara, então, a frase com os caracteres do *buffer* e, se for igual, retorna 0.

Se a frase for encontrada, **procura()** imprime caracteres dos dois lados da frase e termina. Caso contrário, o processo é repetido.

As funções de manipulação de *buffer* requerem que o arquivo **string.h** seja inserido no programa.

Gravando arquivos em BAIXO-NÍVEL

Gravar arquivos em *baixo-nível* é um pouco mais complicado que ler arquivos.

Como exemplo, escreveremos um programa que copia um arquivo em outro, isto é, que imita o comando COPY da console.

O usuário digita na linha de comandos o nome do arquivo origem, que deve existir em disco, e o nome do arquivo destino, que será criado.

```
C>fcopy origem.txt dest.txt
```

Visto que os arquivos são abertos em modo binário, qualquer arquivo pode ser copiado: tanto arquivos-texto como programas executáveis, ou arquivos em binário.

```c
/* fcopy.c */
/* Copia um arquivo em outro, usando baixo-nível */
#include <io.h> /* Para read() e write() */
#include <stdlib.h> /* Para exit() */
#include <string.h> /* Para strlen() e memchr() */
#include <fcntl.h> /* Necessário para flags */
#include <sys\stat.h> /* Para permissão */

#define TAMBUFF 1024 /* Tamanho do buffer */
char buff[TAMBUFF];

int main(int argc, char **argv)
{
   int fdOrigem, fdDest, BytesLidos;
   char *str="Formato: Fcopy ArqOrigem.xxx ArqDest.xxx\n";

   if(argc != 3)
   {
        write(1,str,strlen(str)); /* Imprime em stdout */
        exit(1) ;
   }
   if((fdOrigem = open(argv[1], O_RDONLY | O_BINARY)) < 0)
   {
        str = "Arquivo não existe!";
        write(1,str,strlen(str)); /* Imprime em stdout */
        exit(1);
   }
   if((fdDest = open(argv[2], O_CREAT | O_TRUNC | O_WRONLY |
        O_BINARY , S_IWRITE))< 0)
   {
        str = "Nao posso abrir o arquivo de gravação.";
        write(1,str,strlen(str)); /* Imprime em stdout */
        exit(1);
   }
   while((BytesLidos = read(fdOrigem,buff,TAMBUFF)) > 0)
        write(fdDest,buff,BytesLidos);
   close(fdOrigem);
   close(fdDest);
   return 0;
}
```

Dois arquivos são abertos. Um é aquele do qual leremos, e o outro é arquivo que será criado e gravado. Seus descritores são, respectivamente, as variáveis **fdOrigem** e **fdDest**.

A expressão que abre o arquivo origem é familiar, mas a que abre o arquivo destino tem aspecto diferente.

```
if((fdDest = open(argv[2], O_CREAT | O_TRUNC | O_WRONLY |
        O_BINARY , S_IWRITE))< 0)
```

Para criar um novo arquivo, usamos o **flag O_CREAT**. Desse modo, a função **open()** requer um terceiro argumento, a permissão. Queremos a permissão para gravar, assim, usamos **S_IWRITE**.

Quando usar o quê?

Pela multiplicidade de funções oferecidas para acessar arquivos em C, é, às vezes, difícil saber que método usar.

Leitura e gravação em alto-nível é, provavelmente, o mais valioso quando manuseamos dados como caracteres, strings ou formatados, como em **printf()**.

Leitura e gravação em baixo-nível é o método mais natural em situações em que blocos de dados são trabalhados, como matrizes, por exemplo.

Em muitos casos, alto-nível é mais fácil de programar, enquanto baixo-nível gera um código mais eficiente em termos de rapidez e tamanho de código executável.

É importante não misturar funções de alto-nível com funções de baixo-nível. Se um arquivo foi aberto com **fopen()**, não use **read()** ou **write()** com ele e vice-versa, porque, enquanto baixo-nível é usado para ler ou gravar blocos de dados, **fread()** e **fwrite()** são usadas em arquivos que são trabalhados por outras funções de alto-nível.

Modo texto é usado quando o arquivo contém texto; e modo binário, quando o arquivo pode conter números e outros códigos ASCII. Isso evita problemas de transformação errada de dados numéricos.

Revisão

1. A palavra *arquivo* indica "fluxo de bytes" (stream). Todo lugar que pode receber bytes ou transferir bytes de ou para a memória do computador é chamado *arquivo*.

2. Arquivos podem ser manipulados por meio de dois grandes grupos de funções: *alto-nível*, ou bufferizadas, e *baixo-nível*, ou não bufferizadas.

3. A função **fopen()** retorna um ponteiro do tipo **FILE** que aponta para a localização na memória da estrutura **FILE** criada. Esse ponteiro deverá ser usado como argumento em todas as funções de acesso ao arquivo.

4. As funções **fputc()** e **fgetc()** podem gravar e ler um caractere de cada vez. Essas funções são análogas às funções **putc()** e **getc()**.

5. As funções **fputs()** e **fgets()** podem gravar ou ler linha a linha, como strings.

6. Com as funções **fprintf()** e **fscanf()**, dados são gravados ou lidos de modo formatado.

7. Os modos de abertura de arquivos são: **"r"**, **"w"** e **"a"**. A eles podemos adicionar o sinal de **+** ou a letra **"b"**, que indicam, respectivamente, ler/gravar e binário.

8. Arquivos em C podem ser manipulados em modo texto ou em modo binário.

9. As funções **fwrite()** e **fread()** são apropriadas para o processo de gravação e leitura de matrizes de bytes ou estruturas.

10. Os ponteiros de arquivos **stdin**, **stdout** e **stderr** representam, respectivamente, a entrada padrão (teclado), a saída padrão (vídeo) e a saída de erros (vídeo).

11. A função **rewind()** reposiciona o indicador de posição de arquivo no início do arquivo.

12. A função **fflush()** grava o conteúdo de qualquer dado existente no *buffer* para o arquivo.

13. A função **fseek()** permite movimentar a posição corrente de leitura e gravação do arquivo para uma posição escolhida.

14. A função **ftell()** retorna a posição corrente do ponteiro de um arquivo (em bytes), sempre a partir do início do arquivo.

15. Para detectar e sanar erros usamos as funções **ferror()** e **perror()**.

16. O acesso a arquivos em baixo-nível é o método básico de leitura e gravação, e é usado para a criação de funções para acesso em alto-nível.

17. A leitura e gravação em baixo-nível oferece somente duas funções: **read()** e **write()**.

18. Para trabalhar em baixo-nível abrimos o arquivo com a função **open()**. Esta retorna um número inteiro chamado *descritor de arquivo*, que será usado em todas as funções de acesso em baixo-nível.

19. A função **lseek()** permite movimentar a posição corrente de leitura e gravação do arquivo para uma posição escolhida.

20. A função **tell()** retorna a posição corrente de um arquivo (em bytes), sempre a partir do início do arquivo.

Exercícios

1. Os dois principais sistemas de leitura e gravação em linguagem C são: leitura e gravação em _____ e leitura e gravação em _____.

2. Para que um arquivo seja aberto, quais dos seguintes itens são necessários?
   a) O programa deve conhecer o modo de acesso ao arquivo.
   b) O sistema operacional deve saber qual é o arquivo a ser acessado.
   c) O sistema operacional deve saber se o arquivo será aberto para leitura ou para gravação.
   d) Áreas de comunicação devem ser estabelecidas para fornecer ao sistema operacional informações sobre o arquivo.

3. Um arquivo aberto com **fopen()** deve ser referenciado, dali em diante, pelo _____ _____.

4. Quais dos seguintes itens podem ser especificados pela função **fopen()**?

   a) O arquivo será aberto para acrescentar dados.
   b) O arquivo será aberto em modo binário.
   c) Números serão gravados em formato binário.
   d) O arquivo será lido caractere a caractere.

5. A função usada para fechar arquivos em alto-nível é _____.

6. Para ler um caractere por vez, qual das seguintes funções é apropriada?

   a) **fread()**
   b) **read()**
   c) **fgets()**
   d) **getc()**

7. Verdadeiro ou Falso: É opcional fechar o arquivo após este ser gravado.

8. Modo texto e modo binário diferem, pois:

   a) guardam números em disco de maneiras diferentes.
   b) guardam números na memória de maneiras diferentes.
   c) interpretam o caractere de nova linha de maneiras diferentes.
   d) interpretam o caractere de fim de arquivo de maneiras diferentes.

9. Qual dos modos é mais apropriado para examinar byte a byte de um arquivo: texto ou binário?

10. Quais dos itens seguintes são partes válidas para leitura e gravação em alto-nível?

    a) Leitura e gravação de registro.
    b) Leitura e gravação de estruturas.
    c) Leitura e gravação de caracteres.
    d) Leitura e gravação de matrizes.
    e) Leitura e gravação de strings.
    f) Leitura e gravação formatada.

11. Quando gravamos números em disco, o arquivo geralmente é aberto em modo _____ _____.

12. Para gravar um certo número de variáveis diferentes em um arquivo, a função apropriada é:

    a) **fputs()**
    b) **fgets()**
    c) **fprintf()**
    d) **fwrite()**

13. Verdadeiro ou Falso: Visto que arquivos devem ser lidos seqüencialmente, não há modos de ler dados no meio do arquivo sem que este seja lido desde o início.

14. Para gravar um bloco de dados em um arquivo em alto-nível a função apropriada é _____.

15. A função **fseek()**

    a) procura uma palavra ou frase em um arquivo.
    b) procura o arquivo correto.
    c) acessa registros no meio do arquivo.
    d) move o ponteiro do arquivo para a posição desejada.

16. Um arquivo aberto com **open()** deve ser referenciado, dali em diante, pelo _____ _____.

17. Quais dos seguintes itens se aplicam à leitura e gravação em baixo-nível?

    a) Método usado pelo sistema operacional.
    b) Lento.
    c) Mais formatos de dados.
    d) Programa executável mais rápido e menor.

18. Em baixo-nível, a função usada para ler um arquivo é _____.

19. Escreva um programa que numere as linhas de um arquivo. O arquivo a ser numerado deve ser passado para o programa por meio da linha de comando. Cada linha do arquivo de entrada deve ser impressa precedida do seu número e de um espaço em branco. O resultado deverá ser impresso em **stdout**.

20. Escreva um programa que leia um programa-fonte em C e verifique se o número de chaves esquerdas e direitas são iguais. Use argumento da linha de comando para o nome do arquivo e a função **getc()** para ler o arquivo.

21. Escreva um programa que imprima um arquivo no vídeo, 20 linhas por vez. O arquivo de entrada deve ser fornecido na linha de comando. O programa deve imprimir as próximas 20 linhas depois que o usuário pressionar a tecla [ENTER].

22. Modifique o programa anterior para que aceite mais dois argumentos na linha de comando. O primeiro deve ser um número inteiro que indique a primeira linha a ser impressa, e o segundo, um número inteiro que indique a última linha a ser impressa.

23. Escreva uma função que possibilite a eliminação de um registro do arquivo e adicione-a ao programa **livros**.

24. Escreva um programa que concatene dois arquivos. O conteúdo de um arquivo deve ser adicionado ao outro e o resultado, gravado em um terceiro arquivo. Use leitura e gravação em baixo-nível e argumentos da linha de comando.

25. Escreva um programa que receba o nome do arquivo na linha de comando e imprima o seu tamanho em bytes. Use as funções **lseek()** e **tell()**.

26. Escreva um programa que criptografe um arquivo usando o operador de complemento bit-a-bit (**~**). Quando o programa for executado para um arquivo já criptografado, o arquivo será recomposto e voltará à forma original.

Apêndice A

Iniciando o Visual Studio .Net 2003

Inicie o Visual Studio.net e escolha 'New Project'.

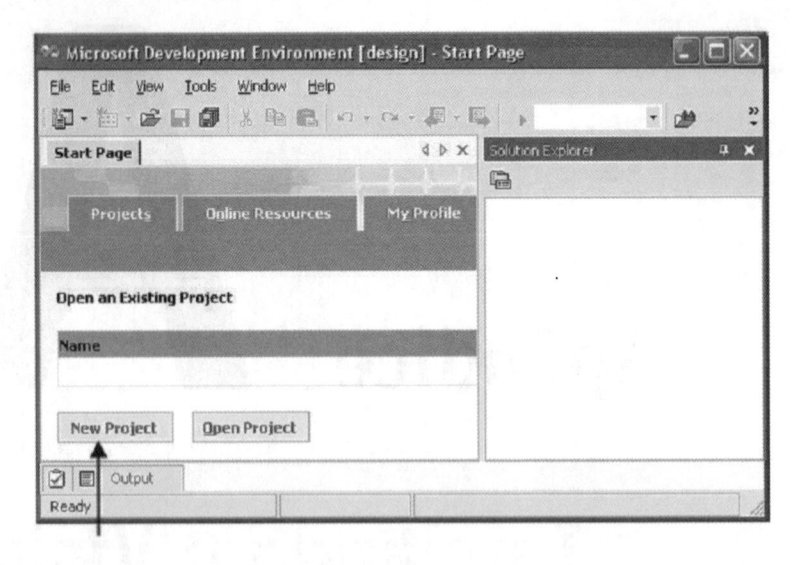

Na janela da esquerda, escolha 'Visual C++ Projects / Win32'; e, na janela da direita, escolha 'Win32 Console Project'. Digite o nome do projeto 'VCProjeto' e escolha o caminho 'C:\'. Clique no botão "OK" para fechar a janela.

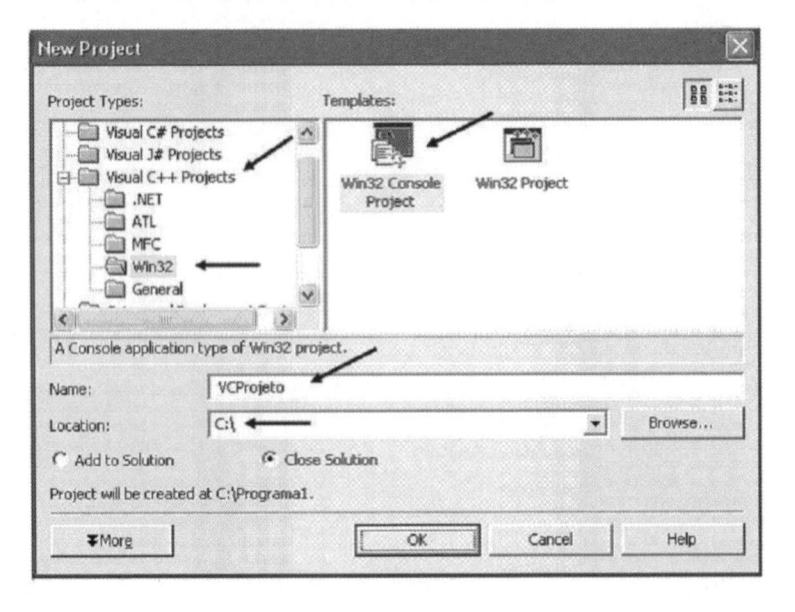

Na próxima janela, selecione o link 'Application Settings'.

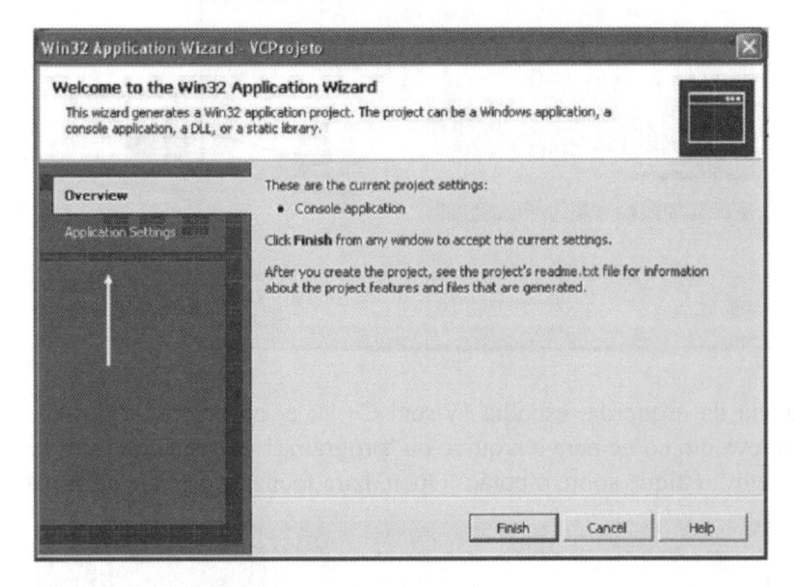

Escolha 'Console Application' e 'Empty Project'. Clique no botão 'Finish'.

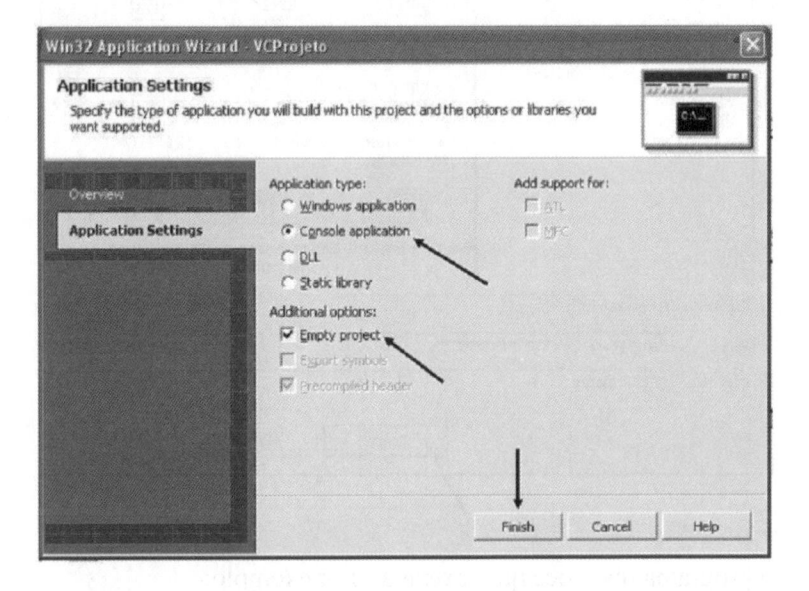

Vá para a janela 'Solution Explorer' (se ela não estiver visível, utilize o menu 'View' para mostrá-la) e pressione o botão direito do mouse sobre 'Source Files'. Escolha 'Add' e 'Add New Item'.

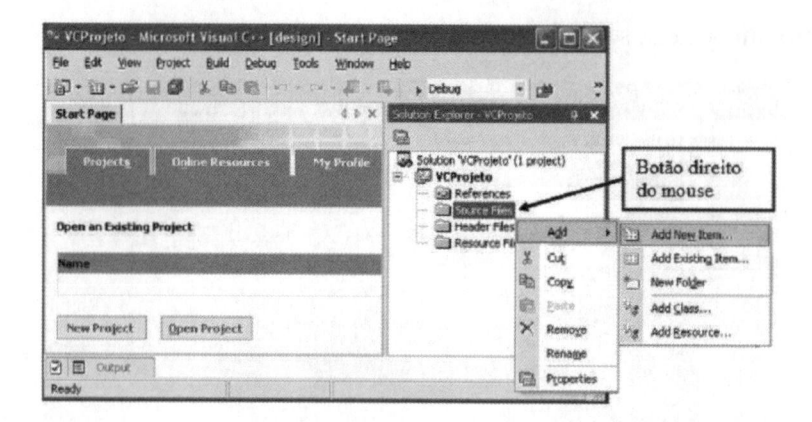

Na janela da esquerda, escolha 'Visual C++'; e, na janela da direita, 'C++ File (.cpp)'. Escreva um nome para o arquivo ou 'programa1.c' e verifique se a localização é 'C:\VCProjeto\'. Clique sobre o botão 'Open' para fechar a janela e abrir o arquivo.

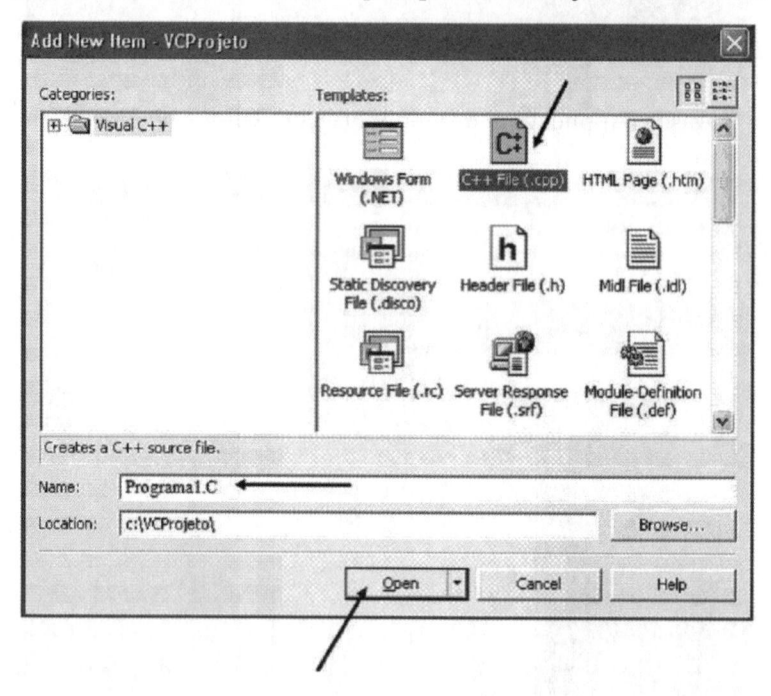

Digite o programa que você quer executar. Por exemplo:

```
/* programa1.c */
#include <stdio.h>
#include <stdlib.h>
int main()
{
   printf("Primeiro programa.");
   system("PAUSE");
   return 0;
}
```

Compilando e executando o programa

Para compilar, escolha 'Build', 'Build Solution' ou pressione Ctrl+Shift+B.

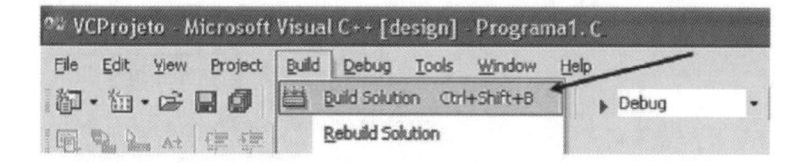

Para executar, escolha 'Debug', 'Start Without Debugging' ou pressione Ctrl+F5.

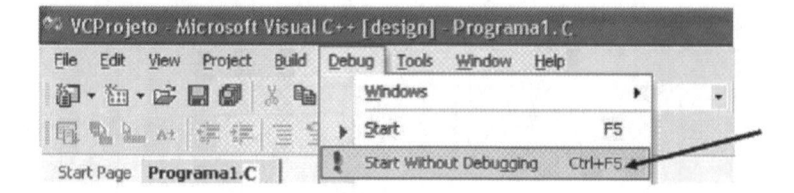

Apêndice B

Tabela ASCII

Símbolo	Tecla	Decimal	Hexadecimal	Octal	Binário
NULL	CTRL@	0	0	0	00000000
SOH	CTRLA	1	1	1	00000001
STX	CTRLB	2	2	2	00000010
ETX	CTRLC	3	3	3	00000011
EOT	CTRLD	4	4	4	00000100
ENQ	CTRLE	5	5	5	00000101
ACK	CTRLF	6	6	6	00000110
BEL	CTRLG	7	7	7	00000111
BS	CTRLH	8	8	10	00001000
HT	CTRLI	9	9	11	00001001
LF	CTRLJ	10	A	12	00001010
VT	CTRLK	11	B	13	00001011
FF	CTRLL	12	C	14	00001100
CR	CTRLM	13	D	15	00001101
SO	CTRLN	14	E	16	00001110
SI	CTRLO	15	F	17	00001111
DLE	CTRLP	16	10	20	00010000
DC1	CTRLQ	17	11	21	00010001
DC2	CTRLR	18	12	22	00010010
DC3	CTRLS	19	13	23	00010011
DC4	CTRLT	20	14	24	00010100
NAK	CTRLU	21	15	25	00010101
SYN	CTRLV	22	16	26	00010110
ETB	CTRLW	23	17	27	00010111
CAN	CTRLX	24	18	30	00011000
EM	CTRLY	25	19	31	00011001
SUB	CTRLZ	26	1A	32	00011010
ESC	CTRL[	27	1B	33	00011011

Símbolo	Tecla	Decimal	Hexadecimal	Octal	Binário
FS	CTRL\	28	1C	34	00011100
GS	CTRL]	29	1D	35	00011101
RS	CTRL^	30	1E	36	00011110
US	CTRL_	31	1F	37	00011111
SP	SPACEBAR	32	20	40	00100000
!	!	33	21	41	00100001
"	"	34	22	42	00100010
#	#	35	23	43	00100011
$	$	36	24	44	00100100
%	%	37	25	45	00100101
&	&	38	26	46	00100110
'	'	39	27	47	00100111
(	(	40	28	50	00101000
)	)	41	29	51	00101001
*	*	42	2A	52	00101010
+	+	43	2B	53	00101011
,	,	44	2C	54	00101100
-	-	45	2D	55	00101101
.	.	46	2E	56	00101110
/	/	47	2F	57	00101111
0		48	30	60	00110000
1	1	49	31	61	00110001
2	2	50	32	62	00110010
3	3	51	33	63	00110011
4	4	52	34	64	00110100
5	5	53	35	65	00110101
6	6	54	36	66	00110110
7	7	55	37	67	00110111

Símbolo	Tecla	Decimal	Hexadecimal	Octal	Binário
8	8	56	38	70	00111000
9	9	57	39	71	00111001
:	:	58	3A	72	00111010
;	;	59	3B	73	00111011
<	<	60	3C	74	00111100
=	=	61	3D	75	00111101
>	>	62	3E	76	00111110
?	?	63	3F	77	00111111
@	@	64	40	100	01000000
A	A	65	41	101	01000001
B	B	66	42	102	01000010
C	C	67	43	103	01000011
D	D	68	44	104	01000100
E	E	69	45	105	01000101
F	F	70	46	106	01000110
G	G	71	47	107	01000111
H	H	72	48	110	01001000
I	I	73	49	111	01001001
J	J	74	4A	112	01001010
K	K	75	4B	113	01001011
L	L	76	4C	114	01001100
M	M	77	4D	115	01001101
N	N	78	4E	116	01001110
O	O	79	4F	117	01001111
P	P	80	50	120	01010000
Q	Q	81	51	121	01010001
R	R	82	52	122	01010010
S	S	83	53	123	01010011

Símbolo	Tecla	Decimal	Hexadecimal	Octal	Binário
T	T	84	54	124	01010100
U	U	85	55	125	01010101
V	V	86	56	126	01010110
W	W	87	57	127	01010111
X	X	88	58	130	01011000
Y	Y	89	59	131	01011001
Z	Z	90	5A	132	01011010
[	[	91	5B	133	01011011
\	\	92	5C	134	01011100
]	]	93	5D	135	01011101
^	^	94	5E	136	01011110
_	_	95	5F	137	01011111
`	`	96	60	140	01100000
a	a	97	61	141	01100001
b	b	98	62	142	01100010
c	c	99	63	143	01100011
d	d	100	64	144	01100100
e	e	101	65	145	01100101
f	f	102	66	146	01100110
g	g	103	67	147	01100111
h	h	104	68	150	01101000
i	i	105	69	151	01101001
j	j	106	6A	152	01101010
k	k	107	6B	153	01101011
l	l	108	6C	154	01101100
m	m	109	6D	155	01101101
n	n	110	6E	156	01101110
o	o	111	6F	157	01101111

Símbolo	Tecla	Decimal	Hexadecimal	Octal	Binário
p	p	112	70	160	01110000
q	q	113	71	161	01110001
r	r	114	72	162	01110010
s	s	115	73	163	01110011
t	t	116	74	164	01110100
u	u	117	75	165	01110101
v	v	118	76	166	01110110
w	w	119	77	167	01110111
x	x	120	78	170	01111000
y	y	121	79	171	01111001
z	z	122	7A	172	01111010
{	{	123	7B	173	01111011
|	|	124	7C	174	01111100
}	}	125	7D	175	01111101
~	~	126	7E	176	01111110
▮	CTRL<—	127	7F	177	01111111
Ç	ALT128	128	80	200	10000000
ü	ALT129	129	81	201	10000001
é	ALT130	130	82	202	10000010
â	ALT131	131	83	203	10000011
ä	ALT132	132	84	204	10000100
à	ALT133	133	85	205	10000101
å	ALT134	134	86	206	10000110
ç	ALT135	135	87	207	10000111
ê	ALT136	136	88	210	10001000
ë	ALT137	137	89	211	10001001
è	ALT138	138	8A	212	10001010
ï	ALT139	139	8B	213	10001011

Símbolo	Tecla	Decimal	Hexadecimal	Octal	Binário
î	ALT140	140	8C	214	10001100
ì	ALT141	141	8D	215	10001101
Ä	ALT142	142	8E	216	10001110
Å	ALT143	143	8F	217	10001111
É	ALT144	144	90	220	10010000
æ	ALT145	145	91	221	10010001
ﬀ	ALT146	146	92	222	10010010
ô	ALT147	147	93	223	10010011
ö	ALT148	148	94	224	10010100
ò	ALT149	149	95	225	10010101
û	ALT150	150	96	226	10010110
ù	ALT151	151	97	227	10010111
ÿ	ALT152	152	98	230	10011000
Ö	ALT153	153	99	231	10011001
Ü	ALT154	154	9A	232	10011010
¢	ALT155	155	9B	233	10011011
£	ALT156	156	9C	234	10011100
¥	ALT157	157	9D	235	10011101
₧	ALT158	158	9E	236	10011110
ƒ	ALT159	159	9F	237	10011111
á	ALT160	160	A0	240	10100000
í	ALT161	161	A1	241	10100001
ó	ALT162	162	A2	242	10100010
ú	ALT163	163	A3	243	10100011
ñ	ALT164	164	A4	244	10100100
Ñ	ALT165	165	A5	245	10100101
ª	ALT166	166	A6	246	10100110
º	ALT167	167	A7	247	10100111

Símbolo	Tecla	Decimal	Hexadecimal	Octal	Binário
¿	ALT168	168	A8	250	10101000
⌐	ALT169	169	A9	251	10101001
¬	ALT170	170	AA	252	10101010
½	ALT171	171	AB	253	10101011
¼	ALT172	172	AC	254	10101100
¡	ALT173	173	AD	255	10101101
«	ALT174	174	AE	256	10101110
»	ALT175	175	AF	257	10101111
░	ALT176	176	B0	260	10110000
▒	ALT177	177	B1	261	10110001
▓	ALT178	178	B2	262	10110010
│	ALT179	179	B3	263	10110011
┤	ALT180	180	B4	264	10110100
╡	ALT181	181	B5	265	10110101
╢	ALT182	182	B6	266	10110110
╖	ALT183	183	B7	267	10110111
╕	ALT184	184	B8	270	10111000
╣	ALT185	185	B9	271	10111001
║	ALT186	186	BA	272	10111010
╗	ALT187	187	BB	273	10111011
╝	ALT188	188	BC	274	10111100
╜	ALT189	189	BD	275	10111101
╛	ALT190	190	BE	276	10111110
┐	ALT191	191	BF	277	10111111
└	ALT192	192	C0	300	11000000
┴	ALT193	193	C1	301	11000001
┬	ALT194	194	C2	302	11000010
├	ALT195	195	C3	303	11000011

Símbolo	Tecla	Decimal	Hexadecimal	Octal	Binário
─	ALT196	196	C4	304	11000100
┼	ALT197	197	C5	305	11000101
╞	ALT198	198	C6	306	11000110
╟	ALT199	199	C7	307	11000111
╚	ALT200	200	C8	310	11001000
╔	ALT201	201	C9	311	11001001
╩	ALT202	202	CA	312	11001010
╦	ALT203	203	CB	313	11001011
╠	ALT204	204	CC	314	11001100
═	ALT205	205	CD	315	11001101
╬	ALT206	206	CE	316	11001110
┴	ALT207	207	CF	317	11001111
╨	ALT208	208	D0	320	11010000
╤	ALT209	209	D1	321	11010001
╥	ALT210	210	D2	322	11010010
╙	ALT211	211	D3	323	11010011
╘	ALT212	212	D4	324	11010100
╒	ALT213	213	D5	325	11010101
╓	ALT214	214	D6	326	11010110
╫	ALT215	215	D7	327	11010111
╪	ALT216	216	D8	330	11011000
┘	ALT217	217	D9	331	11011001
┌	ALT218	218	DA	332	11011010
█	ALT219	219	DB	333	11011011
▄	ALT220	220	DC	334	11011100
▌	ALT221	221	DD	335	11011101
▐	ALT222	222	DE	336	11011110
▀	ALT223	223	DF	337	11011111

Símbolo	Tecla	Decimal	Hexadecimal	Octal	Binário
α	ALT224	224	E0	340	11100000
β	ALT225	225	E1	341	11100001
Γ	ALT226	226	E2	342	11100010
π	ALT227	227	E3	343	11100011
Σ	ALT228	228	E4	344	11100100
σ	ALT229	229	E5	345	11100101
µ	ALT230	230	E6	346	11100110
τ	ALT231	231	E7	347	11100111
Φ	ALT232	232	E8	350	11101000
Θ	ALT233	233	E9	351	11101001
Ω	ALT234	234	EA	352	11101010
δ	ALT235	235	EB	353	11101011
∞	ALT236	236	EC	354	11101100
∅	ALT237	237	ED	355	11101101
∈	ALT238	238	EE	356	11101110
∩	ALT239	239	EF	357	11101111
≡	ALT240	240	F0	360	11110000
±	ALT241	241	F1	361	11110001
≥	ALT242	242	F2	362	11110010
≤	ALT243	243	F3	363	11110011
⌠	ALT244	244	F4	364	11110100
⌡	ALT245	245	F5	365	11110101
÷	ALT246	246	F6	366	11110110
≈	ALT247	247	F7	367	11110111
°	ALT248	248	F8	370	11111000
·	ALT249	249	F9	371	11111001
·	ALT250	250	FA	372	11111010
√	ALT251	251	FB	373	11111011

Símbolo	Tecla	Decimal	Hexadecimal	Octal	Binário
ⁿ	ALT252	252	FC	374	11111100
²	ALT253	253	FD	375	11111101
■	ALT254	254	FE	376	11111110
	ALT255	255	FF	377	11111111

Índice remissivo

A

Abrindo arquivos com fopen(), 339, 342
Alocação de tipos básicos usando memória dinâmica, 256, 297
Argumentos da linha de comando, 256, 303-305, 307, 352, 373, 378
Aritmética com endereços, 181, 204-205
Arquivo
   ansi.h, 157, 169
   ansi.sys, 162, 163, 172, 173, 177
   codificando, 176
   config.nt, 163
   conio.h, 44, 54, 112, 146
   ctype.h, 145
   cuidados ao abrir o, 339, 346
   decodificando, 176-177
   descritor de, 340, 370, 376
   gravando e lendo de um mesmo, 340, 358-361
   indicando o fim do, 176
   stdio.h, 7, 37, 44, 54, 146, 174, 175, 176, 202, 282, 302, 341, 345, 354, 370
   stdlib.h, 7, 75, 77, 236, 237
   string.h, 205, 206, 207, 208, 373
Arquivos de
   cabeçalho, 7, 146
   inclusão, 7, 26, 109, 146-147
Atributos de caracteres, 157, 168-169

B

Biblioteca-padrão, 6, 33, 36, 44-45, 145, 237, 288, 296, 307
Bloco de código, 68, 69, 74, 75, 77
Booleana, 50
Byte de atributos, 316, 322

C

Calculadora bit-a-bit, 316, 331-333
Calculando a área de uma esfera, 119
Caracteres ASCII, 24, 146, 159
Chamando uma função, 109, 110-111
Chaves, 4, 6, 18, 68, 73, 75, 77, 84, 85, 88, 93, 100, 104, 115, 137, 188, 191, 192, 193, 228, 230
Classe
   auto, 128-129, 149
   extern, 129-130, 134, 203
   register, 134-135
   static, 131, 149, 188, 213
      extern, 133-134
Classes de armazenamento, 18, 109, 128-131, 149
Código ASCII, 24, 158, 159, 166, 168, 236, 321, 333, 345
   teclas de, 157, 158

Código estendido, 158-162, 165, 173, 177
  explorando, 159-161
  interpretando o, 161-162
  teclas de, 157, 158-159, 162
Códigos de formatação para printf()
  %%, 9
  %1, 9
  %c, 9
  %d, 9
  %e, 9
  %E, 9
  %f, 9
  %g, 9
  %G, 9
  %n, 9
  %o, 9
  %p, 9
  %s, 9
  %u, 9
  %x, 9
  %X, 9
Códigos especiais, 8, 26
  \\, 8
  \', 8
  \", 8
  \0, 8
  \a, 8
  \b, 8
  \ddd, 8
  \f, 8
  \n, 8
  \r, 8
  \t, 8
  \xdd, 8
Comando
  break, 97-98, 100, 104, 187
  continue, 83, 97-99, 104
  do-while, 75
  goto, 83, 99-100, 104
  if, 83, 84, 86, 88, 104, 137, 373
    aninhados, 86-87, 93
    sintaxe do, 84
  if-else, 83, 88, 89, 90, 104
    sintaxe do, 88

return, 109, 113-114, 149, 248, 259
  funções com mais de um, 114
  limitações do, 114
switch, 83, 97, 100-104, 161, 162, 166, 333
  casos sem break em, 103-104
  sintaxe do, 100-101
Comandos de decisão, 50, 83-104, 188, 209
Comentários de programa, 1, 9-10
Compilação condicional, 109, 147-149, 150
Compiladores, 1, 2-3, 6, 36, 47, 135, 205, 228, 242
Complementando com zeros à esquerda, 23
Conceitos básicos, 1-25
Condição básica, 125
Condições de erro, 340, 365-366
Console, 3, 158, 162, 174, 175, 177, 236, 306, 316, 321, 323, 352, 364, 373
Constantes numéricas, 1, 10-13
  aspas duplas, 11
  aspas simples, 11
  cadeia de caracteres constantes, 11
  caractere, 11
  decimal, 10
  hexadecimal, 10
  octal, 10-11
Construções else-if, 83, 95-97
Controlando o vídeo e o cursor, 157, 163-168
Conversão de
  binário para decimal, 315, 318
  binário para hexadecimal, 315, 320-321
  decimal para binário, 315, 318
  fração binária para decimal, 315, 318-319
  fração decimal para binária, 315, 319
  hexadecimal para decimal, 315, 320
  octal para decimal, 316, 321
Conversão
  automática, 42-43
  explícita, 43

Criando blocos dentro de blocos, 69
Criando novos tipos de dados com struct, 221, 223-225
Criando uma lista ligada, 256, 298-303

D

Definindo o tipo de constante, 17-18
Desenhando linhas, 91-92
Dimensionando matrizes em tempo de execução, 256, 298
Diretiva
    #define, 138-140
    #elif, 147
    #else, 147
    #endif, 147
    #error, 149, 150
    #if, 147
    #ifdef, 147
    #ifndef, 147, 148
    #include, 1, 7-9, 26, 109, 138, 145-146, 150
    #undef, 109, 145, 150
Driver ANSI.sys, 157-177
    instalando o, 162-163

E

Escolhendo a base numérica, 23-24
Espaços em branco, 4-5, 9, 26, 123, 237, 305
Estrutura básica de um programa em C, 1-3
Estruturas, 223
    aninhadas, 221, 229-230
    atribuições entre, 221, 229
    com campos bit, 222, 236
    definindo, 224
    funções que retornam, 221, 231-232
    inicializando, 221, 228, 230
    matrizes de, 222, 232-236
    operações entre, 221, 229

Executando o primeiro programa, 8
Explorando a função printf(), 1, 19-24
Expoente, 16, 17
Expressões
    incremento, 62, 63, 67
    inicialização, 62, 63, 67
    teste, 62, 63

F

Fechando o arquivo com fclose(), 339, 343-344
Fim de arquivo e a constante EOF, 339, 345
Fixando o tamanho do buffer, 340, 368-369
Função
    atribuindo múltiplos argumentos a teclas de, 256, 305-306
    calloc(), 256, 297
    close(), 340, 370
    declarando o ponteiro para, 256, 281
    definição de uma, 114-115
    exit(), 222, 237, 248
    feof(), 339, 344-345
    fflush(), 340, 361, 376
    free(), 256, 297, 307
    fseek(), 340, 361-362, 371, 376
    ftell(), 340, 362-364, 376
    getch(), 44
    getchar(), 44, 45, 54, 174
    getche(), 44, 112
    lseek(), 340, 371, 376
    main(), 1, 3-4, 6, 26, 69, 111, 116, 118, 119, 149, 197, 260, 261, 262, 281, 283, 304, 307
        resumida, 4
    malloc(), 256, 296, 297, 299
    open(), 340, 369-370, 375, 376
    parâmetros de uma, 109, 115
    passando endereços para a, 255, 261
    printf(), 1, 6, 7, 8, 11, 12, 19, 23, 24, 26, 110, 174
        argumentos de, 47

códigos de formatação para
  %%, 9
  %1, 9
  %c, 9
  %d, 9
  %e, 9
  %E, 9
  %f, 9
  %g, 9
  %G, 9
  %n, 9
  %o, 9
  %p, 9
  %s, 9
  %u, 9
  %x, 9
  %X, 9
enganando você, 47-48
explorando a, 19-24
impressão formatada com, 9, 41
imprimindo outros tipos de dados com, 12-13
mais sobre a, 11-12
protótipo de uma, 109, 112-113, 149
putchar(), 44, 54
qsort(), 256, 288, 293
que gera números aleatórios, 109, 131-135
rand(), 61, 75, 77, 90, 132
read(), 340, 367-368
rewind(),340, 357-358, 376
scanf(), 33, 36-41, 43, 54, 201-202, 333, 350
  argumentos de, 37, 54
  códigos de formatação para
    %1, 37
    %C, 37
    %d, 37
    %e, 37
    %f, 37
    %g, 37
    %ld, 37
    %lf, 37
    %Lf, 37
    %o, 37

    %s, 37
    %u, 37
    %x, 37
  entrada formatada usando * com, 41
  expressão de controle, 39, 122
  múltiplas entradas com, 38
  um novo uso, 122
strcat(), 213, 206
strcmp(), 213, 206-208
strcpy(), 213, 208-209, 305
strdel(), 209
strlen(), 213, 205-206
strncat(), 209
strncmp(), 209
strncpy(), 209
system(), 1, 7, 26, 347
tell(), 340, 371, 376
tipo de uma, 109, 113, 118, 149
usando typedef para declarar um ponteiro para, 256, 286
write(), 340, 367
Funções
  atof(), 222, 232, 236-237, 248
  atoi(), 222, 232, 236-237, 248
  chamadas a funções usadas como argumento de outras, 123-124
  eliminando o protótipo de, 117-119
  endereços de, 256, 282
  fgetc(), 339, 342, 345, 375
  fgets(), 339, 342, 346, 348, 376
  fprint(), 339, 342, 348, 376
  fputc(), 339, 342, 343, 375
  fputs(), 339, 342, 346, 347, 375
  fread(), 340, 342, 353, 354, 355, 375, 376
  fscanf(), 339, 342, 348, 376
  fwrite(), 340, 342, 353, 355, 375, 376
  inicializando uma matriz de ponteiros para, 256, 285
  memchr(), 340, 373
  memcmp(),340, 373
  operações ilegais com ponteiros para, 256, 282
  que não recebem nada e não retornam nada, 117

que não retornam nada, 116
recursivas, 109, 124-128
simples, 109, 111

G

Gravando
   arquivos em baixo-nível, 340, 373-375, 376
   estruturas em disco, 340, 355-356

H

Header, 7
Heap, 256, 296

I

Identificador, 139
Implementando um algoritmo, 83, 87-88
Imprimindo
   caracteres gráficos, 24-25
   na impressora, 340, 364-365
   uma tabela, 20-22
Índice, 162, 182, 183, 184, 187, 189, 194, 198, 199, 200, 213, 257, 267
Inicializando union, 222, 242
Instrução
   break, 97
   de atribuição, 62
   return, 113
Instruções de programa, 1, 5-6

L

Laço
   do-while, 75-76
      quando usar, 76
      sintaxe do, 75-76

   for, 61, 62-70, 72, 73, 74, 77, 90, 97, 99, 186, 270
      aninhados, 69-70
      flexibilidade do, 65
      múltiplas instruções no corpo de um, 68
      omitindo expressões do, 67
      omitindo o corpo do, 67
      operador vírgula, 65, 77
      sintaxe do, 62
      usando caracteres, 65
      usando chamadas a funções, 66
   infinito, 67
   while, 61, 72-75, 77, 85, 86, 160, 167, 172, 189, 207, 302, 343, 352
      aninhados, 74-75, 172
      sintaxe do, 73
Laços, 61-77
Leitura e gravação em
   alto nível, 339, 341-342, 366, 375
   baixo-nível, 340, 366-367, 375, 376
Linguagem
   C, 2, 4, 6, 7, 11, 14, 36, 84, 118, 158, 161, 169, 186, 196, 213, 227, 229, 231, 257, 262, 263, 296, 302, 320, 321, 324, 333, 341, 342
   de máquina, 2, 6
Linkeditor, 2, 3

M

Macros, 109, 140-145, 146, 150, 342
   definindo macros usando outras, 142
   em várias linhas, 142
   problemas com o uso de, 143-145
   uso de parênteses em, 141-142
Mantissa, 16, 17
Matriz
   de ponteiros e a memória alocada, 256, 275
   de strings e a memória alocada, 256, 275
   declaração da, 181, 183, 199

dimensão da, 184, 188, 199, 342
elementos da, 183, 184, 186, 196, 197, 276, 280, 288, 354
referenciação dos elementos da, 183-184
tamanho da, 183, 185
Matrizes, 181-212
como argumento de funções, 194-195, 198, 307
de duas dimensões como argumento de funções, 198-200
de mais de uma dimensão, 181, 188-194
de ponteiros para funções, 256, 283-284
de ponteiros, 256, 274-275, 278, 283-284
são passadas para funções por referência, 196
Mecanismo de privacidade, 133
Memória de vídeo da console, 236, 316, 321-322
Mensagens de erros, 340, 366, 370
Modificador unsigned, 17
Modificadores
h, 9
l, 9
L, 9
Modo
binário, 340, 350, 351-352, 354, 361, 369, 374, 375, 376
de abertura de arquivos, 340, 350-351, 376
texto, 163, 340, 350, 351-352, 362, 369, 373, 375, 376

N

Nome das funções, 1, 4-5
Notação científica, 9, 16, 37
Números reais, 16

O

Operações básicas de I/O, 6

Operador,
and, 316, 325-326
condicional, 52, 55, 58
ternário, 33, 52-54, 104
de atribuição, 16, 33, 34, 42, 54
de endereços, 33, 36, 246, 255, 258, 259, 261, 266, 271, 306
com union, 222, 245-246
de molde, 33, 42-43, 54
sintaxe do, 43
defined, 148
indireto *, 255, 260-261, 266, 282, 295, 306
or, 316, 327, 369
ponto, 227, 230, 236, 243, 247, 248, 295, 296
shift
direito, 316, 330-331
esquerdo, 316, 329-330
sizeof, 19, 222, 244-245, 248
unário de complemento, 316, 329
xor, 316, 328
Operadores,
aritméticos, 33, 34-36, 40, 46, 51, 54
binários, 34-35
de atribuição, 33, 49-50, 55
menos unário, 36
precedência, 35
unário, 35
avaliação lógica, 33, 54
bit-a-bit, 315-333
de incremento, 33, 45-46, 54
pós-fixado, 45
precedência, 46
prefixado, 45
lógicos, 33, 51-52, 55
usando, 94-95
relacionais, 33, 50-51, 55
precedência, 51
Operando com buffers, 340, 371-373
Operandos, 34, 35, 42, 51, 54, 325, 327, 328
Ordenação bolha, 181, 197-200
Ordenando números inteiros, 256, 289

P

Palavra-chave de C
  Categoria
    classes de armazenamento, 18
    comandos
      condicionais, 19
      de desvio, 19
      de laços, 19
    modificadores de tipo, 18
      de acesso, 18
    operador, 19
    tipos de dados, 18
    tipos definidos pelo usuário, 18
Parênteses, 4, 6, 35, 43, 62, 67, 73, 75, 84, 100, 114, 115, 117, 120, 141-142, 281, 282, 295
Passagem de argumentos por valor, 109, 115-124, 149
Passando vários argumentos, 120-121
Ponteiros
  acessando membros por meio de, 256, 295-296
  avançados, 315-333
  constantes, 255, 258, 269-270
  de arquivos, 340, 354-355, 376
  e strings, 255, 271-272
  e variáveis apontadas, 255, 264
  executando a função por meio do, 256, 282
  modificadores para
    far, 323-324
    near, 323-324
  no lugar de matrizes, 255, 267-268
  notação ponteiro para matrizes de, 256, 278
  o que são, 255, 257
  operações com, 255, 265-267
  ordenando, 256, 277-278
  para estruturas, 256, 293-294
  para funções como argumentos, 256, 282-283
  para funções, 256, 281, 282, 283-284, 285, 307
  para ponteiros, 256, 276-277
  para uma cadeia de caracteres constante, 255, 273-274
  passando argumentos por referência com, 255, 259-260
  sem funções, 255, 262-264
  unidade adotada em operações com, 255, 267
  variáveis, 255, 257-258, 259, 269-270, 306
  void, 256, 287-288, 307
Pré-processador, 1, 5, 7-9, 26, 138, 141, 147, 150
  C, 109, 138, 150
  Diretivas do, 7, 138, 139, 150
Processo de ordenação, 197
Procura binária
  algoritmo de, 256, 289-290, 307
  com c-string, 256, 291-293
  com números inteiros, 256, 290-291
Programa
  escrevendo várias funções no mesmo, 122-123
  executável, 3, 8
  que adivinha a soma de cinco números, 39
  que conta caracteres e palavras, 85-86
  que conta zero, 85, 89
  que conta zeros modificados, 89
  que converte temperaturas, 40
  que imprime um cartão de natal, 71-72, 181, 210-212
  tiro ao alvo, 157, 169-172
Programa-fonte, 94, 130, 133, 134, 138, 145, 148, 149, 150
Protótipo
  externo, 112-113
  local, 112-113

Q

Qualificador const, 42

R

Redefinição de teclas usando ansi.sys, 172-173
Redirecionamento, 157-177,
    impressão redirecionada, 175-176
    leitura redirecionada, 174-175
Resultado, 54, 55

S

Segmento e deslocamento, 316, 322-323
Sistema numérico,
    hexadecimal, 315, 319-320
    octal, 315, 321
Strings, 181, 200-201
    funções de biblioteca para
        manipulação de, 255, 272-273
    inicialização de, 203-204
    matrizes de, 181, 209-210
    outras funções de manipulação de,
        205-209

T

Tabela ASCII, 66, 177
Tabela de precedência dos operadores
    básicos
    !, 53
    !=, 53
    %, 53
    %=, 53
    &&, 53
    *, 53
    *=, 53
    −, 53
    −, 53
    −−, 53
    /, 53
    /=, 53
    ?:, 53
    +, 53
    ++, 53
    <, 53
    <=, 53
    =, 53
    −=, 53
    =+, 53
    ==, 53
    >, 53
    >=, 53
Tamanho de
    campo com cadeias de caracteres,
        22-23
    campos na impressão, 19-20
Teclado, 157-177
    controle do cursor por meio do,
        165-166
Texto, 139
Tipo
    char, 15, 65, 193, 200, 203, 204, 206,
        213, 271, 283, 324, 345
    double, 15, 16, 18, 26
    float, 17, 38, 112, 113, 119, 184, 195,
        260, 281
    int, 4, 13, 15, 118, 134, 149, 183, 184,
        204, 227
    long double, 9, 15, 16
    long, 18, 362, 371
    short, 345
    unsigned long, 18
    void, 113, 116, 281, 287, 288
Tipos de dados enumerados
    enum, 18, 221-248
Typedef, 18, 221-248
    usando, 221, 222, 226-228, 237, 241,
        256, 286

U

Uniões, 222, 223, 239-241, 242, 246,
    247, 248
    anônimas, 222, 246-247, 248
    de estruturas, 222, 242-244

V

Variáveis
    automáticas, 129, 130, 135, 162
    declaração de, 3, 13, 14, 16, 26, 227, 247
    em ponto flutuante, 16-17
    estáticas externas, 132, 133
    externas, 129, 130, 132, 133, 146, 149
    inicializando, 16
    nome de
        considerações sobre conflito de, 135-137
    permutação do valor de duas, 255, 262
    por que declarar, 14
    que armazenam endereços, 255, 260
    tipos de, 15, 16, 194, 223, 261
Verificação de limites, 186-187
Verificando a versão da Bios, 324
Visibilidade de variáveis de bloco, 61, 68-72